DEPUIS LE TEMPS DE VOS PÈRES

DU MÊME AUTEUR

Code 1879, Le Rouergue, 2010 ; Babel n° 57.
Depuis le temps de vos pères, Le Rouergue, 2012.

Titre original :
The Blood Atonement
Éditeur original :
Penguin Books Londres

ISBN 978-2-330-01448-3

DAN WADDELL

DEPUIS LE TEMPS DE VOS PÈRES

roman traduit de l'anglais
par Jean-René Dastugue

BABEL NOIR

Celui-ci est pour Sunshine.
Merci de m'avoir aidé à traverser des moments difficiles.

La bougie posée sur le rebord de la table de nuit était presque entièrement consumée. Sa flamme vacillait et projetait des ombres dansantes sur le mur. Sarah sentait le mouvement rythmé et paisible de la respiration de ses sœurs dont les poitrines se soulevaient et s'abaissaient. La facilité avec laquelle Henrietta et Emma parvenaient à s'endormir à peine leur tête posée sur l'oreiller avait le don de l'énerver, car il lui fallait se tourner et se retourner pendant une éternité avant de trouver le sommeil.

Mais pas ce soir. Elle se tenait raide, immobile sous les couvertures. Si elle bougeait, elle n'entendrait plus les voix étouffées qui lui parvenaient de la pièce voisine.

Il était question de son avenir, de sa vie.

Elle entendait sa mère implorer avec douceur, sangloter parfois. "Je ne souhaite pas vous désobéir", disait-elle. "Mais il a soixante-sept ans. Cela ne vous semble pas mal ?"

Le grondement sourd de la voix de son père était plus difficile à comprendre. Sarah sortit de sous les couvertures et avança prudemment jusqu'à la porte. L'air qui lui sortait des narines se transformait en buée dans l'atmosphère glacée. Elle frissonna. La nuit de septembre était limpide et froide mais, sous sa chemise de nuit, ses sous-vêtements lui en épargnaient la morsure. Elle ouvrit lentement la porte et se glissa dans l'obscurité du couloir. La conversation était plus nette.

"Sarah n'a que quatorze ans !

— Tu n'avais que quatorze ans, Annaleah, lorsque tu m'as été promise par ton père, ou tout au moins l'homme qui avait autorité sur toi." Sarah percevait l'irritation de son père. Elle s'était déjà attiré ses foudres de nombreuses fois en raison de sa hardiesse.

Sa mère réprima un sanglot. "Que le Seigneur me pardonne, mais je me dois de protester...

— Assez !" Le silence s'installa.

Seigneur, non. Hesker ? Sarah revoyait son estomac énorme, ses yeux globuleux, ses joues flasques, parsemées de poils, et ses lèvres molles et luisantes qu'il humidifiait d'un rapide coup de langue. Elle avait un goût de métal dans la bouche, signe de bile. Elle sentit la nausée s'emparer d'elle.

"La cause est entendue. Je ne souhaite plus en entendre parler.

— Mais, Orson...

— Annaleah !" Le ton était résolu, sans appel.

Elle comprit que les protestations de sa mère venaient de prendre fin. Une larme tiède descendit lentement le long de sa joue. Elle regagna prestement sa chambre avant que son père ne se rende dans la sienne. Cela faisait fort longtemps qu'il n'honorait plus de sa présence celle de son épouse.

Elle tomba à genoux à côté de son lit et enfouit son visage baigné de larmes dans ses mains. Elle n'avait plus d'autre recours que le Seigneur.

"Notre Père bien-aimé qui êtes aux cieux, je vous rends grâce pour les bénédictions que vous m'avez accordées ainsi qu'à ma famille. La nourriture sur notre table, l'abondance des récoltes, la bonne santé du bétail. La manière dont vous avez épargné Joseph junior, lorsque la peste l'a frappé cet été et que tout espoir semblait vain. Je vous rends grâce pour tout cela et pour tant d'autres bénédictions. J'implore votre bonté. Si votre volonté est bel et bien que j'épouse Hesker Pettibone, je vous supplie de la reconsidérer. Je vous prie d'excuser mon insolence, mais je vous demande, humblement et respectueusement, de ne pas me laisser épouser ce vieux pourceau bedonnant – pardonnez cette description bien peu charitable. Si par malheur vous ignoriez ma requête, alors, pauvre de moi. Dès lors, je ne répondrai plus de mes actes. Amen."

Tandis que Sarah remontait dans le lit, cherchant de ses pieds glacés une source de chaleur, elle entendit les sanglots étouffés de sa mère dans la chambre voisine. Bizarrement, cela lui donna de la force.

Je préférerais brûler en enfer que subir une vie de désespoir et de souffrance, pensa-t-elle.

1

L'inspecteur principal Grant Foster poussa un soupir de lassitude en s'accroupissant à côté du corps de la femme, baigné par la lumière crue des lampes à arc installées dans le jardin, qui donnait l'impression d'annoncer le lever du jour. La nature humaine ne s'était décidément pas bonifiée pendant sa convalescence. Il se releva, grimaçant légèrement sous l'effet de la douleur qui lui vrilla la jambe, provoquée par la plaque de métal qui maintenait son tibia droit. Le souffle froid du vent sur sa nuque le fit frissonner. Il ne portait pas de manteau, s'étant imaginé, lorsqu'il avait été appelé pour le meurtre d'une femme à son domicile, qu'elle avait été découverte à l'intérieur et non pas au-dehors, sur une petite pelouse où l'on n'avait pas passé la tondeuse depuis un bon moment.

La gorge avait été tranchée. Le corps gisait dans une mare de sang. Foster parcourut le jardin du regard. Les trois côtés étaient clos par de hautes palissades qui procuraient une certaine intimité, même si les fenêtres situées à l'étage des maisons environnantes devaient avoir une vue partielle. De jeunes couples d'actifs y vivaient et ne regagnaient leur domicile qu'à la tombée du jour. Aucun d'eux n'avait vu le corps. Foster trouvait que le tueur avait pris un risque inutile.

Il retourna dans la maison. Le salon était propre et bien rangé, sans signe de lutte. Foster se frotta vigoureusement le visage de la main droite. Le mois de novembre commençait à peine et c'était la première semaine de sa reprise. Il avait insisté pour être de garde. Le corps avait été découvert à minuit et l'appel était arrivé ce mardi matin, à quatre heures. Il avait enfilé son vieux costume, réalisant alors qu'il avait la place de glisser ses pouces entre son ventre et son pantalon, ce qui l'avait obligé à dénicher une ceinture qu'il avait dû serrer jusqu'au dernier cran. Cela faisait à peine plus de six mois qu'il avait été torturé, battu et sauvé de la mort à quelques secondes près. Pendant toutes les nuits solitaires passées à se morfondre, seule la pensée de reprendre son travail lui avait permis de tenir le coup. Quelquefois, lors de ses plus violents cauchemars, le souffle chaud de Karl Hogg dans ses narines, l'effroyable douleur de son tibia et de son péroné qui cédaient sous le poids du maillet*, il lui était arrivé de penser que ce moment n'arriverait jamais.

Malgré tout, il était là ; sa première affaire depuis son retour.

Il se serait plutôt attendu à un règlement de comptes entre gangs, probablement un pauvre gosse poignardé dans une rue de Shepherd's Bush ou de Kensal Rise. À la place, il avait droit à ça – une femme morte, allongée dans le jardin d'une maison victorienne luxueusement meublée, dans une rue chic et tranquille de Queen's Park, un ghetto de la classe moyenne, coincé entre Kensal Green et Kilburn.

* Voir *Code 1879*, Babel noir n° 57. *(Toutes les notes sont du traducteur.)*

L’inspecteur Heather Jenkins pénétra dans le salon, un photographe de scènes de crime sur les talons. “Vous permettez que je…”, commença celui-ci tout en avançant vers le jardin avec nervosité.

“Faites votre boulot”, répondit Foster.

Il se tourna vers Heather. Ses cheveux étaient ramenés en arrière et attachés serré. Elle avait l’air pâle et fatiguée. De mauvaises nouvelles, songea-t-il.

“La victime s’appelle Katie Drake”, dit-elle. “Trente-sept ans. Actrice. Ce sont des voisins qui habitent à deux portes d’ici qui l’ont découverte. Ils ont les clés. Ils ont été alertés par un ami de Katie. Elle et sa fille ne se sont pas présentées à la patinoire où ils devaient célébrer les quatorze ans de la jeune fille.”

Foster eut un frisson d’appréhension. “Et où se trouve-t-elle ?

— Nous n’en savons rien. Elle a disparu.”

Tout le monde était sur le pont. La Criminelle de Londres au grand complet. Chiens, hélicoptères, des centaines d’officiers qui se préparaient à frapper aux portes, prêts à secouer chaque pédophile et chaque pervers de l’ouest de Londres et au-delà. Tous attendaient le lever du jour pour commencer. Un examen rapide du corps de Katie Drake avait permis de déterminer qu’elle était morte la veille, dans le courant de l’après-midi, peut-être dès quatorze heures. Sa fille, Naomi, avait été aperçue pour la dernière fois à l’école vers quinze heures quinze. Son cartable était au rez-de-chaussée. Elle était donc rentrée chez elle. Mais que s’était-il passé ensuite ? La situation n’était guère rassurante. Trouvez-les pendant les six premières heures, sinon vous cherchez un cadavre. C'était le mantra en cas de disparition d'enfant. À moins que…

Il ne pouvait écarter l'idée que c'était peut-être elle qui avait fait cela. Tuer sa mère avant de s'enfuir.

Foster était debout dans le salon de la victime. Il avait entre les mains une photographie d'école de l'adolescente, comme s'il s'attendait à ce qu'elle lui confie un secret. Il la reposa sur la cheminée, son visage maintenant gravé dans son esprit. Les cheveux longs, blonds et raides ; les yeux bleu pâle ; le sourire mal assuré et plein d'espoir d'une jeune fille sur le point de devenir une femme. Il se demanda avec angoisse dans quel état elle se trouverait lorsqu'ils finiraient par la retrouver.

Il jeta un coup d'œil circulaire sur la pièce. Elle était immaculée, pas un grain de poussière, les livres et les magazines parfaitement empilés sur la table basse, les coussins bien gonflés, disposés à chaque extrémité du canapé. Katie Drake semblait faire partie de ces gens qui ne supportent pas le désordre. Il déambula dans la cuisine située à l'arrière du salon.

Là encore, tout était impeccable. Deux verres étaient posés sur l'égouttoir. Ils avaient été lavés. La bouilloire était débranchée et la machine à café étincelait. Foster actionna la pédale de la poubelle métallique. Rien de particulier. Le réfrigérateur était bien rempli. À en juger par la quantité d'ingrédients servant à confectionner des soupes et des salades, Katie et sa fille aimaient manger sainement.

Foster interpella l'un des membres de la police scientifique pour lui rappeler de ne pas oublier les deux verres posés à côté de l'évier. Il inspecta ensuite toutes les portes et les fenêtres de la maison. Aucune trace d'effraction. Le tueur avait été invité à entrer. La fille ? Il regarda à nouveau la photographie posée sur la cheminée. Égorger sa mère ? Il en doutait. Mais il pouvait se tromper.

Foster regagna le jardin où se trouvait encore le corps de Katie Drake, protégé par une tente. Edward Carlisle, le légiste, y accomplissait sa tâche avec efficacité, l'air grave. Le cadavre ne bougerait pas de là avant que les lieux n'aient été passés au peigne fin.

Carlisle remarqua Foster et la mine sérieuse qu'il affichait habituellement se détendit brièvement.

"Content de te revoir, Grant", dit-il. Sa voix suave d'ancien élève du privé était ravagée par un rhume. "Comment vas-tu ?

— Je ne me suis jamais senti aussi bien", répondit Foster d'un ton jovial, pour couper court à toute discussion. "Tu as trouvé quelque chose ?"

Le légiste leva la tête. "Il faudra que je l'étudie plus attentivement lors de l'autopsie. En tout cas, c'est ici qu'on lui a tranché la gorge."

Heather se glissa à côté de lui sous la tente. Il vit à son air qu'elle avait d'autres informations.

"Oui ?

— Nous avons trouvé le père de Naomi", annonça-t-elle. "Stephen Buckingham.

— Allons lui rendre visite."

Stephen Buckingham avait la tête d'un homme au bord d'un gouffre, attendant qu'on le pousse d'un instant à l'autre. Il s'assit dans un fauteuil bleu, dans le salon de sa maison à Esher, les yeux écarquillés. Foster s'installa face à lui avec, entre les mains, une tasse de thé que lui avait préparée la seconde épouse de Buckingham, une femme timide, habillée de façon classique, qui rôdait autour d'eux à pas feutrés tout en lançant de temps à autre des coups d'œil nerveux et anxieux vers son mari. Il était un peu plus de neuf heures du matin et leurs deux enfants étaient partis à l'école.

Foster lui avait annoncé la mort de son ex-femme et la disparition de sa fille. Il demanda à Buckingham s'il avait été en contact avec l'une d'elles la veille.

"J'étais à Leeds pour affaires", répondit-il doucement en regardant ses doigts qu'il croisait et décroisait. "C'était l'anniversaire de Naomi, alors je l'ai appelée sur son portable au moment du déjeuner. On n'a pas parlé longtemps parce qu'elle était dehors avec des copains pour manger avec eux et nous étions gênés par le bruit de la circulation, les sirènes…"

Foster hocha la tête, il connaissait cette sensation. Le son de la ville.

"Elle avait l'air plutôt enthousiaste à l'idée d'aller patiner avec sa mère et ses amis, et du repas qui allait suivre. Je lui ai promis que je la verrais samedi…"

Sa voix s'évanouit. Foster ne l'interrompit pas.

"Nous avions prévu d'aller faire les boutiques en ville. C'était mon cadeau. Cela n'enchantait pas sa mère. Mais il n'y a pas grand-chose que je fasse avec Naomi que sa mère approuve."

Foster lui demanda quand il était revenu de Leeds.

"J'ai fait le trajet en avion. Mon vol a atterri à Heathrow peu avant dix heures du soir. J'étais fatigué, alors j'ai pris un taxi pour rentrer à la maison. Je suis arrivé un peu après onze heures. C'est cela, Sheila ?"

Son épouse se mordit la lèvre et fit oui de la tête. "Dans ces eaux-là, en effet", confirma-t-elle d'une voix douce.

"Désolée, je vous prie de m'excuser un instant", dit Heather qui se tenait à côté de la porte. "Il faut que je passe un coup de fil." Elle sortit de la pièce.

"À quand remonte votre séparation avec votre première épouse ?", demanda Foster.

"Il y a onze ans. Naomi avait trois ans. Ça ne fonctionnait pas. La situation a été plutôt explosive pendant quelque temps, mais même si Katie n'avait pas un caractère facile, elle aimait Naomi de tout son cœur et elle savait également qu'elle ne pourrait pas me tenir éloigné. Nous avons rapidement établi une sorte de routine. Mon travail m'oblige à me déplacer, mais je dégage toujours du temps pour la voir et passer un moment avec elle. Je me suis remarié et j'ai eu deux enfants, mais cela n'a en rien affecté ma relation avec Naomi."

"Katie s'était-elle remariée ?"

Buckingham secoua la tête. "Non. D'après Naomi, il y a eu d'autres hommes. Mais ce n'est pas une commère et, pour être franc, cela ne m'intéressait pas vraiment. Je ne crois pas qu'elle fréquentait quelqu'un ces derniers temps. En fait, selon Naomi, c'était plutôt le désert de ce côté-là.

— C'est-à-dire ?

— Je ne sais pas trop. C'était une actrice. Elle était d'une beauté renversante à l'époque où je l'ai rencontrée. Elle travaillait beaucoup, un peu de télévision, des publicités et principalement de la scène. C'était ce qu'elle préférait. Ces dernières années, cela s'est passablement calmé. Je crois que ça a fini par lui casser le moral. Naomi m'a fait quelques remarques à peine voilées sur le fait que sa mère buvait. Cela m'a plutôt secoué, car quand nous nous sommes rencontrés, elle ne consommait pas une goutte d'alcool. À l'époque, elle préférait fumer de l'herbe.

— Et Naomi ? A-t-elle des petits copains ?"

Buckingham sourit pour la première fois depuis le début de leur entretien. "Vous avez vu sa photo. Vous en déduisez quoi ? Elle avait plutôt l'air de les mener à la baguette à l'école."

Son sourire s'évanouit. De nouveau son regard se perdit dans le vide.

"Avait-elle mentionné quelqu'un en particulier ?" continua l'inspecteur.

Buckingham leva les yeux vers Foster. Il avait l'air de se rendre compte de sa présence pour la première fois. "Pardon", murmura-t-il. "J'étais à des kilomètres.

— Naomi a-t-elle parlé d'un garçon en particulier ? Plus insistant que les autres ?

— Non. Elle a mentionné un garçon qui lui plaisait. Il jouait dans un groupe. Son nom m'échappe. Je m'en souviens parce qu'il était tout de même plus âgé, dix-sept ans, je crois. J'ai estimé que c'était un peu trop vieux et je le lui ai dit. Elle m'a répondu que, de toute façon, elle était en bout de liste."

Il y eut un autre moment de silence pendant lequel Buckingham se gratta nerveusement le poignet et Foster se demanda si sa vie avait pris un autre tournant, ou si sa personnalité avait été différente, il aurait pu se retrouver partie prenante dans la vie d'une gamine de quatorze ans. Et si, et ce n'était pas la première fois qu'il y songeait, cela en valait la peine quand il voyait la douleur et la souffrance que cet homme était en train d'endurer. Vivre en ayant seulement à s'occuper de soi, n'était-ce pas la solution la plus simple ?

“Que croyez-vous qu’il lui soit arrivé, inspecteur ?” La voix fatiguée de Buckingham était chargée d’angoisse.

Foster haussa les épaules. “J’espère que nous le saurons bientôt”, répondit-il. “Soyez assuré que nous mettons tout en œuvre pour retrouver Naomi.”

Il fit une pause avant d’enchaîner sur la question suivante.

“Êtes-vous un homme fortuné, monsieur Buckingham ?”

Les yeux de l’homme se rétrécirent. Puis, il comprit l’allusion de Foster. “J’ai une situation confortable, sans plus. J’édite trois magazines et aucun d’entre eux n’est particulièrement prospère. Vous pensez que je vais recevoir une demande de rançon ?”

Foster perçut une lueur d’espoir dans son attitude et sa manière de s’exprimer. Cela signifierait qu’au moins Naomi était encore en vie. Il savait également que Buckingham minimisait sa richesse. La maison, estima Foster, devait valoir au moins un million de livres. Un cabriolet Mercedes noir était garé dans l’allée. Il avait évoqué l’argent qu’il aimait dépenser pour sa fille. On ne pouvait écarter le mobile financier.

“Gardez votre portable allumé”, poursuivit Foster. Il s’éclaircit la gorge. “Si nous ne trouvons pas Naomi, il faudra que vous envisagiez de faire un appel public.

— Tout ce qui sera nécessaire.”

Heather revint dans la pièce et adressa un sourire d’excuse à Buckingham. Elle croisa le regard de Foster et lui fit un signe de tête. Elle avait passé quelques coups de fil et l’histoire de Buckingham se tenait. Il se trouvait bien dans cet avion.

“Que savez-vous de la vie quotidienne de votre ex-femme, de ses habitudes ?”

Buckingham secoua la tête. “Rien, pour ainsi dire. Elle restait souvent chez elle dans la journée, à ce que je sais. Nous n’avions quasiment aucun contact en dehors des fois où nous discutions à propos de Naomi.

— Avait-elle des amis ?

— Certainement. Sa meilleure amie a toujours été Sally Darlinghurst, une autre actrice. Elles se sont rencontrées dans une troupe, peu de temps avant que je fasse sa connaissance. Elles étaient inséparables à l’époque. Je crois qu’elles étaient encore en contact, mais je ne peux pas vous l’affirmer.”

Foster nota le nom. “Une dernière question, monsieur Buckingham. Comment cela se passait-il entre votre fille et Katie ?”

Il réfléchit quelques instants. “Eh bien, je pense qu’elles étaient très proches. Peut-être trop.

— Que voulez-vous dire ?

— Sa mère était très possessive. J’avais le sentiment qu’au fur et à mesure que Naomi s’éloignerait – en grandissant, en rencontrant des garçons – sa mère se sentirait mise sur la touche. À bien des égards, Naomi représentait tout pour Katie. J’avais vraiment des inquiétudes sur ce qu’il adviendrait de Katie lorsqu’arriverait le moment de couper le cordon. Naomi commençait déjà à se sentir passablement étouffée. En tout cas, c’est ce qu’elle disait.

— Elles se disputaient ?

— Je pense. Vous savez comment cela peut se passer entre une mère et sa fille.” Son visage s’affaissa. “Vous ne pensez tout de même pas que…”

Foster haussa les épaules. “Nous ne pouvons rien écarter. Vous m’avez expliqué que votre ex-femme était attirante. Étant donné que c’était un personnage public, savez-vous si elle avait déjà eu à subir des avances trop pressantes de la part d’un admirateur ?

— C’est-à-dire ? Quelqu’un qui l’aurait harcelée ?

— Oui, c’est cela.”

Il secoua lentement la tête. “Pas que je sache. Elle a reçu quelques lettres lorsque je l’ai rencontrée, des types qui l’avaient vue dans une pièce ou à la télévision. Elle a tourné une scène de nu une fois dans un téléfilm. Elle a reçu pas mal de lettres, dont certaines étaient plutôt corsées. Des photos aussi. Tout cela ne m’enchantait pas, mais elle n’y accordait pas d’importance. J’ai même eu l’impression de passer pour quelqu’un de coincé. Mais personne ne l’a suivie ou agressée physiquement – ou alors je ne suis pas au courant.”

Foster acquiesça. Ils avaient déjà pris contact avec son agent. Elle en saurait probablement davantage.

“Et sa famille ? Avant que nous ne prenions la décision de faire un appel à la télévision et de passer par les médias, nous devons entrer en contact avec les membres de sa famille. Nous assurer qu’ils sont prévenus de sa mort. Pourriez-vous nous dire par où commencer ?”

Buckingham se massa le menton, l’air impuissant. “Je crains de ne pas pouvoir vous aider.

— Pourquoi ?

— J’ai vécu pendant plus de cinq ans avec Katie. Pas une fois elle ne m’a parlé de sa famille, jamais.

— Jamais ?

— Jamais. Je l’ai interrogée. J’ai insisté. Mais elle refusait d’en parler. Elle faisait comme si elle n’avait pas de famille. Elle est allée à l'école, elle est venue à Londres pour suivre des cours d'art dramatique tout en gagnant sa vie comme serveuse. C'est comme ça que je l'ai rencontrée. Elle ne m'en a jamais dit plus."

Il remarqua l'air incrédule de Foster. Il renifla avec dérision, comme s'il partageait son étonnement. "Je sais. Cela semble fou, n'est-ce pas ? Mais je me suis fait à l'idée que ce chapitre de sa vie était fermé. J'ai réussi à savoir que Drake était un nom de scène. Son vrai nom était Pratt*, on comprend qu'elle ait souhaité en changer.

— Naomi a certainement dû la questionner et chercher à savoir qui étaient ses grands-parents ?

— En effet. Mais sa mère éludait systématiquement la question. Naomi m'a dit qu'un jour elle finirait par effectuer des recherches sur l'histoire de sa famille, pour en savoir davantage, mais qu'elle ne le ferait pas sans que sa mère soit au courant."

Foster se tourna vers Jenkins.

Il lut dans son regard qu'elle pensait la même chose que lui.

* En anglais familier, *prat* signifie "abruti".

2

Nigel Barnes s'immobilisa et, tout en essayant de ne pas lâcher le squelette, ramena ses mains devant lui. Il le fit trop rapidement. Le squelette vacilla dans sa main droite qui tremblait elle aussi et il le rattrapa de justesse. Il le regarda, compta jusqu'à trois dans sa tête, se ressaisit et braqua les yeux devant lui.

"Il est resté trop longtemps silencieux", déclara-t-il. *Un-deux-trois*. "Il est temps maintenant d'entendre son histoire."

Le caméraman ôta la caméra de son épaule. "Bon, soupira-t-il, l'air agacé. Le seul problème avec cette prise, c'est que je vous ai clairement vu articuler « un-deux-trois » avant de prononcer la dernière phrase.

— Et j'ai failli lâcher le squelette.

— Et vous avez failli lâcher le squelette. En plus, quand vous avanciez vers la caméra, vos yeux cherchaient la marque au sol."

Nigel braqua son regard par terre. À un mètre devant lui se trouvait un X que l'assistant caméraman avait tracé sur l'allée du cimetière. Il n'avait pas cessé de le fixer pendant la vingtaine de pas qu'il devait faire au lieu de regarder la caméra. Et il avait tout de même trouvé le moyen de ne pas s'arrêter au bon endroit. Il soupira.

"En plus, vous avez l'air franchement mal à l'aise."

Parce que je le suis, pensa Nigel. Quel genre de personne pourrait marcher et parler à une caméra avec un squelette en plastique à la main en gardant l'air naturel ? Probablement quelqu'un qui aurait passé sa vie à répéter devant un miroir en prévision de cette journée. La seule chose que Nigel avait faite devant un miroir lorsqu'il était jeune, c'était de s'occuper de ses points noirs.

"Ça vous dérange si je fume une clope avant de reprendre ?"

Le caméraman secoua la tête. "Allez-y, j'ai un ou deux coups de fil à passer de toute façon." L'air triste, il regarda les tombes qui les entouraient. "Je vais aller dans la rue", ajouta-t-il. "Ici, ça me paraît irrespectueux." Il déposa la caméra aux pieds de Nigel et s'éloigna à grands pas tout en remontant son jean d'un geste ferme.

Irrespectueux, pensa Nigel, en s'asseyant sur une tombe anonyme. Contrairement au fait de fumer. Il sortit son attirail de sa poche et se roula une cigarette. Il l'alluma, recracha la fumée en soufflant bruyamment et se remit à étudier le script bateau et ampoulé qu'ils lui avaient donné à apprendre.

Il avait reçu l'appel une semaine auparavant. Durant l'été, encouragé par le service de presse de Scotland Yard, il avait accordé une interview à un journal du dimanche sur son rôle dans l'affaire Karl Hogg. "Le génie du gène", proclamait l'article. "Le généalogiste qui a contribué à l'arrestation d'un tueur sans pitié." Nigel avait émis des grognements de désapprobation lorsqu'il l'avait lu, gêné par l'importance exagérée qui lui était accordée, inquiet de ce que les policiers qui avaient travaillé sur l'affaire en penseraient. Et de ce qu'ils penseraient de lui. Et le téléphone avait commencé à sonner. Radios, télévisions, magazines ; il était trop bien élevé pour dire non. En plus, cela pouvait lui rapporter un peu d'argent. Il minimisa son rôle et loua le travail de la police. “Vous êtes le héros modeste dans toute sa splendeur, hein ?” lui avait dit un animateur sur Radio Shropshire, en lui faisant un clin d'œil comme s'il savait quel jeu jouait Nigel. En y repensant, quel jeu jouait-il ?

L'un des appels émanait d'une chaîne de télévision. Ils tournaient un pilote pour une série d'enquêtes sur les sites funéraires mis au jour lors de la construction d'immeubles. L'idée était de recueillir les restes découverts et de retrouver à qui ils appartenaient, comment les gens étaient morts, de reconstituer leur histoire. Lysette, la productrice, l'avait appelé et lui avait expliqué qu'elle avait lu l'article et qu'il lui semblait être le candidat idéal. Ils s'étaient rencontrés dans un café sur Oxford Street où elle lui avait exposé l'idée entre deux cafés au lait et demandé si cela l'intéresserait de tourner un bout d'essai. Pourquoi pas ? avait-il pensé. Cela le changerait de ses recherches habituelles. Il en tirerait plus d'argent et on le reconnaîtrait dans la rue. Il se sentit flatté. Surtout quand elle lui dit qu'ils recherchaient un jeune historien photogénique avec ce qu'elle appelait le “facteur canon”.

C'est ainsi qu'il s'était retrouvé au beau milieu du cimetière de Kensal Green, par un matin lugubre de novembre, tentant d'accomplir l'équivalent télévisuel de se taper sur la tête d'une main tout en se frottant le ventre de l'autre. Et il n'avait décidément aucun talent. Guy, le caméraman, qui le rejoignit après son coup de fil, les mains enfouies dans une veste militaire kaki, s'était montré extrêmement patient, mais Nigel savait que les quatre premiers essais étaient, au mieux, dignes d'un amateur.

Guy recala la caméra sur son épaule. "Allez, on remet ça !"

Frissonnant, Nigel balança sa cigarette dans l'herbe et l'écrasa avec le talon. Il n'aurait pas dû se contenter de sa seule veste en tweed, mais il s'était dit que ce devait être le "look" qu'ils recherchaient. Il regagna la tombe d'Alfred Rossiter, 1829 – 1892, qui constituait le point de départ de son parcours. Il s'échauffa les épaules, prit une profonde inspiration et se retourna. *Un-deux-trois.*

"Les morts sont toujours proches de nous, attaqua-t-il en commençant à marcher. Parfois plus que…

— Coupez ! cria Guy.

— Quoi encore ? demanda Nigel, l'air perplexe.

— Vous avez oublié le squelette."

Peu de temps avant le déjeuner, Nigel était de retour dans l'environnement plus familier des archives nationales. Le Family Records Centre, où se trouvaient les registres des naissances, mariages et décès, avait cessé d'exister : il ne le regretterait pas. Tout était dorénavant rassemblé aux archives nationales, ce qui avait mis fin à ses allers-retours entre le décor verdoyant de Kew et la crasse urbaine d'Islington.

La pile des travaux en cours ne cessait de croître – un tas d'actes de naissance, de mariage et de décès à trouver et à décortiquer pour sa clientèle privée.

Il parcourait les actes de naissance du mois d'avril 1894 lorsqu'il entendit une voix qui l'appelait.

Il fit un rapide demi-tour sur lui-même. Elle était là. Heather Jenkins.

"Salut, Nigel, dit-elle avec un sourire prudent.

— Inspecteur Jenkins, répondit-il tandis qu'une boule se formait dans son estomac.

— Comment vas-tu ?

— Bien. Et toi ?

— Fatiguée. Je suis restée debout toute la nuit. Meurtre et enlèvement à Queen's Park. Une mère assassinée et sa fille de quatorze ans disparue.

— Mon Dieu, soupira Nigel. C'est affreux.

— On peut aller boire un café, dans un endroit tranquille ?"

Nigel consulta sa montre. Il était midi passé. "Je suis très occupé, mais on devrait pouvoir trouver un coin à la cantine."

Ils s'y rendirent en silence. Nigel ne savait que penser. Quatre mois plus tôt, elle lui avait brisé le cœur. Ils avaient eu quelques rendez-vous amoureux, quand le travail de Heather lui en laissait le temps. Cela semblait bien se passer. Et puis elle avait disparu. Sans un mot. Elle ne l'avait pas rappelé, n'avait pas répondu à ses e-mails. Il lui avait même envoyé un SMS, une première pour lui. Puis, il lui avait écrit une lettre en lui demandant ce qui se passait. Quelque chose était arrivé, ou alors il était tout bonnement nul au lit.

Elle avait fini par lui adresser un e-mail. Quelque chose s'était passé. Sa mère était morte d'une crise cardiaque. Elle avait besoin de faire le point, de prendre le large, etc. Il comprit et lui laissa du temps.

Quelques semaines plus tard, Nigel avait appris qu'elle revoyait un ancien petit ami. Le terme "confusion" suffit à peine à décrire ce qu'il ressentit. Cela ne faisait que quelques semaines qu'il était parvenu à cesser de penser à elle. Et elle débarquait soudain, lui remettant tout en tête. Elle sembla ressentir son malaise.

"Tu dois te demander ce que je peux bien faire là ? reprit Heather avec un rire forcé tout en s'asseyant.

— Eh bien, oui, exactement.

— Foster et moi…

— Foster ? Comment va-t-il ? l'interrompit-il.

— Il a repris le boulot cette semaine. Il semble être resté le même. Ou plutôt, c'est l'impression qu'il s'efforce de donner. Enfin, bref, nous essayons d'en savoir le plus possible sur la victime pour tenter de comprendre pourquoi elle a été tuée et où pourrait se trouver sa fille. On a aussi besoin de retrouver des membres de sa famille, des parents proches, pour les prévenir avant que la presse n'en parle. Mais il y a un os.

— Ah ?

— Elle était extrêmement discrète sur son passé. Même son ex-époux ne sait rien à ce sujet. Nous nous demandions si tu pourrais agiter ta baguette magique et dénicher des infos. Sur elle, ses parents, ses frères et sœurs, sa famille. Bien sûr, tu seras rémunéré.

— Je m'en occupe", répondit Nigel avec empressement. Heather lui donna les informations sur Katie Drake, son vrai nom de famille, Pratt, qu'il inscrivit sur son calepin. "Je te fais un rapport téléphonique ? Tu n'as pas, euh, changé de numéro ?

— J'espérais pouvoir rester avec toi pendant tes recherches et rédiger le rapport dans la foulée. Une adolescente a disparu – c'est extrêmement urgent." Heather fit la moue. "Tu ne veux pas que je reste ?"

“Ça ne me gêne pas”, mentit-il.

Elle se pencha en avant et posa une main sur son bras. “Nigel, un de ces jours, je t’expliquerai ce qui s’est passé. Mais pas maintenant. Pas dans un moment pareil.”

Nigel but une gorgée de thé. Il ne savait quoi penser.

Mais il y avait une chose dont il était sûr. Une femme avait été assassinée, et une jeune fille avait disparu. Il allait faire tout son possible pour l’aider. Ce n’était pas le moment de geindre. “Dans ce cas, dit-il, on ferait mieux de s’y mettre.”

Au bout d’une heure passée à consulter les registres des naissances, mariages et décès, Nigel avait découvert que Katie Drake, née Pratt, se prénommait Catherine Mary. Elle était la fille unique de Robert et Vera Pratt, de Shoeburyness dans l’Essex. Lorsqu’elle avait quatre ans, son père était mort des suites d’une pneumonie. Un an plus tard, sa mère décédait à son tour d’un problème cardiaque.

Le visage de Heather se creusa. “La pauvre. Peut-être sa mère est-elle morte de chagrin.

— C’est possible, répondit Nigel. Apparemment, elle a été adoptée.

— On peut savoir par qui ?

— Si on connaît le nom d’adoption, on peut retrouver l’enfant dans les registres des adoptions. Malheureusement, on l’ignore. On va quand même regarder, voir si on déniche quelque chose.”

Il consulta le registre de l’année de naissance de Katie Drake.

“Tu as été adopté, toi aussi, n’est-ce pas ?” lui demanda Heather.

Il acquiesça.

“Barnes, c’est ton nom de naissance ou d’adoption ?
— D’adoption. Mon nom de naissance est Wilkinson.
— Pourquoi ne l’as-tu pas repris ?”
“J’ai toujours été connu sous mon nom d’adoption. Je n’ai pas eu de raison d’en changer.” Nigel commençait à se sentir mal à l’aise. Il reprendrait son nom le jour où il saurait avec exactitude quels étaient ses parents et la raison pour laquelle ils l’avaient abandonné. Il n’était même pas certain que Wilkinson était son vrai nom.

Il ne trouva aucune trace d’une Catherine Pratt ou Drake dans le registre des adoptions.

“Mais alors, que lui est-il arrivé ?”

Nigel haussa les épaules. “Elle a peut-être été adoptée par un parent sans qu’il ait été besoin de faire une déclaration, une tante ou un grand-parent. Si tu veux, je peux rechercher les autres membres de sa famille. Les tantes, les oncles…”

Heather réfléchit quelques instants. “Nous avons besoin de savoir si elle a de la famille proche pour les prévenir de son décès avant que tout le monde soit au courant. Cela me paraît logique de penser que si elle n’en parlait pas, c’est qu’elle n’avait personne de proche. Cela ne me semble pas utile pour l’instant. Merci pour ton aide.”

Nigel ressentit le besoin de dire quelque chose. “J’espère que vous retrouverez la fille”, fut ce qu’il trouva de mieux. Heather lui sourit tout en remettant son sac sur son épaule.

“Moi aussi”, répondit-elle. Au ton de sa voix, Nigel comprit qu’elle n’y croyait pas trop. “Envoie ta facture…”

Il leva la main. “Ce n’est rien. Cadeau de la maison.

— Tu es sûr ?”

Il hocha la tête.

“D’accord. C’est très gentil de ta part. Il faut que j’y aille”, ajouta-t-elle en esquissant un geste vers la porte. “Encore merci.

— Bonne chance avec cette affaire. Et avec le reste”, ajouta-t-il.

Elle sourit, affectueusement pensa-t-il. Elle ajusta son sac sur son épaule et fit demi-tour.

Nigel la regarda s’éloigner de lui, une fois encore.

3

Le filet avait été déployé sur tout Londres. Foster se tenait à la fenêtre de la chambre de Naomi Buckingham, un grenier aménagé, et observait les toits, les cheminées et les arbres qui s'étendaient vers l'ouest, un ciel nuageux et pâle en arrière-plan, se demandant où elle pouvait bien se trouver dans cette cité grise et obscure. Cherchaient-ils encore une personne vivante ? Il consulta sa montre. Près de vingt-quatre heures s'étaient écoulées depuis qu'elle avait quitté l'école, la dernière fois qu'elle avait été vue. Si elle avait été enlevée, il savait d'expérience qu'elle serait morte dans quelques jours. Mais, tant que son corps n'était pas retrouvé, il restait de l'espoir.

Il pivota sur lui-même et fit face à la chambre. Les yeux bleus d'un jeune premier efféminé du cinéma anglais dont il ne se rappelait pas le nom étaient braqués sur lui. En dehors de quelques livres, photographies et d'un gobelet en plastique rouge rempli de stylos, le bureau où s'était trouvé l'ordinateur flambant neuf de Naomi était maintenant nu, la machine ayant été emportée afin de vérifier son contenu. Rien d'autre n'avait bougé. Son lit défait, quelques vêtements qui débordaient d'un placard géant jusque sur le sol, une chaîne hi-fi et une pile de CD, une coiffeuse dont le dessus était envahi de produits de maquillage et d'affaires de toilette.

Foster s'arrêta devant une petite commode. Le tiroir du haut était rempli de culottes et de soutiens-gorge. Il le ferma rapidement. Des vêtements étaient entassés dans le plus complet désordre dans le deuxième et le troisième tiroir. Il s'apprêtait à refermer le dernier tiroir lorsque ses yeux furent attirés par le coin d'un épais cahier noir, caché sous un tee-shirt. Il le saisit avec soin de sa main gantée, entre le pouce et l'index – la police scientifique était encore au travail – et le rythme de son cœur s'accéléra légèrement. Il l'ouvrit à la première page. Il s'agissait de son journal intime pour le second semestre de cette année, de la fin juillet jusqu'à ce jour, écrit lisiblement, à l'encre bleu pâle. Il agrippa la chaise qui se trouvait devant le bureau et s'assit.

Les dernières entrées de l'été comportaient les habituelles banalités et angoisses d'une adolescente. Les querelles avec les amies, les garçons, les doutes sur son aspect physique ; les préoccupations de Naomi Buckingham n'étaient apparemment pas différentes de celles des autres jeunes filles de son âge. Il avait des difficultés à comprendre certaines phrases, acronymes et abréviations, mais il put saisir l'essentiel. Il sauta une période d'environ un mois et lut les entrées des semaines ayant précédé le meurtre de sa mère et sa propre disparition. Un passage, datant exactement de deux semaines avant le meurtre, attira son regard.

Maman toujours HS *à chaque fois que je rentre. Ça devient lourd. Surtout après une nuit dehors avec T et L et qu'ils la croisent. Elle était tellement out qu'elle ne réussissait presque pas à parler, elle bouffait ses mots et tout. Ce matin,* RAS *avant que je parte pour l'école, mais elle avait une sale gueule. Quand je suis revenue, elle a dit qu'elle allait commander une pizza et être aux petits soins pour moi, comme si elle savait qu'elle n'avait rien assuré. Ça ne l'a pas empêchée de s'envoyer presque toute une bouteille après, malgré tout...*

Deux jours plus tard, il était de nouveau question de sa mère.

Maman m'inquiète vraiment. Elle a l'air si triste. Je jurerais que je l'ai entendue pleurer la nuit dernière dans son lit. J'ai failli y aller pour voir ce qui n'allait pas. Pas fait. Ce matin, je lui ai demandé si tout allait bien et elle m'a fait un grand sourire et "Ouais. Pourquoi ça n'irait pas ?" Mais elle a dû percuter parce que quand je suis revenue de chez L, et après avoir bu deux verres de rouge pour se détendre, elle m'a dit "Ne t'inquiète pas pour moi, ma chérie." Ensuite elle m'a dit qu'elle allait bien, sans mentir, mais que la vie était un peu rude, pas de boulot, elle pleure sur son sort, mais qu'elle allait s'en sortir. On a décidé d'aller manger à la Tate Modern, le samedi. C'est chouette parce qu'elle ne sort jamais. Elle avait plein d'amis, mais elle ne les voit plus. Je m'inquiète pour elle, même si elle dit qu'il ne faut pas, parce que des fois elle a vraiment l'air super triste.

Une semaine plus tard, quatre jours avant le meurtre, la situation semblait s'être améliorée.

Maman a l'air d'aller mieux, je suis contente. Elle n'a pas bu de la semaine. Même pas vu d'alcool dans la maison, une première. Et le plus fort? Je lui ai proposé de lui faire un café et elle a dit "Non, j'ai arrêté." Elle a pris du thé à la menthe à la place!! Dingue! C'était Madame Caféine. Est-ce qu'on m'aurait téléporté une mère de remplacement de la planète Zog? Elle a l'air plus heureuse et souriante, mais un peu distante. Elle n'a pas pu rencontrer un mec pcq elle n'est pas sortie depuis des années. Peut-être du boulot en vue? J'espère. Je préfère cette maman vie-saine, mon-corps-est-un-temple que la version bourrée-bafouillante-peux-pas-sortir-du-pieu.

La dernière entrée, la nuit précédant sa disparition, parlait de son anniversaire à venir – Foster ne put s'empêcher de sourire en lisant : *"Trop pas! 14! Je me sens super vieille!"* – et de la sortie à la patinoire pour fêter ça. Rien d'autre.

Il referma le journal. La lecture des mots de cette adolescente pleine de vie l'avait rendu triste. Toute la vie devant elle, et elle gisait probablement dans un fossé, morte, sa mère qu'elle semblait tant aimer, assassinée.

"La vie est une salope! murmura-t-il pour lui-même.

— Dites-moi quelque chose que j'ignore."

Il leva les yeux. Heather. Elle s'était approchée sans qu'il la remarque. Elle regardait le cahier.

"Le journal de la fille, expliqua-t-il.

— Intéressant?"

Il haussa les épaules. “Je ne sais pas. Katie Drake avait tendance à picoler, mais ces dernières semaines, on dirait qu’elle avait trouvé son chemin de Damas et était devenue sobre.

— Vous pensez que cela veut dire quelque chose ?

— Peut-être, j’imagine. Dans son journal, Naomi pense que c’est lié à son travail. A-t-on déjà interrogé son agent ?

— Oui, Andy Drinkwater s’en est occupé. À part un boulot pour faire une voix *off*, elle n’a pas travaillé pendant la majeure partie de l’année et rien ne s’annonçait.

— Ce n’était donc pas cela.

— Un mec ?

— Le journal de Naomi semble l’exclure. Elle y écrit que sa mère n’est pas sortie depuis des années. Je pense qu’elle exagérait comme le font les ados.”

Ce fut au tour de Heather de hausser les épaules. “Peut-être avait-elle simplement décidé de se reprendre en main.

— Vous avez sans doute raison. A-t-on trouvé des parents proches ?

— Elle a été adoptée. Sans démarche officielle, probablement par de la famille ou des amis. C’est ce que pense Barnes.”

Barnes ? Jusque-là, elle parlait de Nigel, pensa-t-il. Il savait que ces deux-là avaient eu une histoire, même si ça ne l’intéressait pas franchement. Il avait déjà suffisamment de préoccupations – comme de réussir à marcher sans souffrir le martyr. Visiblement, ça n’avait pas duré. Foster avait entendu dire qu’elle s’était recasée avec un ex, un flic de la Criminelle sud. C’était sans doute pour cela qu’elle lui semblait différente depuis qu'il avait repris le travail. Plus passive, moins fougueuse.

"Comment va-t-il ?" demanda-t-il.

"Bien." Un sourire courut sur ses lèvres. "Il tourne un pilote pour une émission de télévision. Un truc sur l'exhumation des morts."

Il émit une grimace de mépris. "Ça intéresse qui, ce genre de truc ?

— Vous ne devez pas regarder la télévision en ce moment, n'est-ce pas sir ?", lui demanda Heather.

Foster esquissa un geste de dédain et se tourna à nouveau en direction de la fenêtre. En contrebas, la rue, qui avait été bloquée, était déserte et silencieuse. Ils avaient frappé à toutes les portes dans un rayon d'un kilomètre. Jusque-là, ils n'avaient qu'une seule piste : deux témoins avaient aperçu une camionnette blanche entrer dans la rue vers seize heures l'après-midi précédent. Tous deux l'avaient vue se garer à proximité de la maison de Katie Drake. Ils ne l'avaient pas vue repartir et, pour l'instant, personne ne pouvait dire quand elle avait quitté les lieux. Une équipe visionnait les bandes de vidéosurveillance au cas où elle aurait été filmée. Mais l'heure tournait et chaque seconde qui passait réduisait les chances de retrouver Naomi Buckingham vivante.

Ce soir-là, tandis qu'il se dirigeait vers la salle d'autopsie, accompagné de Heather, Foster songea que l'odeur de la morgue n'avait pas changé. La puanteur de la mort finissait toujours par percer sous le désinfectant et le désodorisant. L'endroit ne lui avait pas manqué : l'écho des pas sur le sol carrelé ; le matériel stérile, en acier inoxydable rutilant ; le calme exaspérant ; et le froid qui finissait toujours par vous envahir l'âme. Mais c'était tout de même là qu'il espérait que la traque du tueur de Katie Drake et du ravisseur de sa fille allait véritablement commencer.

À l'intérieur, un technicien s'apprêtait à recoudre le corps. Edward Carlisle lui fit signe de patienter afin qu'il puisse faire aux deux inspecteurs l'exposé de ce qu'il avait découvert.

"Elle est morte par asphyxie, leur expliqua le légiste.

— On l'a étranglée d'abord ?" répondit Foster qui ne put cacher sa surprise.

Carlisle hocha la tête avec gravité. "Sans aucun doute", confirma-t-il. Il désigna le cou de la jeune femme. "Sur place, la blessure et le sang qui s'en était échappé masquaient une marque légère de strangulation sur son cou, mais on la voit nettement au-dessus de l'entaille."

Foster se pencha en avant et remarqua une boursouflure rouge pâle au-dessus de la plaie béante qui traversait le cou.

"L'os hyoïde est brisé et les cartilages cricoïde et thyroïde sont sérieusement endommagés. L'assaillant était très fort, presque certainement un homme."

Au moins, songea Foster, cela éliminait la possibilité selon laquelle Naomi Buckingham était responsable du meurtre de sa mère.

"Comme je l'ai déjà expliqué, la marque de strangulation est assez légère, je pencherais donc pour une matière souple, une serviette ou un foulard."

Le tueur avait peut-être conservé cet indice, mais Foster nota mentalement de demander à la police scientifique d'examiner chaque vêtement et bout de tissu dans la maison.

"Et la blessure à la gorge ? l'interrogea-t-il.

— Elle a été infligée post-mortem, répondit Carlisle. Elle n'est pas très profonde, l'artère carotide et la veine jugulaire sont intactes. Plutôt un acte symbolique. Et votre tueur est droitier. Il y a des bleus et des traces de lividité sur le dos. Je n'en suis pas encore sûr à cent pour cent, mais elle a dû être tuée dans la maison, puis traînée à l'extérieur et c'est là qu'on lui a tranché la gorge."

Pour Foster, ça n'avait aucun sens. La plupart des tueurs prennent soin de cacher le corps. Celui-là avait fait exactement le contraire. Sortir le cadavre de l'intimité d'une maison pour l'exposer dans un jardin.

"Il n'y avait pas de sang à l'intérieur de la maison, confirma Foster. Mais il y en avait un paquet dans le jardin."

Carlisle acquiesça d'un mouvement lent. "La lividité du dos est conforme au fait qu'elle a été traînée à l'extérieur, c'est pour cela que j'ai émis l'hypothèse selon laquelle il l'a tuée à l'intérieur, avant de la traîner jusque dans le jardin où il lui a tranché la gorge."

Pour Foster, ce n'était pas logique. "Des signes d'activité sexuelle ?" demanda-t-il.

Katie Drake avait fait entrer son meurtrier chez elle. L'avait-elle laissé pénétrer dans la chambre ou l'y avait-il suivie ? Avait-elle été surprise par son attaque ou était-elle passive ? Ils ne pouvaient écarter l'hypothèse de jeux sexuels, même si elle était restée vêtue.

Carlisle secoua la tête. "Absolument rien de ce côté-là."

Quelques scénarios commençaient à se dessiner dans son esprit. Naomi Buckingham était-elle rentrée, interrompant le tueur ? Était-ce pour cela qu'elle avait été enlevée ? Le tueur disposait pourtant de tout le nécessaire pour la supprimer sur-le-champ. Pourquoi avoir pris le risque d'être aperçu en la kidnappant ?

"L'heure de la mort ?

— Difficile d'être très précis, mais certainement hier, vers le milieu de l'après-midi."

Naomi pouvait avoir dérangé le tueur. Il n'y avait toutefois pas de traces de lutte dans la maison. Peut-être connaissait-elle son ravisseur et l'avait-elle suivi volontairement, sans savoir que sa mère gisait dans le jardin, assassinée.

"J'ai envoyé des échantillons de sang en toxicologie, poursuivit Carlisle. Le foie était assez gras, avec les tout premiers signes d'une cirrhose, ce qui indique que la victime était une grosse buveuse. À part cela, elle était dans un état général plutôt satisfaisant. Elle n'avait pas mangé depuis plusieurs heures, pas depuis le petit-déjeuner.

— Vous auriez une idée du moment où le vernis à ongles a été appliqué sur ses mains et ses pieds ? intervint Heather.

— Non, aucune", répondit Carlisle.

Heather s'avança et jeta un coup d'œil. "C'est récent. Et fait avec application. Elle était maquillée avec soin quand nous l'avons trouvée. Mascara, fond de teint, rouge à lèvres, le grand jeu… Où sont ses vêtements ? demanda-t-elle à Carlisle sur un ton pressant.

— Ils vont partir pour les analyses. Ils se trouvent dans un sac quelque part…" Il se tourna vers l'un de ses assistants pour en avoir la confirmation. Le sac arriva quelques instants plus tard. Heather enfila une paire de gants, le transporta jusqu'à une table à dissection libre sur laquelle elle le vida. Foster se tenait juste derrière elle. Elle ignora le chemisier trempé de sang et la jupe et saisit un soutien-gorge noir constellé de brillants entre le pouce et l'index.

"Ta da !", s'exclama-t-elle en se tournant pour le montrer à Foster qui sursauta. "Un soutien-gorge push-up. Pas le genre de sous-vêtement que l'on porte à la maison un lundi après-midi. Cela colle avec ce que je pensais, elle avait un rencart."

Naomi Buckingham avait tort. Sa mère avait un amant.

Ils rencontrèrent Sally Darlinghurst, la meilleure amie de Katie, dans une petite maison de Kentish Town. Elle avait passé la journée dehors, mais elle était rentrée dans la soirée. On lui avait déjà annoncé la mort de Katie Drake et son visage, fier et agréable, que Foster pensait reconnaître, certainement en raison d'une de ses apparitions à la télévision, était encore exsangue à cause du choc. Elle fit entrer Heather et Foster dans son salon, décoré d'objets ethniques, de masques sculptés, de quelques statues en bois et de batiks colorés suspendus au mur. L'air sentait la fumée et l'encens. Une fois qu'ils furent installés sur le canapé, elle alluma la première d'une longue série de cigarettes.

Foster lui présenta leurs excuses et lui offrit les condoléances d'usage. L'actrice tira une longue bouffée, repoussant une boucle blonde qui retombait obstinément sur son œil droit.

"Horrible, dit-elle d'une voix claire et élégante. Putain, c'est horrible. Vous avez des nouvelles de Naomi ?"

Foster secoua la tête, l'air désolé. Heather expliqua la raison de leur visite – élaborer une image aussi précise que possible de la vie de Katie Drake, en espérant que cela les conduise au tueur.

“Que voulez-vous savoir ?

— Quel genre de personne était-elle ? demanda Foster.

— Eh bien ! s’exclama-t-elle. Ça démarre fort. Quel genre de personne était-elle ?” L’amie de Katie regarda quelques instants dans le vide, perdue dans ses pensées. “Elle était honnête. Elle était loyale. C’était une mère fabuleuse, une bonne amie et une putain de bonne actrice.

— Depuis quand la connaissiez-vous ? l’interrogea Foster.

— Seize ans. Elle avait vingt et un ans et moi j’en avais un de plus. Nous étions dans la même troupe, nous jouions *Salad Days*. Une pièce franchement nulle. Mais nous nous éclations sur scène. Nous sommes revenues à Londres et nous sommes restées amies. À travers les mariages, les divorces, les naissances, pour elle en tout cas, et toutes les galères professionnelles. Elle a toujours été là pour moi et moi pour elle.”

Foster hocha la tête. “Et récemment, comment était-elle ?”

Sally sortit une autre cigarette du paquet et l’alluma. “Comment était-elle ?” articula-t-elle en répétant à nouveau la question et en regardant ailleurs. Après une nouvelle bouffée, elle répondit. “Je ne l’ai pas vue depuis deux mois, mais nous nous sommes parlé au téléphone il y a deux semaines. Elle semblait… bien. Enfin, le travail lui donnait des angoisses, ou plutôt le fait qu’elle n’en avait pas. Je venais juste de dégotter un petit rôle dans un téléfilm. Encore une belle merde, mais c’est du travail. En général, cela nous faisait plaisir quand l'une de nous ne lâchait pas l'affaire et trouvait un engagement, mais j'ai senti qu'elle était un peu à plat. Je crois que cela faisait un an qu'elle n'avait pas joué. En comparaison, je ne m'en sortais pas trop mal…

— Qu'entendez-vous par « ne pas lâcher l'affaire » ? demanda Heather, un début de sourire sur les lèvres.

— Oh, ça ? Eh bien, quand une actrice approche de la quarantaine, le travail se fait rare, ou alors les rôles que vous obtenez sont plutôt nuls. Les hommes, eux, ont de plus en plus de travail. C'est ainsi. Vous pouvez vous acharner et ne pas lâcher l'affaire, ou vous pouvez laisser tomber et partir et… eh bien, faire Dieu sait quoi. Enseigner, ou un truc du genre." Elle fit la grimace.

"Si elle ne travaillait pas, savez-vous à quoi Katie passait ses journées ? poursuivit Foster.

— Elle lisait. Elle écrivait. Je sais qu'elle essayait d'écrire une sorte de roman. Elle était bénévole dans une boutique caritative à côté de chez elle. Deux jours par semaine.

— Lequel ?

— *Recherche pour le cancer.* En dehors de cela, je sais qu'elle avait d'autres amies, qu'elle s'est faites à travers Naomi, d'autres mères célibataires.

— Comment gagnait-elle sa vie ?

— Un peu de voix *off* de temps à autre. Ce n'est pas génial, mais c'est bien payé. Elle avait une voix belle et claire. Et elle recevait de l'argent de son ex-mari, bien que la plus grande partie soit destinée à l'entretien de Naomi.

— Avait-elle un homme dans sa vie ?"

Elle laissa échapper un reniflement moqueur. "Les hommes ? On a tiré un trait sur ces bâtards il y a un moment, dit-elle avant de rire. Désolée inspecteur, ajouta Sally en regardant Foster. Eh non, elle n'était pas lesbienne si vous vous posez la question. Foutre non. Ce que je veux dire c'est que ni elle ni moi n'avons eu de chance avec les hommes. On a chacune raté notre mariage. Des relations avortées depuis. C'était l'un de nos principaux sujets de conversation – ça et le boulot. Cela devait faire au moins un an qu'elle n'avait fréquenté personne. Peut-être plus."

Heather passa tous les détails en revue avec elle et notamment les noms des hommes qu'elle avait connus par le passé. Les souvenirs de l'actrice n'étaient pas très précis et cela allait prendre du temps pour retrouver les anciens amants.

"Elle ne voyait personne ces derniers temps ?

— Pas que je sache. Pourquoi ? Vous pensez qu'elle connaissait celui qui a fait ça ?", demanda-t-elle, incrédule.

Foster acquiesça. "En effet. Pensez-vous que quelqu'un aurait pu vouloir faire du mal à Katie ou à sa fille ?

— Absolument personne, répondit-elle immédiatement. C'était une femme passionnée, prompte à la colère et assez rentre-dedans, mais elle était également gentille, respectueuse et fidèle. Tous ceux qui la connaissaient l'adoraient. Je ne vois vraiment pas qui aurait pu faire une chose pareille." Sally prit un verre à vin vide et se dirigea vers la cuisine. "Puis-je vous proposer quelque chose ou bien cette histoire à propos du fait d'être en service est vraie ?

— Je crains que ce ne soit le cas, répondit Foster.

— Thé ? Café ? Eau ?"

Heather demanda de l'eau, Foster déclina la proposition.

Quelques secondes plus tard, leur hôtesse réapparut avec un verre de vin blanc plein à ras bord et un verre d'eau.

"Vous connaissiez Katie depuis longtemps, poursuivit Foster. Vous a-t-elle déjà parlé de son passé, de son enfance ?

— Jamais, répondit-elle catégoriquement. Elle avait été adoptée. Je sais cela. Une fois, elle m'a confié que ses deux parents étaient morts. Mais elle m'a fait clairement comprendre qu'il s'agissait d'une période de sa vie qu'elle souhaitait oublier. Dans ce métier, il y a beaucoup de gens qui essaient d'échapper à leur passé – ou tout au moins de le transcender – et Katie en faisait partie.

— Vous a-t-elle donné un détail pouvant laisser penser que c'était la conséquence d'un événement ou d'un incident survenu dans son passé ?

— Vous voulez dire des mauvais traitements, des abus sexuels ?"

Foster fut un peu désarçonné par sa franchise. "Quelque chose comme ça, oui."

Sally attrapa une nouvelle cigarette d'un geste fébrile et fit une pause pour réfléchir.

"Non. Et je ne pense pas qu'il puisse s'agir de quelque chose de cet ordre. Je ne me base pas sur des faits, mais simplement parce que je pense qu'elle me l'aurait dit. J'ai eu le sentiment qu'elle ne s'était pas entendue avec ceux qui l'ont élevée. Elle était assez sauvage ; en tout cas, à l'époque. J'ai l'impression qu'il s'agissait de gens plutôt conservateurs.

— Vous savez qui ils étaient ?

— Ils vivaient quelque part dans le Kent, un trou au bord de la mer. Le nom m'échappe. Mais elle détestait cet endroit.

— Le Kent ? remarqua Heather. Pas Shoeburyness, dans l'Essex ?

— Non. Je suis sûre qu'elle m'a dit le Kent. Peut-être Deal."

Heather griffonna quelques notes supplémentaires. "Elle n'a jamais révélé qui étaient les gens qui l'ont élevée ?"

Sally Darlinghurst tira sur sa cigarette et regarda au loin. Elle secoua la tête. "Pas vraiment, non. J'ai toujours pensé qu'il devait s'agir d'une tante ou de quelqu'un comme ça, mais elle ne me l'a jamais dit.

— On peut imaginer qu'ils n'avaient pas été invités à son mariage avec Stephen Buckingham ?

— Mon Dieu, non. Il y avait très peu de gens. Juste un petit groupe d'amis dans un bureau de l'état civil à Chelsea, et ensuite une cuite gigantesque. Ses parents à lui n'ont pas apprécié d'être tenus à l'écart. Je crois qu'ils ne lui ont jamais pardonné.

— Comment était sa relation avec Stephen ?

— Plutôt bonne, jusqu'à ce qu'il commence à sauter tout ce qui bougeait. Cette sombre petite merde. Il lui a brisé le cœur. Je ne suis pas certaine qu'elle s'en soit complètement remise. Après qu'il l'a quittée, elle a refusé plusieurs engagements à cause de Naomi. Elle avait des amis qui la gardaient – je l'ai fait aussi quelques fois, quand elle a été plus grande – mais Naomi restait sa priorité. Stephen lui a plus que brisé le cœur. Il a foutu sa carrière en l'air. Et malgré cela, elle le tolérait pour le bien de Naomi. En fait, ces dernières années, son attitude envers lui s'était adoucie. Elle m'a avoué un jour que c'était difficile d'être en colère en permanence. Elle continuait quand même à haïr cet enfoiré, et il y avait de quoi."

Foster la remercia et lui remit sa carte au cas où quelque chose lui reviendrait à l'esprit. En les raccompagnant à la porte, Sally se souvint d'un détail.

"La dernière fois que j'ai vu Katie, il y a deux mois, elle m'a confié qu'elle avait perdu la foi.

— La foi en quoi ? demanda Foster

— C'est ce que je lui ai demandé. Elle ne m'a pas vraiment répondu, pensé que ce devait être en son talent.

— Quelles furent ses paroles exactes ?

— Elle a dit : « Là où se trouvait ma foi, il n'y a plus qu'un trou vide. » C'est tout. Et elle a changé de sujet."

Lorsqu'elle referma la porte sur eux, Foster vit que Sally Darlinghurst avait les yeux baignés de larmes.

Il était près de minuit lorsque Foster regagna son domicile dans le quartier d'Acton. Il avala deux analgésiques en les faisant descendre avec une solide gorgée de vin rouge. Cela faisait au moins un ou deux jours que la bouteille était débouchée et ce n'était pas une manière de traiter une bouteille de Haut-Brion que son père appréciait tant. Mais le vieil homme n'était plus là pour le réprimander et le caviste le plus proche était fermé depuis longtemps. Il répugnait à boire de l'eau, sauf dans les moments de soif extrême. Tous ces hommes et ces femmes qui déambulaient avec des petites bouteilles d'eau à la main comme un gosse avec son biberon parce qu'on leur avait dit que c'était bon pour leur santé. Quand donc les gens allaient-ils demander à être traités autrement que comme de grands enfants ?

Foster s'assit à la table de la cuisine où se trouvait son ordinateur portable, en veille, et soulagea la jambe qui le faisait souffrir en approchant une autre chaise pour la poser dessus. C'était une position habituelle. Il avait passé l'essentiel de ces six derniers mois à la même place, à regarder le même écran, à boire dans le même verre, souvent jusqu'à ce que les lueurs de l'aube commencent à filtrer par la fenêtre. Il évitait son lit et l'angoisse qui accompagnait le silence et l'obscurité. Les nuits où il avait essayé de dormir, il s'était réveillé en sueur après avoir revécu les heures de torture effroyables passées entre les mains de Karl Hogg. Le prix qu'il devait payer pour les péchés de son ancêtre. Un détective de l'époque victorienne qui avait contribué à faire condamner un innocent à la potence, laissant libre un tueur en série qui avait massacré sa famille et frappé sa descendance d'une malédiction que Hogg cherchait à expurger. La mâchoire de Foster, sa clavicule, son poignet et son tibia avaient été réduits en miettes et, sans l'intervention de Nigel Barnes, il y aurait laissé sa peau*. Les blessures l'accompagneraient toute sa vie, mais son esprit restait intact. À peu de chose près.

Il activa son ordinateur et, pendant que ce dernier reprenait vie, il but une autre gorgée de vin. Après avoir quitté Sally Darlinghurst, Heather et lui avaient rassemblé l'équipe travaillant sur le meurtre de Katie Drake au commissariat de Kensington pour passer en revue les informations dont ils disposaient, tandis que celle qui ratissait Londres pour retrouver sa fille continuait ses recherches. Chaque heure était vitale. Les congés étaient annulés, les heures supplémentaires nécessaires, personne ne se posait de questions.

* Voir *Code 1879*, Babel noir n° 57.

L'hypothèse selon laquelle Katie Drake avait retrouvé un amant, ou un futur amant, chez elle, leur avait redonné un but. Ils étaient en contact avec toutes les agences de rencontres afin de savoir si elle était enregistrée dans leurs fichiers. Foster revenait sans cesse à l'entrée du journal de sa fille : *"Elle n'a pas pu rencontrer un mec pcq elle n'est pas sortie depuis des années..."*

L'ordinateur était prêt. Il se connecta à Internet, sa deuxième maison pendant les six mois de sa convalescence. Il ignora les sites d'automobiles, de poker et les forums où il philosophait sur le monde moderne avec d'autres guerriers anonymes du Web et se rendit directement sur l'Internet Movie Database. Il entra le nom de Katie Drake dans le champ de recherches. Le site lui renvoya la liste de toutes ses apparitions à la télévision et un portrait, des cheveux sombres qui retombaient avec élégance sur un regard aux paupières tombantes, des lèvres pleines et un air de jeunesse qui avaient peu de chose à voir avec le corps mutilé qu'il avait observé plus tôt dans la journée. Comme l'avait dit son ex-mari, elle avait été d'une grande beauté.

Il trouva aussi une courte biographie qui mentionnait son passage à l'Académie royale d'art dramatique. Foster nota de consulter leurs fichiers dans la matinée. Son CV listait toutes les émissions à succès de la télévision britanniques de ces vingt dernières années, et parmi elles une série policière si mauvaise que la simple musique du générique hérissait les poils de Foster. Elle y avait tenu deux petits rôles à un peu plus d'une dizaine d'années d'intervalle, les producteurs s'imaginant certainement que les téléspectateurs avaient la mémoire courte.

Il s'adossa à la chaise et se frotta les yeux. Il avait l'intention de retourner au travail à six heures le lendemain matin, bien avant que les recherches pour trouver Naomi ne reprennent. Il repassa dans sa tête tout ce qu'il savait sur Katie Drake. Une actrice qui avait saisi la première opportunité afin de quitter sa petite ville natale pour Londres, où elle avait rapidement décroché des rôles. Le rêve semblait bien se dérouler, des engagements réguliers à la télévision et au théâtre, jusqu'à la naissance de sa fille. Mais même alors, elle avait repris le travail rapidement. Tout s'était effondré quand son mari l'avait quittée. Katie ne s'en était jamais remise. Naomi était devenue toute sa vie, mais quelque part dans son esprit le sentiment de l'échec devait la ronger. Elle commença à boire, beaucoup semblait-il, et à se retirer du monde. Foster jeta un coup d'œil à son verre de vin. Il se demanda ce que le journal d'une adolescente de quatorze ans raconterait au sujet de ses propres habitudes.

La sienne devait avoir quatorze ans maintenant. Peut-être quinze. Il ne se souvenait pas bien de sa date de naissance, probablement parce qu'il était absent ce jour-là. Linda l'avait quitté, fatiguée par ses absences. Il avait essayé de lui expliquer qu'être inspecteur n'était pas une vocation, mais une malédiction. Elle ne l'avait pas écouté et lui avait rétorqué qu'elle préférait élever son enfant seule plutôt qu'avec lui. Des mots qui le blessaient encore. Non pas qu'il lui en veuille. Il ne s'était pas bien conduit avec elle, surtout quand il avait appris qu'elle était enceinte et qu'elle avait l'intention de garder l'enfant, quoi qu'il puisse dire pour essayer de l'en dissuader. La dernière fois que Foster avait eu de leurs nouvelles, elles vivaient à

Édimbourg, pas très loin de sa famille à elle. Cela faisait plus de dix ans. Dieu sait où elles se trouvaient à présent ? Il espérait qu'elles étaient heureuses. Il vida son verre. J'emmerde le passé, pensa-t-il. Comme le montrait l'histoire de Katie Drake, ce n'étaient qu'espoirs déçus et regrets. Un ingrédient pour la déprime.

Foster chassa ces souvenirs de son esprit et se concentra sur l'affaire. Après quelques instants passés à réfléchir, une douleur lancinante lui envahit le crâne. Je suis fatigué, songea-t-il, même si minuit n'est pas passé depuis longtemps. Il éteignit le plafonnier de la cuisine et gravit péniblement les escaliers jusqu'à sa chambre.

Pour la première fois depuis des mois, il dormit sans que le visage de Karl Hogg vienne hanter ses rêves.

4

Une jeune adolescente, blonde, belle et innocente, issue d'un foyer respectable, avait été enlevée. Sa mère, une actrice pleine de charme, ce qui impliquait un bon stock d'images dans lequel piocher, sauvagement assassinée. Tout cela dans le refuge de leur maison de 850 000 livres sterling. L'innocence martyrisée. Une communauté sous le choc et l'emprise de la terreur. De quoi faire saliver même le plus placide des patrons de journaux. La presse britannique avait été à la hauteur de sa réputation. L'image que Foster avait vue la veille sur Internet s'étalait à présent en une des tabloïds et des quotidiens, les chaînes d'information en continu avaient revu leur programmation, les journalistes vedettes s'étaient fait une beauté, soucieuses de savoir s'il valait mieux faire leur face caméra les cheveux attachés ou détachés, et s'étaient installées au bout de la rue qui menait sur les lieux du crime.

Confronté à la foire médiatique, le commissaire Brian Harris avait pris le commandement de l'enquête. Foster avait été convoqué à une réunion avec lui, l'inspecteur principal Williams, l'inspecteur principal Chilton et quelques autres inspecteurs de même grade. Il pénétra dans le bâtiment le cœur lourd, esquiva les questions sur sa santé et son bien-être avec tout l'humour dont il était capable. Harris avait l'air pâle et exténué mais fermement résolu. Quelle superbe stratégie va-t-il nous sortir de son chapeau ? se demanda Foster.

Son moral s'améliora lorsque Susie Danson, une ancienne profileuse devenue Professeur de psychologie appliquée, entra dans la pièce, laissant flotter derrière elle un parfum puissant qui lui remit immédiatement en mémoire des enquêtes passées. Cela faisait quatre ou cinq ans qu'il ne l'avait pas revue, mais le temps avait été clément avec elle. Le même carré de cheveux teints en blond, les mêmes yeux bleu pâle scintillants d'intelligence, le même rouge à lèvres rouge feu. Elle portait un tailleur coupé près du corps avec une tunique sous sa veste. Elle avait abandonné le profilage pour écrire des livres, donner des conférences et gagner de l'argent.

Harris la présenta à ceux qui n'avaient pas le plaisir de la connaître, comme si elle était la reine en personne et eux les membres d'une équipe de football, laissant sa main posée dans son dos pendant tout le temps des présentations. Susie hochait la tête poliment, presque avec brutalité. Il présenta Foster en dernier.

"Inspecteur principal Grant…

— Nous nous connaissons, l'interrompit-elle en le gratifiant d'un sourire immaculé. Comment allez-vous, Grant ?

— C'est un réel plaisir de vous revoir, répondit-il en lui serrant la main. J'ai connu des jours meilleurs.

— Oui, c'est ce qu'on m'a dit." Son sourire s'effaça et fut remplacé par un regard inquiet. Foster eut l'impression qu'elle l'examinait.

"J'ai demandé à Susie de prendre part à l'enquête car elle est la meilleure dans sa spécialité, expliqua

Harris. Elle a étudié le dossier, le rapport d'autopsie et la scène du crime. Elle va nous aider à cibler nos recherches."

Bonne nouvelle, pensa Foster. Avant de faire sa connaissance et de travailler avec Susie Danson, il considérait le profilage comme un baratin gentillet. Elle lui avait prouvé le contraire.

Harris lui fit signe qu'il lui laissait la parole.

"Messieurs, commença-t-elle en balayant la pièce du regard, son dossier devant elle. Évidemment, tout ce que je m'apprête à vous exposer ici n'est basé que sur une observation sommaire des faits. Ce sont de simples déductions et vous êtes libres d'en faire ce que bon vous semblera. Je vais essayer d'élaborer rapidement des considérations plus solides, mais vous savez comme moi que dans ce genre de cas, le temps est extrêmement précieux."

Susie marqua une pause, baissa le regard sur ses notes et joignit les mains devant elle.

"Le tueur était organisé, poursuivit-elle. Il n'y a pas eu de déchaînement de fureur – il était détendu, calme, sûr de lui et méthodique. Son crime était planifié, sans improvisation. Katie Drake n'a pas subi de sévices sexuels. Il ne s'est pas masturbé à proximité du corps, il ne l'a pas déshabillée ni commis quoi que ce soit avec elle, avant ou après sa mort. Le meurtre n'est pas lié à un désir sexuel. Toutefois, si l'on tient compte du type de vêtements qu'elle portait, du fait qu'elle l'ait laissé entrer, tout cela suggère qu'il possède du charme. Elle désirait cet homme. J'en déduirais qu'il s'agit d'un individu sur la fin de la trentaine, mais plus probablement d'une quarantaine d'années, et ayant encore de la prestance. Je suis également convaincue que sa vraie cible était Naomi et que l'intérêt qu'il lui porte est sexuel. C'est un prédateur. Le plan qu'il a élaboré pour l'enlever a consisté à se rapprocher de sa mère, qu'il savait vulnérable."

Tout le monde restait silencieux. Foster savait que Susie n'aimait pas que ces réunions se résument à un monologue. Elle appréciait que ses opinions soient débattues. "Mais pourquoi a-t-il tué Katie ? intervint-il. Pourquoi ne pas se contenter d'enlever la fille ? La plupart des pédophiles ne tuent pas d'autres personnes pour atteindre leurs victimes.

— Bien vu, acquiesça-t-elle en hochant la tête. J'y ai beaucoup réfléchi car, comme vous l'avez souligné, cela ne cadre pas avec le schéma habituel. Mais nous savons aussi que les pédophiles peuvent être très entreprenants et déterminés. Peut-être en est-il arrivé à la conclusion que le seul moyen d'enlever Naomi était de pénétrer dans la maison. Les ados de quatorze ans ne sont pas des proies faciles, encore moins si on essaie de les kidnapper dans la rue, à moins de très bien les connaître. J'imagine qu'il a considéré que la meilleure méthode était de charmer et de séduire sa mère, de se trouver à la maison lorsqu'elle rentrerait. Et pour pouvoir enlever Naomi sans que sa mère le gêne, il devait la réduire au silence.

— À quel genre de personnage pensez-vous que nous ayons affaire ? demanda Harris.

— Je pense que cet homme est un séducteur. Je pense qu'il est d'une intelligence supérieure à la moyenne. Son véritable intérêt, ce sont les jeunes filles, les adolescentes sur le point de devenir des femmes, entre onze et quinze ans. Vous devez vous concentrer sur des hommes qui auraient été inculpés pour des agressions sexuelles sur des jeunes filles de cette tranche d'âge et qui s'en seraient également pris aux filles de leurs petites amies, voire à leurs propres filles. Commencez par le quartier de la victime et élargissez les recherches. J'ajouterais qu'à l'évidence, votre tueur conduit. Il est également en bonne condition physique et assez costaud. Je pense que je pourrai vous fournir d'autres éléments quand j'aurai eu le temps d'étudier davantage le dossier.

— Merci, Susie, fit Harris en reprenant la parole. Tout ceci est très utile." Un murmure d'approbation parcourut l'assistance. Elle sourit pendant quelques secondes, mais son regard s'assombrit rapidement.

"Et un appel dans les médias ? demanda Foster. J'ai parlé au père de Naomi. Il est disposé à le faire.

— À vous de voir, répondit-elle. Certains pédophiles prennent leur pied lorsqu'ils voient la famille de leurs victimes souffrir. Cela peut revenir à entrer dans son jeu.

— Je suis d'accord, ajouta Harris. Laissons-le mariner." Les autres approuvèrent.

— Moi pas, objecta Foster. On est en présence de la disparition d'une adolescente, peut-être est-elle encore en vie. Si nous voulons la retrouver rapidement, nous avons besoin que le public devienne nos yeux et nos oreilles."

Harris resta silencieux quelques instants. "On en rediscutera plus tard, pour l'instant pas d'appel pendant encore une journée.

— Cela me paraît raisonnable, reprit Susie. Mais je ne peux qu'abonder dans le sens de la remarque de Grant sur le fait qu'il est nécessaire de la retrouver rapidement. Vous connaissez la règle dans ces cas-là

– trouvez-les vite ou ils sont morts. Ce genre d'affaire connaît rarement des fins heureuses. Il va certainement tuer Naomi une fois qu'elle aura servi à satisfaire ses désirs. Si elle n'est pas déjà morte, vous avez tout au plus trois ou quatre jours, au-delà vous cherchez un cadavre."

Une fois la réunion achevée, Harris demanda à Foster de rester.

"Je vous dois un café, proposa Foster à Susie au moment où celle-ci s'en allait.

— Chose promise, chose due", répliqua-t-elle.

Harris referma la porte derrière elle. "Alors, Grant, comment se passe votre retour ?

— Bien. Même si je pense que cela aurait pu se dérouler en de meilleures circonstances.

— Oui. Sale affaire. Mais c'est plutôt rassurant que vous soyez revenu au moment où un truc comme ça nous tombe dessus."

Il me flatte. Ça n'est pas bon signe, pensa Foster. "Eh bien, cela fait toujours plaisir de savoir que l'on est apprécié.

— Vous vous souvenez des évaluations et des tests que vous avez subis avant de réintégrer votre poste ?"

S'il s'en souvenait ? Comment aurait-il pu oublier ? Après trois mois de convalescence, il avait décidé d'étudier la possibilité de reprendre le travail. Il s'était rapidement rendu compte que cela serait certainement plus simple de se reconvertir comme neurochirurgien. Il avait d'abord eu un premier rendez-vous avec le médecin chef de la police, une vieille fille approchant la soixantaine qui ressemblait à une institutrice coincée, avec un nom à particule et un contact déplorable avec les patients. Puis un second. Ensuite, il avait rencontré Harris et d'autres membres de la direction. En plus du kinésithérapeute qu'il consultait déjà dans le cadre de sa rééducation, on l'envoya chez un jeune docteur qui prit la peine non seulement de vérifier son pouls et de l'ausculter, mais également, pour une raison qui lui échappait encore, de lui enfoncer un doigt ganté de latex dans le fondement. Il avait aussi passé ce que l'on appelle une évaluation psychologique avec une jeune femme blonde d'une trentaine d'années, à la suite de quoi on l'avait adressé à un psychothérapeute, qu'il voyait encore chaque mois. C'était la seule chose qui, au bout du compte, lui avait été réellement bénéfique.

Lorsque son évaluation fut complète, il retourna voir le médecin chef, qui ôta ses lunettes et en suça l'une des branches avant de lui demander pourquoi il était si pressé. N'aurait-il pas préféré passer quelque temps à la maison de repos de la police sur Harrogate ? Foster répondit qu'il irait dans une maison de repos lorsqu'il aurait quatre-vingts ans et qu'il ne serait plus capable de se torcher tout seul, ce qui lui valut de s'entendre dire qu'il avait un comportement hostile. On l'envoya donc voir un autre psychologue, car son coup d'éclat entrait apparemment dans la catégorie des symptômes du stress post-traumatique, puis chez Harris qui le réprimanda et lui expliqua que s'il voulait reprendre le travail, le meilleur moyen n'était pas de se montrer agressif envers la personne dont le rôle était de l'y autoriser. La seconde opinion allait dans le même sens que la première : Foster était apte à revenir avec toutefois quelques obligations. Il avait alors passé des heures interminables avec une dame ennuyeuse des ressources humaines pour élaborer un “plan d’action de retour au travail”. Lorsqu’il lui fit remarquer, de son ton le plus mesuré, qu’il voulait que ce plan d’action consiste en un “retour au travail”, elle avait secoué lentement la tête comme si elle avait en face d’elle un légume à moitié débile. À ce stade, il avait laissé tomber et s’était mis à acquiescer et à dire oui à tout, pourvu que cessent les tests, les rendez-vous, les plans d’action et qu’il puisse recommencer à faire ce qu’il connaissait le mieux. Résultat : il était de retour au travail. Il avait reçu une lettre à son domicile exposant les conditions de ce retour mais, hormis le fait de noter la date de son premier jour de reprise, Foster n’en avait respecté aucune.

“Vaguement.”

Harris ne remarqua pas le ton désabusé et ironique de sa voix. “L’une des conditions pour que vous repreniez aussi rapidement votre poste est que vous devez limiter vos heures de travail. Pendant les six premiers mois, nous avons convenu qu’elles ne devaient pas excéder quarante-cinq heures par semaine.”

Il était au courant. “Oui, pas plus de neuf heures par jour.

— Pendant combien d’heures avez-vous travaillé hier ?”

Foster fronça les sourcils et se demanda s’il plaisantait. “Que voulez-vous dire ?

— Ce n’est pas une question bien difficile à comprendre, Grant. Combien de temps avez-vous passé au travail hier ?”

Il s’était levé à quatre heures, il était rentré chez lui à minuit. En comptant une heure pour s’habiller et faire les trajets. “Environ dix-neuf, répondit-il.

— Dix de plus que ce que vous auriez dû effectuer.”

Foster essaya de parler, mais les mots lui restèrent dans la gorge. Sa mâchoire demeura ouverte comme la gueule d’un poisson. Avait-il bien entendu ce que Harris venait de dire ? Intérieurement, il se répéta la phrase. Oui, il avait bien entendu.

“Brian, vous êtes sérieux ? Une femme a été assassinée, sa fille a été kidnappée. J’étais de service – j’étais sur les lieux du crime. Vous vous attendez à ce que je pointe et que je rentre chez moi parce que c’est l’heure du thé ?

— Vous avez un plan d’action de…

— Un plan de quoi ? Je suis un inspecteur. Je résous des crimes. Je mets des gens en prison. Une jeune fille de quatorze ans a disparu, peut-être a-t-elle été assassinée. Et, franchement, vous vous imaginez que je vais ignorer ça et me conformer à un emploi du temps bidon, concocté par un gratte-papier de fonctionnaire qui n’a aucune idée de ce qu’est le travail de la police ?

— J’ai participé à l’élaboration de cet emploi du temps”, rétorqua sèchement Harris.

Foster mit les mains sur ses hanches et secoua la tête. Que faire quand tout le monde marche sur la tête ? pensa-t-il.

Harris prit une longue inspiration et poursuivit. “Mon boulot consiste à agir au mieux pour ce service, la police et les habitants de Londres. Et pour vous.

— Et qui s’occupe d’agir au mieux pour Naomi Buckingham ?”

Le visage de Harris s’assombrit à nouveau. “Ne vous flattez pas trop, Grant. Il y a deux autres inspecteurs qui travaillent à plein-temps sur cette affaire. Je reste aux commandes. Si elle est vivante, nous la retrouverons. Et vous nous y aiderez, mais dans les limites de votre plan d'action de retour au travail."

Si j'entends cette expression encore une fois, pensa Foster, je crois que je vais me balancer par la fenêtre. Il se passa la main sur le visage.

"Et vous avez également manqué vos deux dernières sessions avec le psy. Vous devez continuer à y aller – quand a lieu la prochaine ?

— Demain, à dix-sept heures.

— Eh bien, vous vous y rendrez. On s'en sortira. Nous avons besoin de vous en forme, mentalement et physiquement, pour que vous puissiez donner le meilleur de vous-même."

Foster secoua la tête. Il commençait à avoir mal. Personne ne s'était inquiété pour lui à ce point depuis la mort de sa grand-mère, lorsqu'il avait sept ans. Son supérieur semblait accorder plus d'importance à sa santé mentale qu'à la sécurité d'une adolescente disparue. Le monde était devenu barjot, se dit-il.

"Alors, quel est le programme de la journée ?", demanda-t-il, impatient de revenir à l'enquête, même s'il n'allait y jouer qu'un rôle secondaire.

"Nous allons interroger tous les pédophiles et les pervers dans un rayon de vingt-cinq kilomètres. Je vous épargne cette joie pour que vous puissiez vous renseigner sur la victime. Vous allez interroger les collègues de Katie Drake à la boutique caritative. Essayez d'en apprendre le plus possible à son sujet. Nous avons eu des nouvelles des analyses. De bonnes nouvelles. Un cheveu a été retrouvé sur ses vêtements. Apparemment, en raison de sa longueur, il semblerait qu'il s'agisse d'un cheveu d'homme. Il faut que vous réussissiez à découvrir qui étaient les hommes qu'elle fréquentait.

Le cheveu est en cours d'analyse. Nous devrions en savoir plus dans la journée. Vous serez prévenu immédiatement.

— Veillez à ce que ce soit suffisamment tôt, répondit Foster. Mon plan d'action stipule qu'à vingt et une heures je dois être en pantoufles en train de boire un chocolat chaud."

Heather l'attendait dans sa voiture, garée devant la boutique caritative sur Chamberlayne Road, une rue morne envahie par la circulation, qui traversait Kensal Rise, un quartier où l'on avait encore du mal à se sentir complètement en sécurité en dépit de son embourgeoisement.

Il se gara et se dirigea vers la Saab flambant neuf, tout en bataillant contre les bourrasques de vent qui le mitraillaient de gouttes de pluie glacées. Il s'assit côté passager et parcourut l'habitacle du regard. "Très chouette, émit-il en respirant le parfum entêtant de la voiture neuve. Ça cadrait avec votre promotion ?"

Elle sourit. "J'ai eu envie de me faire plaisir.

— Oui, j'ai été mis au courant du décès de votre mère. Pourquoi ne m'avez-vous rien dit ?

— Vous étiez en arrêt, en train de récupérer. Je ne voulais pas vous enquiquiner avec des histoires personnelles.

— Vous auriez dû. Enfin, j'ai été désolé de l'apprendre. Comment l'avez-vous vécu ?

— Je ne vais pas vous raconter que cela a été facile", répondit-elle.

Foster fit une pause et regarda sur la vitre les gouttes de pluie qui s'étalaient sous l'effet du vent. "Je crois que la mort de sa propre mère est celle qui nous touche le plus profondément. Le corps qui vous a porté, vous a mis au monde, qui retourne à la poussière. On ne s'en remet jamais – on apprend juste à vivre avec." Il se retourna pour lui faire face.

Elle acquiesça. "Je vois ce que vous voulez dire."

Son visage était pâle, presque sévère. Ses yeux, habituellement maquillés et pleins de vitalité, de colère, d'humour, étaient vides et cernés.

"Tout va bien ?", lui demanda-t-il.

Elle sourit à nouveau, mais il vit qu'elle se forçait. "Je ne me sens pas en pleine forme, c'est tout. Beaucoup de stress, le deuil, des tas de choses sur lesquelles il a fallu réfléchir. Je ne pensais pas que cela me toucherait à ce point. J'ai l'impression d'avoir un peu perdu foi en moi-même et en mon jugement. Pour être honnête avec vous, je suis anéantie."

Il l'observa pendant un moment. Au départ, il avait l'intention de se plaindre de Harris et d'avoir été mis de côté sur cette affaire, de railler le fait qu'on l'enveloppait de coton pour le protéger. Comparé à ce que traversait Heather, cela lui semblait futile. Sa vie était sens dessus dessous et elle tentait de s'en sortir. Lui, c'était son lot depuis des années. Tenter de savoir où il en était. Une part de lui-même lui suggérait qu'il devrait la convaincre de se mettre en arrêt maladie pour partir quelque temps au soleil, s'éloigner et se reconstruire. "Regardez-moi, pourrait-il lui dire, voilà ce qui se passe quand on se replie sur soi." Mais cela ne servirait pas à grand-chose. Le boulot l'avait déjà rattrapée, reprise dans ses tentacules. C'était ainsi. Vous essayez de rendre le monde un peu plus sûr ; vous y sacrifiez votre vie, même si cela revient à foncer droit dans le mur.

“Que s’est-il passé entre vous et Barnes ? Ça n’a pas marché ?”, demanda-t-il.

Heather fit non de la tête. “Pas vraiment. Mais ce n’est pas sa faute. Lorsque ma mère est morte, l’idée d’entamer une nouvelle relation m’a rebutée. Un de mes ex m’a contactée pour me présenter ses condoléances et, vous voyez, ce que je connaissais déjà m’a semblé préférable, je savais à quoi m’attendre.”

Sa voix s’évanouit progressivement.

Foster y décela du regret, comme si elle n’était pas elle-même convaincue. “Si je l’avais su, je ne vous aurais pas envoyé le voir hier. Ça a dû être bizarre.

— Pas vraiment, répondit-elle. Je suis plutôt contente que vous l’ayez fait. J’ai été injuste, mais je pense qu’il comprend.” Elle marqua une pause et regarda par la vitre. “C’est un chouette type.”

Bon, pensa Foster, on va arrêter là le courrier du cœur. “Venez, dit-il. Allons bosser.”

Ils sortirent de la voiture et franchirent rapidement les quelques mètres qui les séparaient de la boutique. Une cloche retentit lorsque Foster poussa la porte. L’endroit était vide de clients mais submergé d’objets divers et variés : livres, CD, quelques jouets et des portants chargés de vêtements d’occasion. À la caisse se trouvaient deux femmes, l’une âgée, l’autre dans la trentaine, discutant à voix basse. L’une d’elle lança un regard noir à Foster et Heather lorsqu’ils entrèrent avant d’afficher un sourire avenant. Foster leur présenta son badge.

“Bonjour, mesdames”, dit-il avant de faire les présentations. La plus âgée se nommait Yvonne et la plus jeune Maureen. “Nous sommes ici au sujet de Katie Drake.

— Nous nous demandions quand vous alliez venir, répondit Yvonne, les yeux écarquillés comme si elle était encore sous le choc. C'est tout simplement terrible. Horrible. Nous sommes anéanties. On a d'abord pensé à fermer la boutique pour la journée et puis on s'est dit que Katie aurait voulu que nous ouvrions.

— Devait-elle travailler aujourd'hui ?"

Maureen, une rousse cuivrée portant une épaisse couche de maquillage, hocha vigoureusement la tête. "Elle venait le lundi et le mercredi. Elle aurait dû être là aujourd'hui. Normalement, il y a toujours trois personnes dans la boutique. Deux devant pour servir les clients et une à l'arrière pour trier les arrivages, en général avec l'aide de Trevor. C'était au tour de Katie de travailler derrière. Nous n'avons pas eu le temps de trouver quelqu'un pour la remplacer."

Sa voix devint chevrotante. Elle était à deux doigts d'éclater en sanglots. Yvonne passa son bras autour d'elle.

"Avez-vous une bouilloire ? demanda Heather. Pourquoi ne mettez-vous pas le panneau « fermé » pendant quelques minutes, que je nous prépare un thé ?"

Les femmes acceptèrent d'un hochement de tête.

"Il y a une cuisine au fond", indiqua la plus âgée.

La plus jeune retourna la pancarte accrochée à la porte et tourna le verrou.

"Alors, dites-moi, Katie a-t-elle travaillé lundi dernier ?", questionna Foster.

Yvonne acquiesça. "Oui, en effet. Seulement le matin. Elle avait besoin de son après-midi pour trouver un cadeau et un gâteau pour Naomi. J'étais là, Maureen ne travaillait pas ce jour-là. Katie se trouvait dans la boutique avec moi. Steph – elle vient deux jours par semaine elle aussi – était venue nous prêter main-forte car Trevor était absent.

— Comment était-elle ?

— Comme d'habitude.

— C'est-à-dire ?

— Amicale, gentille avec les clients, disponible, polie. Sa carrière d'actrice n'allait pas fort – « à l'arrêt », c'étaient ses mots – et je pense qu'elle appréciait de sortir de chez elle, de travailler un peu et de rencontrer du monde.

— Elle plaisantait à propos de ça, ajouta Maureen avec un sourire. Elle disait : « Je paie ma dette. J'ai fait des voix pour toutes ces publicités payées par d'horribles sociétés qui traitent les gens comme des moins que rien et vendent des choses inutiles. Travailler ici est ma pénitence. »"

Heather revint avec un plateau sur lequel étaient disposés quatre mugs de thé. Elle les déposa à côté de la caisse.

Foster poursuivit. "Vous n'avez donc pas l'impression que quelque chose avait changé dans sa vie ? Pas d'événement nouveau, d'incident ou quoi que ce soit de ce genre ?

Les deux femmes se regardèrent quelques instants.

"Non, affirma la plus âgée.

— Absolument pas, renchérit Maureen.

— Elle ne vous a pas dit si elle voyait quelqu'un ?"

Elles haussèrent les sourcils à un tel point qu'on aurait dit qu'ils allaient se détacher de leurs têtes.

"Elle voyait quelqu'un ?"

À nouveau, elles se regardèrent.

"Tu étais au courant, Maureen ?

— Non, pas du tout, répondit Maureen. Ça me surprend. Katie avait l'habitude de plaisanter à ce sujet. Elle disait toujours : « J'ai eu mon compte avec les hommes. Ils n'attirent que des ennuis. Une femme a besoin d'un homme comme un poisson a besoin de pâte à frire et de pommes frites. »"

Elles rirent de concert.

"Oh, elle va nous manquer", ajouta Maureen, les larmes aux yeux.

Foster les laissa boire leur thé quelques instants. On frappa un grand coup sur la porte qui se trouvait derrière lui. Il se retourna et vit un type assez costaud, mal peigné et le ventre un peu arrondi par la bière, un anorak passé sur un pull bleu au col en V, une chemise blanche et un pantalon gris. Foster estima qu'il approchait la quarantaine. Il semblait agité.

"C'est Trevor", expliqua Maureen en s'avançant vers la porte pour la déverrouiller.

L'homme entra, essuya rageusement ses pieds sur le sol, bien qu'il ne pleuve pas et qu'il n'y ait pas de paillasson.

"Salut Yvonne", fit-il en jetant un regard méfiant en direction de Heather et de Foster. "Ils sont là pour Katie ?

— Salut, Trevor chéri, répondit Yvonne. Oui, ils sont là pour cela. Ils enquêtent sur sa mort."

Trevor planta ses yeux dans ceux de Foster. "J'aimerais choper le bâtard qui a fait ça", émit-il d'un ton monocorde qui contredisait la violence de ses propos. Son visage avait viré au rouge. "Quel animal pourrait faire une chose pareille ? Et enlever une jeune fille en plus."

Foster se présenta, ainsi que Heather. “Laissez-moi le temps d’accrocher mon manteau et d’aller aux toilettes, marmonna-t-il, je reviens.”

Après qu’il eut disparu, Yvonne se pencha vers les deux détectives. “Trevor travaille ici à plein-temps, bien que, comme nous tous, il ne soit pas payé. Il n’a pas vraiment la capacité de prendre un vrai travail. Il a eu quelques problèmes, voyez-vous. On est un peu inquiètes car on ne sait pas trop comment il va réagir à tout cela, il était très proche de Katie.

— Quel genre de problèmes ? chuchota Foster.

— Eh bien, il avait un boulot dans un bureau quelque part et il a fait une dépression nerveuse après la mort de sa mère. Ils étaient très proches. Il a dû abandonner son travail et il n’y est jamais retourné. Il touche une allocation handicapé et consacre son temps à la boutique.

— Il travaille ici toute la semaine ?

— Tous les jours, sauf le mardi. Il prend cette journée à la place du samedi.”

Trevor émergea de l’obscurité de l’arrière-boutique. “Je vous prie de m’excuser, dit-il en soupirant profondément. Et désolé pour le retard. Putain de bus.

— Ne t’en fais pas, chéri, lui répondit Maureen. Ils nous demandaient juste comment était Katie lundi dernier. Tu as remarqué quelque chose d’inhabituel la dernière fois que tu l’as vue ?

— Non. Pas le moins du monde. Elle était aussi radieuse que d’habitude. L’anniversaire de Naomi approchait et elle avait hâte de pouvoir enfin passer du temps avec elle.

— Enfin ? souligna Foster. Elle s’absentait souvent ?

— Non, non. Mais vous savez comment sont les jeunes filles de quatorze ans, toujours dehors, toujours avec des amis, jamais à la maison.”

Foster opina.

“C’est vrai, ajouta Yvonne. Je m’en souviens maintenant. Elle est partie au moment du déjeuner pour attraper un bus jusqu’à Portobello Road, pour acheter un cadeau à Naomi.

— Vous savez de quoi il s’agissait ? questionna Heather.

— Des vêtements. Une marque dont je n’ai jamais entendu parler. Et du maquillage, je crois.” Elle leur donna le nom des magasins.

Heather les nota. Ils visionneraient les bandes de vidéosurveillance de chacun des magasins, afin de vérifier si elle avait été suivie.

“Y avait-il des clients qui s’intéressaient à elle d’un peu trop près ? Lui est-il arrivé de se disputer avec l’un d’eux ?”, demanda Foster.

Les trois restèrent silencieux.

“Vous n’êtes pas obligés de me répondre maintenant, ajouta Foster. Mais si quelque chose vous revient à l’esprit, le moindre détail, même s’il vous paraît insignifiant ou sans importance, tenez-nous au courant.” Il sortit une carte de son portefeuille et la posa sur le comptoir. “Si vous êtes d’accord, nous allons prendre vos noms et vos adresses au cas où nous aurions besoin de vous joindre en dehors de vos heures de travail.”

Ils acceptèrent et Heather griffonna les renseignements avant que Foster ne leur fasse ses adieux.

“Qu’est-ce que vous pensez de Trevor Vickers ?” demanda Heather à Foster en regardant le nom sur son bloc-notes tandis qu'ils se dirigeaient vers leurs voitures.

Foster ne l'entendit pas. Son attention était monopolisée par deux hommes qui rôdaient sur le trottoir à proximité de la boutique. L'un d'eux était grand, les cheveux plaqués vers l'arrière et marchait en décrivant des cercles tout en parlant dans son téléphone portable. L'autre était plutôt trapu avec un air renfrogné, un appareil photo suspendu à l'épaule, occupé à fumer une cigarette. La presse. Le grand type capta le regard de Foster et rangea son téléphone. Foster le reconnut, mais, à ses yeux, tous les scribouillards se ressemblaient. Le reporter plissa les yeux, se demandant à l'évidence ce qu'un inspecteur pouvait bien chercher dans cette boutique. La routine, ou quelque chose de plus croustillant? Laisse-le mariner, se dit Foster.

"Vous disiez?", demanda-t-il à Heather.

Heather répéta la question.

"Il correspond au profil, répondit Foster.

— Il y a un profil?

— Oui, ils ont demandé à Susie Danson d'en établir un.

— Qui est-elle?

— Elle est très forte. Elle connaît son boulot et elle a rarement tort. Elle pense qu'il s'agit d'un homme autour de la quarantaine, qui connaissait Katie, le quartier, qui peut avoir des antécédents, plus particulièrement liés à de jeunes adolescentes. Toutefois, elle a précisé qu'il devait avoir du charme ; Vickers en semble dépourvu. On rentrera son nom dans la base et on verra bien ce qui sort. Allons dans ma voiture pour téléphoner."

Ils s'installèrent. Heather appela le centre opérationnel avec son portable. Foster s'informa des derniers développements auprès de Harris. Ils avaient réussi à obtenir le dossier de Katie Drake à l'Académie royale des arts dramatiques. L'adresse indiquée était à Londres, pas dans le Kent. Ils avaient effectué quelques recherches qui les avaient menés à un studio sur Iffley Road dans Hammersmith. Il était également fait mention d'un lycée à Deal. L'établissement en question avait pour politique de détruire les dossiers des élèves dix ans après leur départ ; celui de Katie Drake n'existait plus depuis longtemps.

Plus ils avançaient et plus son passé semblait insaisissable. Tout cela était-il utile ? Ce qui paraissait de plus en plus clair, c'était l'état de vulnérabilité dans lequel se trouvait Katie Drake avant sa mort, comme si elle traversait une sorte de minicrise de la quarantaine.

Heather avait fini sa conversation et ses yeux verts brillaient sous l'effet de l'excitation.

“Qu'y a-t-il ?

— Trevor Vickers est inscrit au fichier des délinquants sexuels, expliqua-t-elle. Il a fait l'objet d'une mise en garde pour possession d'images à caractère pédophile sur son ordinateur début 2006.

— Juste une mise en garde ?

— Apparemment, les enfants étaient habillés – ou en tout cas, ils avaient quelques vêtements sur eux. Mais les poses étaient indécentes.”

Foster émit un grognement. Il aurait mis en tôle pour cinq ans minimum tous ceux qui conservaient ce genre de saloperies sur leurs ordinateurs. Habillés ou non, ces gosses étaient maltraités et exploités. “C'est une chose de regarder des images sordides de gamins sur son PC et c'en est une autre d'enlever et de tuer, dit-il. Mais on en a déjà vu qui ont franchi le pas.

— Ce n'est pas tout, ajouta Heather. Comme l'affaire est récente, selon les nouvelles règles, il a dû fournir un échantillon d'ADN."

Dieu bénisse Big Brother, pensa Foster. "Il faut que l'on sache ce qu'elle portait au travail lundi, dit-il. Si elle avait la même tenue, il est possible qu'un de ses cheveux se soit accroché à elle pendant qu'ils trimbalaient des vêtements à la boutique. Si elle était habillée différemment, eh bien, il y a peu de chance qu'elle ait mis des vêtements sales le soir de son rendez-vous galant, non ?

— Je vais leur demander", proposa Heather en sortant de la voiture.

Foster l'observa pendant qu'elle retournait à la boutique. Le journaliste et le photographe s'apprêtaient à y pénétrer, mais ils reculèrent lorsqu'ils virent Heather s'approcher. Elle les examina des pieds à la tête avant d'entrer. Foster pensait à Vickers. Ils savaient qu'il avait pris sa journée ce lundi, ce qui l'impliquait un peu plus. Dans son esprit, quelque chose l'incitait à la prudence, mais il était le seul suspect valable qu'ils avaient.

Heather ressortit. "Différent. Lundi, elle portait un haut noir et un jean. Il y a aussi deux journalistes qui…

— Je sais. Je les ai vus, l'interrompit Foster.

— On fait quoi pour Vickers ? demanda-t-elle.

— Ce n'est pas moi qui décide. Harris tient les rênes. On l'informe et on verra bien s'il veut l'interroger. Si l'échantillon d'ADN colle avec le cheveu trouvé sur les vêtements de Katie Drake, on tient notre homme."

5

Venus de tout le pays, journaux et télévisions faisaient le siège de la boutique. Les deux journalistes que Foster et Heather avaient aperçus, rôdant dans la rue, n'étaient que l'avant-garde. Les renforts arrivèrent en masse lorsque l'on sut que Katie Drake faisait du bénévolat pour la fondation *Recherche pour le cancer,* un morceau de choix que la presse ne pouvait dédaigner. Sa béatification était en route. Maureen, Yvonne et Trevor parlaient d'elle comme d'une sainte des temps modernes. Trevor Vickers fut particulièrement démonstratif, éclatant en sanglots à la fin d'une interview. La chaîne d'informations en continu que Foster avait sélectionnée en arrivant au bureau le montrait en boucle, en train de s'effondrer. Les médias diffusaient le portrait de Naomi, les images des officiers de police en tenue qui barraient l'entrée de la maison, des interviews d'amis de longue date et de collègues, ponctués par les images de Trevor fondant en larmes. Appels et informations inondaient littéralement le centre opérationnel et étaient répertoriés avec soin. Cependant, aucun n'avait pour l'instant permis d'en savoir plus sur l'enlèvement de Naomi Buckingham ou l'assassin de sa mère. L'adolescente se trouvait quelque part, perdue dans la ville, et les chances de la retrouver en vie s'amenuisaient.

Alors qu'ils diffusaient les images de Vickers pleurant la mort de sa collègue, les journaux furent mis au courant de son bref passé criminel et commencèrent à remuer ciel et terre pour en savoir plus. Le standard de Scotland Yard vira au rouge. Les journalistes voulaient savoir si Trevor Vickers était considéré comme suspect. Serait-il interrogé, inculpé ? L'un d'eux, l'esprit civique décidément chevillé au corps, appela pour rapporter qu'un voisin avait insinué que la relation entre Vickers et sa mère n'était pas normale, sans toutefois expliquer pourquoi. "Ils sont en train d'en faire une sorte de Norman Bates", raconta Foster à Heather.

Il se trouvait dans le centre opérationnel lorsque Heather avait appelé.

"Les résultats de l'analyse ADN pratiquée sur le cheveu sont arrivés, annonça-t-elle.

— Ils collent avec Trevor Vickers ?

— Non. Qu'est-ce que vous savez des profils ADN réalisés à partir de cheveux ?

— Que ce n'est pas incontestable. C'est à peu près tout.

— J'ai discuté avec les techniciens du laboratoire. Ils ne disposaient que d'une tige de cheveu et d'un follicule mort. C'est un cheveu qui est tombé – il n'a pas été arraché. S'ils avaient disposé d'un follicule encore frais, ils auraient pu en extraire un profil ADN complet, mais là, il n'y a rien à faire.

— C'est donc sans issue de ce côté ?

— Non. Pas vraiment. Ils n'ont pas pu trouver de correspondance dans la base de données. Tout ce qu'ils sont parvenus à faire, c'est extraire de l'ADN mitochondrial."

Foster n'était ni un expert en police scientifique ni un généticien, mais il savait que l'ADN mitochondrial était transmis par la mère et qu'il n'existait pas de base de données pour établir des comparaisons. Cela ne servait à rien à moins de posséder un échantillon avec lequel le comparer.

"Ils l'ont extrait au cas où cela nous serait utile pour retrouver Naomi. Ils vont essayer d'obtenir un échantillon de cheveu de Vickers pour voir s'il correspond. Mais il y a une chose intéressante.

— Je vous écoute.

— L'échantillon d'ADN colle avec celui de la victime.

— Que voulez-vous dire ?

— La victime et la personne dont nous avons trouvé le cheveu partagent le même ADN mitochondrial.

— Le cheveu appartient à la fille ?

— Non, c'est ce que j'ai pensé aussi. Ils sont certains qu'il n'appartient pas à la fille. C'est un cheveu court, un cheveu d'homme, et il est noir. La mère et la fille sont respectivement châtain et blonde. Ils vont poursuivre les analyses, mais nous pouvons être certains que ce cheveu est celui d'un homme.

— C'est donc quelqu'un de sa famille ?", demanda Foster. À leur connaissance, elle n'avait pas de parents masculins.

"Que savez-vous sur les haplotypes ADN mt ?

— À peu près autant que sur le rock belge.

— Eh bien, l'ADN mitochondrial n'évolue pour ainsi dire pas avec le temps – le modèle peut perdurer pendant des milliers d'années.

— Je suis toujours complètement paumé, Heather.

— Bon, ce que j'essaye de vous expliquer, c'est que la victime et celui qui a perdu ce cheveu partagent un ancêtre maternel commun. Malheureusement, le problème est que nous ignorons à quand cela remonte. Cela peut être une génération comme une centaine de générations.

— Cet ancêtre peut donc être leur mère ou madame Cro-Magnon ?

— Exactement. Il existe quelques haplotypes ADN mt partagés par beaucoup de personnes. Mais il y en a aussi de moins répandus et celui que nous détenons entre dans cette catégorie. Toutefois, il est tout de même partagé par environ un pour cent de la population.

— Cela signifie qu'il va être impossible de réduire le champ des recherches à une seule personne, voire à un petit groupe d'individus.

— Quasiment. Harris et ses petits camarades pensent que cela ne sert à rien tant que nous ne trouvons pas une correspondance parfaite. Pour eux, dans l'idéal – et pour nous tous, à l'évidence – il faudrait que ce soit Trevor Vickers. Ils vont prélever un de ses cheveux pour établir une comparaison, mais d'après eux l'échantillon d'ADN est inutile parce qu'il ne leur révèle rien."

Foster comprenait leur position. Le temps filait, une adolescente avait été enlevée ; cela paraissait plus simple de ne pas suivre cette piste qui semblait ne mener nulle part. Se concentrer sur le présent, les pistes dont on dispose, quand bien même elles sembleraient vagues. Néanmoins, vingt ans d'enquêtes lui avaient aussi enseigné que bien souvent les investigations échouent par manque d'imagination. La police scientifique disait une chose, le profil du criminel en disait une autre, la disposition des éclaboussures de sang révélait encore autre chose. Il n'était pas contre ces nouvelles techniques, loin de là, mais elles avaient leurs limites. Il fallait parfois prendre des risques et se fier à son instinct. C'était très exactement ce que Heather était en train de faire. C'est pour cela qu'elle l'avait appelé. Sans se l'avouer, l'un comme l'autre savait qu'il ne s'agissait pas d'un cas banal, routinier, et qu'il exigeait une démarche autrement moins banale.

Foster passa en revue ce que Heather venait de lui apprendre. Katie Drake et la personne qui avait laissé ce cheveu partageaient de l'ADN et, par conséquent, un ancêtre. Étant donné qu'elle semblait ne pas avoir de passé – ou, tout du moins, un passé plutôt obscur – ce fait avait-il une quelconque importance ? Certes, cet ancêtre maternel commun pouvait avoir été une femme préhistorique qui cuisinait du tigre à dents de sabre pour le repas du dimanche, mais il y avait également une chance pour que cette personne ait vécu au siècle dernier. Le tueur présumé, la victime et la jeune fille disparue partageaient de l'ADN.

Ils partageaient le passé.

“Trouvez Nigel et rejoignez-moi aux archives nationales dès que possible.”

Elle entendit le signal et dut étouffer ses gloussements pour ne pas réveiller ses deux sœurs endormies. Son plus jeune frère, Thomas, effrayé à l'idée de dormir seul en l'absence de ses frères aînés, s'était faufilé dans leur chambre pour se blottir au milieu d'elles.

Elle l'entendit à nouveau. Elle devait lui dire d'en changer. Cela ne ressemblait absolument pas à un cri de chouette. Elle se glissa hors des couvertures, avança à pas feutrés sur le sol glacé – Dieu merci, elle portait ses grosses chaussettes de laine – et enfila ses chaussures à boucles. Elle était entièrement habillée sous sa chemise de nuit ; une fois qu'elle serait dehors dans les bois, elle savait qu'il ôterait son manteau pour lui en couvrir les épaules, comme d'habitude. À l'idée de le retrouver, son cœur se mit à battre plus vite. Leur dernier rendez-vous remontait à plusieurs semaines.

Elle se rendit à la fenêtre et la souleva avec précaution. Un souffle d'air froid vint lui caresser le ventre et la fit tressaillir. Elle se glissa dans l'ouverture étroite, atterrit sur le balcon en bois qui courait le long de l'aile de la ferme et referma la fenêtre derrière elle. Elle jeta un coup d'œil au-dessus d'elle et aperçut le ciel nocturne, dégagé, parsemé de milliers d'étoiles semblables à des trous d'épingle. Elle avança lentement jusqu'à l'angle du balcon, retroussa sa chemise de nuit et lança une jambe par-dessus la rambarde. Une fois ses deux jambes passées de l'autre côté, le dos tourné vers la maison, face aux champs, elle longea le rebord jusqu'à atteindre le pilier central puis, se tenant aux montants de la balustrade, elle se baissa suffisamment pour que ses jambes puissent entourer le pilier. Elle se laissa glisser jusqu'à pouvoir sauter sur le sol sans faire de bruit. Une fois en bas, elle s'arrêta. Pas un mouvement dans cette aile de la maison. Elle se retourna. Aucun signe de vie dans les autres parties du bâtiment. Elle prit une profonde inspiration et retira de sa main droite une petite écharde récoltée lors de sa descente. Enfin, son regard se porta sur la grange derrière laquelle il était caché.

Le sol était ferme, les bordures des touffes d'herbe commençaient à se couvrir de givre au fur et à mesure que la température chutait. Elle se hâta vers la grange, passa l'angle du mur le plus éloigné et le trouva, accroupi, le dos appuyé au mur. Il se releva lorsqu'il la vit. Ils s'étreignirent sans un mot, ses bras passés autour d'elle. L'odeur de la terre, de l'air et de tous les éléments qui parfumaient ses cheveux l'enivra. Sans rien dire, il prit son manteau et l'en enveloppa, puis il lui saisit la main et ils coururent à travers la prairie pour se mettre à l'abri dans les bois.

Une fois qu'ils furent dissimulés par l'obscurité, il l'attrapa par la taille et l'embrassa avec fougue. Au bout de quelques secondes, et malgré le bien-être que lui procurait la chaleur de son corps, elle l'écarta. Elle avait tant de choses à lui dire. Elle vit de la faim dans ses yeux cernés. Elle se mordit la lèvre. Ce qu'elle avait à lui confier pouvait attendre quelques secondes de plus...

Il trouva un endroit où ils purent s'asseoir, lui le dos calé contre la rude écorce d'un pin, elle contre sa poitrine. Elle sentait ses doigts qui parcouraient ses cheveux. Elle lui raconta la discussion entre sa mère et son père quelques nuits auparavant et sentit son corps se raidir quand elle mentionna le nom de Hesker Pettibone. Lorsqu'elle eut achevé son récit, il ne dit rien.

Il resta silencieux pendant un long moment. "Ils essaient de m'obliger à partir", finit-il par dire.

Elle se redressa et le regarda. "Qu'est-ce que tu dis ? Qui essaie de te faire partir ?

— Mon père. Mes frères aînés. Mes oncles. Leurs amis.

— Mais pourquoi ? Tu fais du bon travail.

— Je sais. Et je ne suis pas le seul. L'autre jour, Isaac Canfield a été agressé et roué de coups. Par sa propre famille. Il n'est plus le bienvenu dans son propre foyer.

— Je ne comprends pas.

— Nous sommes jeunes, Sarah. Et ils sont vieux. Et il y a peu de jeunes filles comme toi. Ils pensent que vous préférerez me prendre comme mari – ou Isaac Canfield – plutôt que Hesker Pettibone, par exemple.

— Et ils ont raison."

Elle frissonna et reposa sa tête sur sa poitrine. "Je préférerais mourir que de devenir une pondeuse pour ce sale porc.

— Dans ce cas, quand je partirai, tu viendras avec moi", conclut-il simplement, avec une absolue certitude.

Ils restèrent ainsi, accompagnés par le bruissement des arbres, perdus dans leurs pensées. Elle songeait à ses sœurs et à ses frères. À quel point elle les aimait et leur manquerait lorsqu'elle serait partie. À quel point ils lui manqueraient. Elle en avait le cœur brisé.

Mais elle savait aussi que, quoi qu'il advienne, elle suivrait Horton jusqu'au bout du monde.

6

Nigel avançait au pas de charge le long des fontaines et du bassin du bâtiment des archives nationales. Sa sacoche lui battait le flanc à chaque pas. Devant l'entrée principale, il vit Heather et Foster qui l'attendaient. Foster faisait les cent pas. L'air qui sortait de ses narines se transformait en volutes de buée dans le froid de la fin de l'automne. Il ressemblait à un taureau impatient. Lorsque Heather l'aperçut, elle poussa Foster du coude et le désigna de la main. Il plaça immédiatement ses poings sur ses hanches. Une pose familière qui, en dépit de l'agacement qu'elle traduisait, fit sourire Nigel. Les épreuves n'avaient pas adouci son caractère.

"Désolé, je suis en retard, souffla Nigel.

— Eh bien, maintenant, vous êtes là, répondit Foster.

— Au fait, comment allez-vous ?", l'interrogea Nigel. La dernière fois qu'il l'avait rencontré, c'était à l'enterrement de Karl Hogg et il se déplaçait en fauteuil roulant.

"J'irais bien mieux si les gens arrêtaient de me demander comment je vais", lui rétorqua-t-il avant de sourire et de lui adresser un clin d'œil.

"Cela s'appelle bavarder, sir, intervint Heather.

— Ouais. Bavarder. Une sacrée perte de temps, grogna Foster dont le sourire s'était évanoui. Allez, entrons et je vous dirai de quoi il s'agit."

Apparemment, songea Nigel, Foster ne semblait pas avoir été transformé par son épreuve. Il les suivit jusqu'à une table de la cafétéria.

"Je dois être ailleurs dans dix minutes… cinq à présent", commença Foster en regardant à nouveau sa montre. Il devait interroger Trevor Vickers. "J'irai droit au but. Je sais que vous avez fait un début de recherche sur le passé de Katie Drake. Nous aimerions que vous creusiez un peu plus.

— Qu'entendez-vous par un peu plus ?

— Dans sa lignée maternelle."

Nigel fronça les sourcils. Il y avait à peine quelques mois, Foster ne manifestait que du dédain pour la généalogie, et maintenant il parlait d'entamer des recherches sur la "lignée maternelle".

"Puis-je savoir pourquoi ?

— Disons qu'il y a une chance, une chance minime, que la personne qui a tué Katie et enlevé sa fille soit une sorte de parent éloigné. Donc, si cela est possible, nous avons besoin de connaître toute personne vivante qui partage avec elle un ancêtre maternel.

— Nous avons trouvé un cheveu sur la scène du crime, ajouta Heather. Il y a de nombreuses explications possibles sur la manière dont il a pu finir sur les vêtements de la victime. L'une d'elles est qu'il se peut que ce soit un cheveu du tueur – et, même si ce n'est pas le cas, nous aimerions tout de même parler à la personne à qui il appartient. Notre problème, c'est que nous n'avons pas pu en extraire un profil ADN complet. Tout ce que nous avons pu en tirer, c'est de l'ADN mitochondrial…

— Ce qui prouve qu'ils ont un ancêtre maternel en commun. Fascinant, répondit Nigel.

— Tu t'y connais en ADN ?

— Je ne suis pas un scientifique, expliqua Nigel, c'est le moins que l'on puisse dire. Mais, de nos jours, on ne peut pas être généalogiste et ignorer le rôle de l'ADN.

— Là, vous m'avez perdu, intervint Foster. Quel rapport l'ADN peut-il bien avoir avec la généalogie ?

— Eh bien, il existe un vaste débat à ce sujet. Certains pensent que cela devrait rester totalement en dehors de la généalogie traditionnelle et que nous devrions tous retracer notre ascendance de manière traditionnelle. Mais il y a ceux, et leur nombre ne cesse de croître, qui pensent que les tests ADN ont un rôle majeur à jouer, qu'il s'agit même du futur de la généalogie."

Foster ne semblait pas désireux de poursuivre la discussion. "Combien de temps cela va-t-il vous prendre ?

— Si vous voulez établir toute la lignée maternelle cela risque de prendre plus de temps qu'à l'habitude. Contrairement à la lignée paternelle, on est confronté à des changements de nom, si l'on considère que la plupart des femmes se sont mariées. Mais on peut gagner du temps si, comme la dernière fois, vous m'apportez votre aide et que vous obtenez de l'office de l'état civil qu'ils recherchent les actes dont je trouverai la trace et me transmettent les informations par téléphone.

— Pas de problème, conclut Foster. Heather vous aidera. Elle a l'habitude de vous filer un coup de main."

Nigel sentit son estomac se nouer. "Parfait", rétorqua-t-il en se forçant à sourire. Heather fit de même. Apparemment, songea Nigel, ce n'était pas son idée.

Foster les laissa. Ils le regardèrent partir.

“Il a maigri”, constata Nigel, cherchant à combler le silence gêné qui venait de s’installer entre eux. Il se retrouvait à nouveau seul avec elle. Apparemment, le destin avait décidé de le mettre à l’épreuve.

“Six mois de soupe et de vin rouge à la paille le temps que sa mâchoire guérisse, répondit-elle. Il devrait commercialiser ça comme régime miracle.

— En tout cas, il a l’air bien.

— Il a repris le travail. J’ai discuté avec lui plusieurs fois. Il faisait mine d’apprécier de ne rien faire, mais personne n’y a cru. C’est assez triste. En dehors de son boulot, Foster n’a rien.”

Nigel se creusa la tête pour trouver quelque chose qui définisse sa vie, en dehors du travail. Mais sa recherche fut infructueuse.

Lorsqu’ils regagnèrent l’étage supérieur, le centre se remplissait lentement, ce qu’appréciait Nigel. “Il y a toujours autant de monde ici ? l’interrogea Heather tandis qu’ils marchaient.

— Oh, oui. Ça frise l’émeute”, répondit Nigel, déclenchant chez Heather ce rire de gorge renversant qu’il aimait tant. Il aurait fait n’importe quoi pour l’entendre régulièrement. Il avait oublié à quel point il appréciait le simple fait de se trouver en sa compagnie. Récemment, il s’était dit qu’il devait goûter plus intensément l’instant présent, une tâche plutôt ardue pour quelqu’un qui passait sa vie plongé dans le passé. C’était l’occasion d’essayer sa nouvelle approche.

“Un de ces jours, je t’expliquerai”, lui avait-elle dit. Nigel préférait repousser cet instant. L’espoir auquel il se raccrochait – qu’elle réalise l’erreur qu’elle avait commise – risquait d’en être anéanti.

Il s'efforça de retracer l'ascendance de Katie Drake aussi loin que possible, avant de redescendre la lignée maternelle afin d'identifier les cousins encore vivants. Grâce à la ligne directe avec l'office de l'état civil, tout se passa sans encombre jusqu'à ce qu'il atteigne l'année 1891. Cette année-là, Horton et Sarah Rowley s'étaient mariés quatre mois avant la naissance de leur fille, Emma ; Horton avait vingt et un ans et Sarah dix-huit. Il exerçait le métier de charpentier. Ni l'un ni l'autre n'avaient indiqué le nom de leurs pères.

Nigel découvrit que le couple avait eu deux autres enfants, Isaac et Elizabeth. En 1909, Horton – un prénom que Nigel avait rarement rencontré – mourut écrasé par un omnibus. Isaac fut tué lors de la Première Guerre mondiale. En 1913, Sarah décéda des suites d'une pneumonie aggravée d'une pleurésie. Mais Nigel ne parvenait pas à trouver trace des dates de naissance des conjoints dans les registres ou les recensements de 1871 et 1881. Il vit leurs noms apparaître dans les recensements de 1891 et de 1901. Dans les deux cas, sous la rubrique "lieu de naissance" figurait la mention "inconnu". Il montra les résultats de ses recherches à Heather.

"Je suppose que cela veut dire que leurs parents étaient des itinérants.

— Hmm", marmonna Nigel tout en tirant pensivement sur sa lèvre inférieure. Quelque chose clochait. Il le sentait. Bien sûr, cela lui était déjà arrivé de tomber sur ce genre de mention. Mais il était rare que le mari et la femme ignorent tous deux leur lieu de naissance.

"Tu n'as pas l'air convaincu, émit Heather.

— Eh bien, il peut y avoir plusieurs explications. Il est tout à fait possible qu'ils n'aient pas su quel était leur lieu de naissance. Ce qui est bizarre ici, c'est que ni l'un ni l'autre ne le savait. Et cela devient encore plus bizarre si l'on ajoute leur acte de mariage à l'équation – pas de noms pour leurs deux pères. Il se peut qu'il s'agisse de deux enfants illégitimes ; ils sont adoptés, accueillis par d'autres et ils ne connaissent pas leur ville natale.

— On ne peut pas dire qu'ils n'avaient aucun point commun.

— Exactement. Ils ont pu se rencontrer dans un asile pour pauvres, ou ailleurs, et découvrir qu'ils avaient un passé similaire. Ce qui les aurait rapprochés.

— Ce serait une belle histoire. L'amour contre toute attente et tout ça." Heather repoussa une mèche de cheveux et l'observa avec attention. "Mais apparemment, cela ne te convient pas.

— Ce serait la première fois que je tomberais sur quelque chose de semblable, mais cela ne veut pas dire que c'est impossible. Et pourtant… je me dis qu'au moins l'un d'eux aurait fourni le nom du village ou de la ville où ils avaient été élevés même s'ils ne connaissaient pas leur lieu de naissance. Ou bien le nom de leur père adoptif s'il y en avait un. Pour être honnête, que les deux aient des lacunes à ce point identiques dans leur passé, cela me paraît, eh bien… louche.

— Tu penses qu'ils ont volontairement omis ces détails ?

— Le recensement était très impopulaire chez certaines personnes ; l'équivalent victorien des classes moyennes considérait qu'il s'agissait d'une violation de leur vie privée. Les gens fournissaient le moins d'informations possible car ils se méfiaient de l'utilisation qui pouvait en être faite. C'est une explication. Mais il y en a une autre, moins avouable.

— Laquelle ?

— Ils étaient en fuite et ne voulaient pas être retrouvés. Leur premier enfant est né quatre mois après leur mariage. Sarah n'avait que dix-huit ans. Bien sûr, ce n'est qu'une supposition, mais on peut imaginer que les parents, d'un côté ou de l'autre, n'en aient pas été particulièrement heureux, qu'ils aient essayé d'empêcher cette union, que Horton et Sarah se soient enfuis et aient essayé de couvrir leurs traces. Qu'ils aient menti sur leurs noms et volontairement omis de renseigner leur lieu de naissance.

— C'est encore plus romantique, ajouta Heather en poussant l'intérieur de sa joue avec la langue. Ça donne un petit côté Montaigu-Capulet. Peut-être que Horton n'était pas né du bon côté de la barrière. Elle était la fille aînée d'un opulent propriétaire terrien et lui le fils aux mains calleuses d'un laboureur…

— Tu as de l'avenir dans les romans à l'eau de rose.

— Je m'en sortirais certainement mieux que dans la vraie vie", ajouta-t-elle.

Il y eut un silence. Nigel n'arrivait pas à lire dans son regard. De la mélancolie ? Des regrets ? Il n'en savait rien. Était-il censé dire quelque chose ? Il ne trouvait pas les mots. Après quelques secondes de torture pendant lesquelles non-dits et sentiments flottèrent entre eux, Heather revint soudainement à l'affaire.

"Si ces deux-là disparaissent quand on remonte au-delà de 1891, que pouvons-nous faire ?

— Il y a plusieurs choses que je peux faire, mais cela va prendre du temps, répondit-il, heureux de se retrouver en terrain connu. En attendant, nous pouvons prendre Sarah Rowley comme point de départ et retrouver le plus possible de ses descendants. Comme cela, tu auras de quoi commencer à travailler.”

Heather approuva. Ils y passèrent la journée. À la fin de l’après-midi, Nigel lui remit une petite liste de cousins maternels. L’un d’eux, un certain Gillian Stamey, était mort depuis trois ans (suicidé à l’âge de trente-six ans), tandis qu’une femme âgée, Edith Chapman, était décédée cinq ans auparavant. Les femmes encore en vie étaient Naomi Buckingham, Leonie Stamey, Rachel Stamey, Lucy Robinson et Louise Robinson. Les deux dernières, une mère et sa fille, avaient apparemment émigré en Nouvelle-Zélande avec Zach Robinson, un garçon nouveau-né, et son père, Brian. Les descendants mâles se nommaient Martin Stamey, David Stamey, Gary Stamey – fils de Gillian, récemment disparu –, Brad Stamey, fils de Martin et frère de Rachel, et Anthony Chapman. Christopher, un autre garçon, était mort depuis trois ans et demi.

Heather consulta la liste. “Il existe donc quatre branches – les Chapman, les Stamey, les Robinson et les Pratt/Drake/Buckingham ?

— Oui, répondit Nigel.

— Ça ne fait pas une aussi longue liste que cela, soupira-t-elle.

— On trouve là tous les descendants directs de Sarah, ceux qui partagent son ADN mitochondrial. Mais la lignée n’est pas très importante. Beaucoup sont morts et il y a eu peu d’enfants pour les remplacer. La branche des Chapman et celle de Naomi se sont presque éteintes. Les Stamey sont les plus nombreux. Les Robinson sont partis s’établir en Nouvelle-Zélande. L’arbre généalogique complet ne doit pas être beaucoup plus fourni, il en manque tout au plus un ou deux. Que vas-tu faire de tout cela ?

— Retrouver ces gens, surtout les hommes, pour leur parler. C'est un pari, mais ça vaut la peine.

— Bien. De mon côté, je vais essayer de comprendre pourquoi la lignée est inexistante avant 1891. Je peux rester là tard. Il faut que je consulte quelques manifestes de passagers au cas où ils soient arrivés de l'étranger par bateau et que je jette un coup d'œil aux registres des changements de noms, en espérant que cela nous aidera à y voir plus clair. Si je découvre ce qui s'est passé et si cela me permet de trouver d'autres ancêtres et d'autres cousins, je te contacte."

Heather sourit. "Ça me va."

7

Trevor Vickers se triturait les doigts avec anxiété et, de temps à autre, s'en fourrait un dans la bouche pour le mordiller. À côté de lui se tenait son avocat, un petit homme dégarni avec une mèche de cheveux rabattue sur le crâne pour masquer sa calvitie, vêtu d'un costume qui ne lui allait pas. Ni l'un ni l'autre ne disait quoi que ce soit. Pendant qu'ils étaient assis là – la presse, prévenue que Vickers était le suspect numéro un, campant à l'extérieur – la police passait sa maison au peigne fin. Ils en avaient examiné chaque centimètre carré sans trouver trace de Naomi. L'après-midi du mercredi touchait à sa fin. Le temps écrasait tout, chaque minute prenait une importance démesurée, chaque heure passée sans trouver de piste était aussi mortelle qu'une blessure.

Debout derrière un miroir sans tain, Foster les observait. Harris lui avait demandé de mener l'interrogatoire. S'il avait été cynique, il aurait pu penser que c'était une manière de calmer la meute des journalistes qui pistait Vickers, en donnant l'impression que les recherches conduites pour retrouver Naomi Buckingham s'accéléraient. Mais les gratte-papier n'en avaient pas besoin. Ils étaient en avance sur l'enquête et ce n'était pas la première fois que cela arrivait. Ils avaient intercepté un appel que Trevor avait passé au moment du repas. Il avait contacté son père, avec lequel il avait coupé les ponts, pour l'avertir du merdier qui s'annonçait. Mais il arrivait trop tard. Son père lui apprit qu'un journaliste était déjà venu chez lui pour lui offrir de l'argent contre une interview exclusive à propos de Trevor. Il était même prêt à l'installer dans un hôtel pour le "protéger" des autres journalistes. Lorsqu'il avait refusé, affirmant que son fils était innocent, même s'ils ne s'étaient pour ainsi dire pas parlé depuis des années, le journaliste était allé jusqu'à lui offrir l'aide de son journal pour lui permettre d'embaucher le meilleur avocat possible pour défendre Trevor. Tout cela venant d'un média qui avait plutôt une ligne éditoriale du genre "fouettez-les et pendez-les". Foster savait qu'il s'agissait d'un mensonge – l'aide proposée ne se matérialiserait jamais. À son crédit, de l'avis de Foster, le père était resté ferme, même quand le journaliste était devenu agressif et l'avait menacé de traîner son nom dans la boue avec celui de Trevor.

Il correspondait au profil. Solitaire. Raté. Des problèmes avec sa mère. Pervers, avec des antécédents, notamment en relation avec des jeunes filles, pour paraphraser ce que Susie Danson avait écrit dans son rapport.

Foster entra dans la pièce. Mal à l'aise, Vickers se dandina sur son siège. Il paraissait sur le point d'éclater en sanglots.

"Bonjour, Trevor, fit Foster sur un ton joyeux. Je vous remercie d'être venu. Cela n'a rien d'officiel, juste une petite conversation."

Trevor Vickers hocha imperceptiblement la tête puis jeta un regard anxieux en direction de son avocat qui s'éclaircit la gorge et attaqua d'une voix hésitante : "Je dois vous dire que mon client tient à exprimer son extrême mécontentement d'être ainsi harcelé par la presse. Il est convaincu que quelqu'un de votre équipe a transmis les détails…"

Il s'arrêta brutalement. Foster avait jeté le dossier qu'il tenait à la main sur la table devant lui. L'avocat ne poursuivit pas. Foster ne lui accorda pas même un regard.

"Je sais que ce n'est pas vous, Trevor. Mais pour l'instant, je dois être le seul."

L'expression qui s'afficha sur le visage long et pâle de Vickers était un mélange d'espoir et de stupéfaction.

Foster ramassa le dossier qui contenait les détails de ses antécédents. "Vous avez apporté votre ordinateur en réparation. C'est stupide. Vous n'êtes pas fichu de planquer quatre images de mineures, alors je n'imagine pas une seule seconde que vous puissiez cacher une jeune fille de quatorze ans en chair et en os."

La colère traversa le regard de Vickers. "Je croyais qu'il s'agissait de femmes adultes habillées en écolières, proféra-t-il lentement.

— Bien sûr. Dès que vous vous êtes aperçu qu'elles étaient mineures, vous avez effacé les images." Il parcourut à nouveau le dossier. "Enfin, disons au bout de deux heures. Le fait est qu'il n'y avait que quatre images ; rien pour prouver que vous aviez déjà fait quoi que ce soit de ce genre auparavant. Vous vous en êtes donc sorti avec une mise en garde. Fin de l'histoire." De nouveau, Foster balança le dossier sur la table. "Mais débarrassons-nous des formalités avant d'en venir à ce que, à mon avis, vous savez et qui pourrait nous aider. Qu'avez-vous fait lundi ?

— Je suis resté chez moi presque tout le temps. J'avais pris ma journée. J'ai fait des courses."

Foster leva un sourcil.

"En ligne, expliqua-t-il. Des trucs pour mon ordinateur."

Ben voyons, pensa Foster. "Ça serait bien que vous nous fournissiez les factures", demanda-t-il, même s'il savait que cela ne prouverait pas grand-chose. "Vous n'avez rien fait d'autre ? Vous n'êtes allé nulle part ? Vous n'avez parlé à personne ?"

Vickers resta silencieux pendant quelques secondes, puis son visage s'illumina. "J'ai rapporté un livre à la bibliothèque dans l'après-midi. Celle de Shepherd's Bush. Vers trois heures et demie."

Probablement l'heure à laquelle Naomi Buckingham avait disparu.

"Quel livre ?"

Vickers rougit légèrement. "C'est indispensable ? demanda-t-il.

— Eh bien, vous ne pensez tout de même pas que l'on va vous croire sur parole ? Ils ont des fichiers. Nous allons les vérifier. Prouvez-nous que vous étiez bel et bien là-bas et vous ne faites plus partie de l'enquête."

Vickers fixa ses pieds. "*Échapper à l'obsession.*

— Un polar ?

— Non. Un manuel de développement personnel.

— Pardon ?"

Vickers releva la tête, le visage cramoisi, mais la mâchoire ferme et fière. "Le titre complet est *Échapper à l'obsession : gérer son désir quand l'autre vous ignore.*"

Foster hocha la tête, se mordit la lèvre et prit quelques notes. "Étiez-vous obsédé par Katie Drake ?

— Vous n'êtes pas obligé de répondre", marmonna son avocat. En guise de réponse, Vickers agita la main avec impatience.

"C'est bon", admit-il. Ses yeux étaient baignés de larmes. "Je l'aimais. Je ne le lui ai jamais dit parce que je savais qu'il n'y avait pas l'ombre d'une chance pour qu'elle s'intéresse à moi. J'ai fait ce qu'il fallait pour gérer cette affection à "sens unique". Mais je n'ai rien à voir avec sa mort. Maintenant, ma vie est juste… complètement ruinée." Sa colère semblait sincère.

"Nous vérifierons cette histoire de bibliothèque. Nous ferons savoir à la presse que vous n'êtes plus visé par notre enquête. Puis-je seulement vous poser quelques questions, à propos de Katie ?"

Il se reprit et hocha lentement la tête.

"Selon vous, fréquentait-elle quelqu'un ?

— Non.

— Avez-vous remarqué une personne qui traînait dans la boutique les jours où elle y travaillait ?

— Non.

— Était-elle en conflit avec un des membres de l'équipe ?

— Non."

Cela ne nous mène nulle part, songea-t-il. Il était temps de le laisser aux délicates attentions de la meute qui l'attendait dehors – et qu'il reconstruise sa vie. Une nouvelle victime collatérale de l'excitation médiatique qui s'empare de certaines affaires.

Une dernière question. "Aviez-vous remarqué quelque chose de différent chez Katie ces derniers temps, quoi que ce soit d'étrange ou d'inhabituel dans son comportement ?"

Cette fois-ci, Vickers ne répondit pas immédiatement par la négative. Il fixait Foster et l'inspecteur vit qu'il était perdu dans ses pensées.

"Il y a une chose, finit-il par dire. J'ai trouvé cela un peu bizarre. Lundi dernier, pas celui-ci, mais celui d'avant, une femme est venue avec un énorme tas d'objets ayant appartenu à une personne décédée. Elle arrivait d'une maison de retraite située au coin de la rue. Apparemment, la dame qui venait de mourir avait perdu tout contact avec sa famille et on n'avait pu retrouver aucun membre de sa famille. Alors, on donnait toutes ses affaires. C'est très triste, mais ce n'est pas rare. C'est pour cela que j'ai été surpris de voir que cela troublait à ce point Katie. Comprenez-moi bien, elle n'a pas fait une crise ou quoi que ce soit de ce genre, mais elle était profondément touchée. Elle m'a confié qu'elle trouvait cela terriblement désolant de se dire que l'on pouvait mourir sans que personne ne le sache ou s'en préoccupe.

— Vous lui avez répondu ?"

Il hocha la tête. "J'étais d'accord avec elle. C'est triste." Sa voix était un murmure, comme s'il savait ce que Foster pensait à ce moment-là : que cette remarque lui allait comme un gant. "Et elle a ajouté, « Mais je n'ai plus à me soucier de cela maintenant ».

— Que voulait-elle dire ?

— Je ne sais pas. Elle pensait à Naomi sans doute.

— Mais elle a dit « maintenant ». Comme si cela avait été le cas avant.

— Je sais. Quelqu'un est arrivé à ce moment-là et nous a interrompus. J'avais oublié. Jusqu'à maintenant."

Foster fixait intensément la liste que Heather lui avait remise, comme si la clé de toute l'affaire était dissimulée parmi ces noms. La soirée était bien avancée et une journée de plus s'achevait sans qu'aucun événement significatif ne soit survenu. Comme il s'y attendait, l'alibi de Trevor Vickers s'était vérifié. On avait signalé la disparition de deux jeunes filles correspondant à la description de Naomi, deux fausses alertes. Au lieu de filer chez lui à cinq heures tapantes, il était resté à attendre que Heather revienne avec les noms, toutes lumières éteintes et la porte fermée pour laisser penser qu'il était parti. Lorsqu'elle arriva, il lui demanda de refermer la porte et de parler à voix basse.

"Je m'attendais à plus de noms que ça", dit-il en haussant la voix, oubliant ses propres recommandations.

"Nigel n'a pu redescendre la lignée maternelle qu'à partir de 1890 environ. Avant cette date, c'est le noir complet. On ne doit détenir que la moitié de ce que l'on aurait pu trouver."

Foster passa sa main sur l'arrière de son crâne rasé puis enfonça la barre d'espace de son ordinateur pour le sortir du mode veille. "J'imagine que cela va nous faciliter le travail. On va commencer par effectuer une recherche dans les fichiers et voir si quelque chose sort, dit-il à Heather. Et ensuite on ira trouver ceux que l'on aura localisés."

L'inspecteur commença par les hommes. Il entra chaque nom, affinant la recherche avec la date de naissance lorsque plusieurs personnes portant le même patronyme figuraient dans la base de données. Il obtint trois résultats, tous liés à la même branche de la famille. Martin Stamey et son frère, David, le premier condamné pour conduite en état d'ivresse et agression à main armée, le second pour revente de marchandises volées, conduite sans assurance, coups et blessures, dernier exploit pour lequel il purgeait une peine de trois ans aux frais de Sa Majesté.

"Chouette famille", murmura Heather par-dessus son épaule en notant l'adresse de Martin Stamey. "Cela vaudrait le coup de lui rendre une petite visite."

Le troisième sur la liste était Christopher Stamey, emprisonné à deux reprises pour infraction à la législation sur les stupéfiants et retrouvé mort, assassiné, trois ans et demi auparavant. L'assassin n'avait pas été arrêté.

"Vous pensez qu'il s'agit une coïncidence ? demanda Heather. On dirait que nous sommes tombés sur les brebis galeuses de la famille.

— Une belle bande d'ordures", répondit Foster. La logique lui suggérait que tout cela n'avait rien à voir avec leur affaire, mais l'expérience lui avait appris de ne pas toujours s'en remettre à la logique. "Ça vaut la peine de vérifier."

Par acquit de conscience, Foster entra les noms des sept femmes. Les six premiers ne donnèrent aucun résultat.

"La dernière", lança Foster en tapant le nom de Leonie Stamey, la nièce de Martin et David. "Elle doit avoir à peine dix-sept ans, et même si elle est issue d'une famille de criminels, elle ne devrait…"

Il se tut soudainement.

Heather s'apprêtait à sortir de son bureau pour chercher des informations supplémentaires sur le clan Stamey. "Qu'y a-t-il ? demanda-t-elle.

— Nom de Dieu.

— Qu'y a-t-il ? répéta-t-elle.

— Leonie Stamey a disparu." Il pivota sur sa chaise et lui fit face. "Elle a disparu le jour de ses quatorze ans." Il se leva et attrapa sa veste posée sur le dossier de sa chaise. "Je ne crois pas qu'il s'agisse d'une coïncidence."

8

La maison de Martin Stamey était une construction neuve dans un lotissement de luxe pour les criminels en quête de reconnaissance, à la périphérie de Purfleet, dans l'Essex. Toutes les maisons semblaient identiques, cernées de pelouses parfaitement entretenues et ornées de plus de décorations pompeuses en faux style Tudor qu'un banquet médiéval. Tandis qu'ils essayaient de trouver la bonne maison dans un dédale de rues semblables, Foster ne put s'empêcher d'afficher un sourire dédaigneux. C'était le genre d'endroit où les habitants installaient tellement de guirlandes de Noël que l'on devait probablement l'apercevoir depuis l'espace.

Le vent agitait la silhouette d'un drapeau, sans doute l'Union Jack, accroché à la maison. Il avait cessé de pleuvoir, mais l'air était encore humide. Heather frappa à la porte, ce qui eut pour effet de déclencher les aboiements hystériques d'un chien à l'intérieur.

"Tu vas fermer ta gueule !" aboya à son tour une voix tonitruante. La lumière du couloir s'alluma et ils virent s'approcher, à travers la vitre en verre dépoli, une masse vêtue d'un tee-shirt blanc qui fit tourner plusieurs verrous et ouvrit la porte retenue par une chaîne de sécurité. Le visage qu'ils aperçurent dans l'entrebâillement était mal rasé, beau et renfrogné, émacié avec des traits marqués. Pas de fausse convivialité. Il avait immédiatement compris qu'ils étaient de la police.

"C'est à quel sujet ?" La voix suintait le dédain.

"Martin Stamey ?

— Qui êtes-vous ?"

Foster lui montra son badge puis il se présenta ainsi que Heather. Comme s'il le faisait exprès, le chien se remit à aboyer furieusement. Une voix féminine lui donna l'ordre de se taire et une porte claqua. Les cris du chien leur parvenaient encore, mais étouffés.

"Les flics ? Qu'est-ce que vous faites dans le coin ?" demanda Stamey.

Harris pourrait me poser la même question, songea Foster. Qu'il aille se faire foutre avec son plan d'action. "Notre visite a un rapport avec une enquête en cours, précisa-t-il. Nous aimerions vous parler. Auriez-vous l'amabilité de nous laisser entrer ?"

L'homme afficha un sourire amer. "Ben, ouais, parce que je suis du genre à inviter la police dans ma maison, hein ? Dites-moi de quoi il s'agit et on verra si je vous laisse entrer.

— C'est à propos de Leonie", expliqua Heather.

Le visage de l'homme se figea. "Vous l'avez retrouvée, c'est ça ?" Il avait soudain l'air intéressé, en attente.

"Non, mais nous travaillons sur une affaire qui présente des similitudes avec son cas", répondit Foster. Il sentit quelques gouttes de pluie sur son visage. "Écoutez, nous vous avons dit de quoi il s'agissait. Pouvons-nous entrer ?"

Impassible, Stamey les observa quelques secondes avant de libérer la chaîne. "Entrez", dit-il en les précédant. Il portait un jean et une paire de pantoufles bizarres, couleur bleu roi.

Foster et Heather le suivirent dans un long couloir.

“Chouette endroit, fit Foster en essayant de paraître sincère.

— Ouais, enfin, c’est chez moi”, répondit Stamey sans parvenir à dissimuler sa fierté.

“Vous travaillez dans quoi déjà ?” lui demanda Foster tandis qu’ils pénétraient dans un vaste salon. Tout y était de couleur crème – les canapés en cuir, les murs, l’épais tapis à poils longs et celui, plus petit, qui se trouvait devant la cheminée, crème elle aussi, de même que l’abat-jour. Avec la lumière du plafonnier, tout était si lumineux que Foster sentit presque ses rétines se décoller.

Les seules taches de couleur provenaient d’un énorme écran plasma accroché au mur qui diffusait un film d’action plutôt bruyant. Un garçon et une fille, que Foster situa aux alentours de dix à onze ans, étaient assis devant, hypnotisés.

“Cassez-vous à l’étage et allez regarder cette merde dans vos chambres”, leur ordonna Stamey tout en saisissant la télécommande pour éteindre le poste.

Les deux gamins partirent en traînant des pieds.

“C’était quoi votre question déjà ?”, demanda-t-il à Foster, l’air irrité.

Foster constata que le mépris qu’il affichait ne lui était pas réservé. C’était une attitude naturelle. “Je vous ai demandé ce que vous faisiez dans la vie.

— Menuisier, répondit Stamey en reniflant. Et d’autres trucs également.”

Bien sûr, pensa Foster. On n’achetait pas ce genre de maison avec un salaire d’artisan.

Une femme apparut dans l'encadrement de la porte, mince, séduisante, la trentaine, blonde. Elle attendit que les enfants soient montés avant de parler.

"C'est qui ces deux-là, Mart ?", demanda-t-elle en fusillant Heather du regard.

"Des inspecteurs", répondit-il en s'asseyant dans l'un des canapés, bras et jambes écartés. "Ils sont là à propos de Leonie.

— Ils l'ont retrouvée ?" demanda-t-elle d'un ton où le mépris avait laissé place à la fébrilité.

Heather secoua la tête. "Je crains que non."

Foster s'assit dans l'autre canapé en essayant de ne pas grimacer. L'heure passée dans sa voiture l'avait engourdi, sa jambe et sa clavicule commençaient à le faire souffrir. Il lui faudrait attendre encore un moment avant de retrouver son vin rouge et ses analgésiques.

"Je vous sers un thé ou un café ?", proposa la femme.

Foster et Heather refusèrent.

"Un verre d'eau, ça sera parfait", demanda Heather. Foster était étonné par la quantité d'eau qu'elle buvait. En dehors du vin, il ne l'avait jamais vue boire autre chose.

"Rapporte-moi une mousse, chérie", ajouta Stamey. La femme, que Foster supposa être la mère de ses enfants, s'éloigna à pas feutrés. Stamey, le visage sombre, se mit à les regarder sans rien dire. Foster décida d'être conciliant, même s'il l'avait immédiatement pris en grippe. Il se cala au bord du canapé.

"Je vais aller droit au but, monsieur Stamey. Nous n'avons rien de nouveau au sujet de Leonie. Mais, au cours de l'enquête que nous menons actuellement sur la disparition récente d'une jeune fille de quatorze ans à Londres, nous avons remarqué des similitudes.

— C'est celle dont parlent tous les journaux ?"

Foster acquiesça. "C'est elle, oui."

Stamey avait l'air stupéfait. "Sa mère s'est fait buter, c'est ça ? Sale affaire. Une saloperie de pervers, j'imagine. Vous êtes trop indulgents avec ces types. Les laisser vivre au milieu des gens et toutes ces conneries. Le mieux, ce serait de les abattre comme des chiens. Si vous voulez les laisser en liberté, il faut leur couper les couilles d'abord." Il renifla de nouveau.

Foster n'appréciait pas de se faire sermonner par un type qu'il soupçonnait d'être un escroc à la petite semaine, mais il laissa couler.

"Je ne vois pas le rapport avec Leonie, ajouta Stamey. Attendez, vous êtes en train de me dire que la mère de Leonie aurait été assassinée ?

— Je me demandais si nous aurions pu revoir avec vous les détails des circonstances dans lesquelles votre nièce a disparu, poursuivit Foster.

— Les détails ? Je ne vois pas où vous voulez en venir. Tout ce qu'on sait, c'est que sa mère a fait une OD à l'héro. Quelle conne. Elle avait des tas de problèmes à cause de ça. Sa baraque était un vrai bordel. Elle écartait les jambes dès qu'elle croisait une bite. Elle s'est envoyé une dose un soir, et voilà. Leonie savait que ça finirait par arriver. Gary et elle devaient être placés. J'étais… ailleurs à ce moment-là, alors je n'ai pas pu la recueillir. Mon frère Davey travaillait loin, et de toute façon, il est complètement à la masse, alors ça n'aurait servi à rien. Mon autre frère, Christopher, est mort il y a quelques années. La pauvre gosse n'avait nulle part où aller. Alors elle s'est barrée, et je ne le lui reproche pas. Gary a été placé et d'après le peu qu'on sait, ça ne se passe pas bien pour lui.

— Quel âge a Gary aujourd'hui ? demanda Heather.

— Il doit avoir dans les onze ans. Et il a dû passer dans autant de familles d'accueil.

— Vous êtes sûr que Leonie s'est enfuie ?

— Eh bien, c'est ce que je croyais avant que vous ne débarquiez. C'est aussi ce que pensaient vos collègues quand ils ont enquêté. Et ils n'ont pas enquêté longtemps.

— Personne n'a eu de ses nouvelles ?

— Que dalle.

— Vous avez une idée de l'endroit où elle a pu aller ?

— À Londres, j'imagine. C'était une fille intelligente – en tout cas, bien plus intelligente que sa cruche de mère. Mais je ne vois pas dans quoi elle a pu se fourrer en arrivant à Londres. Enfin, je peux, mais je préfère pas.

— Avait-elle de la famille à Londres, chez qui elle aurait pu aller ?

— Pour être honnête, en dehors de nous, elle n'a personne. Vous êtes sûrement au courant que mon frère est en tôle, et je vous ai dit que l'autre était mort. Sa femme s'est casée avec un nouveau mec. Et voilà tout. On est loin d'être la putain de *Famille des collines**."

Son épouse revint avec sa bière. Il se pencha en avant et l'ouvrit lentement avant d'en avaler une solide gorgée. "Ces deux-là sont venus nous voir parce qu'ils pensent que la disparition de Leonie aurait un rapport avec cette fille qui a été enlevée, celle dont on parle aux infos.

* Série américaine (titre original : *The Waltons*), diffusée en France à partir de 1991.

— Celle dont la mère s'est fait refroidir ? répondit-elle.

— Ouais. Je ne vois pas pourquoi. Gilly était une junkie, elle s'est trop shootée et elle est morte. Je ne pense pas que quelqu'un l'ait butée. Déjà, il n'y avait pas de raison.

— Nous recherchons une fille qui a disparu le jour de son quatorzième anniversaire, comme Leonie, l'interrompit Foster. Bien sûr, il peut s'agir, et c'est certainement le cas, d'une coïncidence, mais nous avons pensé que cela valait la peine de vérifier s'il existait des similitudes. Tout ce que nous avons dans le dossier, ce sont les faits bruts et nous cherchons à en savoir un peu plus. Qui était son père ?"

Stamey émit un petit grognement dédaigneux. "Vous pouvez choisir parmi la moitié de l'Essex. Disons que ma sœur n'était pas très avare de ses faveurs.

— Leonie et Gary n'avaient pas le même père ? demanda Heather.

Le grognement se transforma en éclat de rire et sa femme le rejoignit. "T'as entendu ça, chérie ? dit-il en secouant la tête. Elle demande si Gary et Leonie ont le même père." L'hilarité dura quelques instants.

Foster jeta un coup d'œil à Heather, qui affichait une grimace figée.

Stamey finit par se calmer. Il regarda Heather et leva la main. "Désolé, ma jolie. Vraiment désolé. Mais vous comprendrez mieux notre réaction quand vous saurez que Gary est métis. Son père est un nègre."

Foster sentit Heather se raidir. Il décida d'intervenir avant qu'elle ne l'arrête pour discrimination.

"Martin, dit-il en regardant Stamey droit dans les yeux. Nous vous serions reconnaissants de surveiller votre langage en notre présence, s'il vous plaît.

— Si ça vous fait plaisir", répondit Stamey. Il reprit une gorgée de bière et regarda Heather d'un air amusé.

Elle était encore droite comme un i. Il est temps de conclure, songea Foster.

"Est-ce que Leonie et sa mère étaient proches ?

— J'en sais rien, répondit Stamey.

— Pas vraiment, ajouta sa femme. Comme l'a dit Mart, Gillian avait beaucoup de problèmes à cause de la drogue et de tout le reste. Elle était à l'ouest la moitié du temps. Leonie faisait partie de ces filles qui ont été obligées de grandir vite. Elle avait un visage d'adulte. C'est elle qui a élevé Gary. Il était déjà difficile à l'époque. Ce n'était pas sa faute. Il n'avait pas de père et sa mère était une junkie. Qu'est-ce qu'il avait comme chance ? Ça m'a toujours étonnée que Leonie soit devenue une fille bien. Et je ne lui reproche pas de s'être enfuie, même si elle a abandonné Gary. Imaginez, retrouver votre mère morte et vous dire que vous allez être placée.

— C'est elle qui a trouvé sa mère ?

— On le pense, répliqua madame Stamey. Elle a disparu le même jour. Elle est revenue de l'école parce qu'elle avait laissé son sac à la maison. Sa mère était dans son lit, morte. On imagine qu'elle a descendu les escaliers, ouvert la porte et qu'elle s'est enfuie."

Foster et Heather échangèrent un regard rapide. Il sut qu'elle pensait la même chose que lui.

"Où était Gary ? interrogea Heather.

— Il devait se trouver au centre de rééducation comportementale ou un truc du genre. C'est lui qui a donné l'alarme quand il est rentré. Enfin, il est rentré, il a regardé la télévision pendant une demi-heure et il s'est mis à crier à sa mère de se lever et de lui préparer du thé. Il n'a pas compris sur le moment. Il est allé chez la voisine. C'est elle qui a appelé la police."

Foster se leva. "Bon, merci de nous avoir consacré du temps. Vous nous avez été d'une grande aide. Si nous trouvons quoi que ce soit en rapport avec Leonie, nous vous contacterons."

Stamey hocha la tête, l'œil vitreux. Foster se dit que la bière qu'il venait juste de vider ne devait pas être sa première de la journée. Sa femme les raccompagna jusqu'à la porte.

"Où se trouve Gary, à présent ? demanda-t-il tandis qu'elle leur ouvrait.

— Aux dernières nouvelles, il était dans un centre municipal, répondit-elle. J'espère que vous retrouverez cette fille", ajouta-t-elle avant de rentrer.

Ils marchèrent sous la pluie, en direction de la voiture de Foster. Une fois à l'abri, il se rendit compte que Heather fulminait encore.

"Alors, vous en pensez quoi ? Brebis galeuse ou ordure ? lui demanda-t-il en souriant.

— Quel branleur. Je ne sais pas comment font certaines femmes, dit-elle, faisant écho aux pensées de Foster.

— Et quelles sont vos impressions ?

— Il y a trop de similitudes. La mère qui meurt le jour où la fille disparaît. Le fait que ce soit au moment de son quatorzième anniversaire… Ça peut être une coïncidence, je suppose. Il n'y a rien d'autre qui les lie, sinon les circonstances et un échantillon d'ADN partagé avec peut-être un demi-million de personnes. Vous pensez que ce charmeur de Mart à quelque chose à voir là-dedans ?

— Qui sait, répondit Foster. On le recontactera de toute façon." Il démarra le moteur. "Continuons à fouiner encore un peu et on verra bien ce qui sortira." Il passa une vitesse et s'engagea lentement dans la rue. "Mais d'abord, il faut que nous trouvions ce charmant petit Gary."

9

Horton et Sarah Rowley semblaient avoir été effacés des pages de l'histoire. Parfois, sur d'autres cas, lorsqu'il perdait la piste, Nigel s'était aperçu que quelques heures de sommeil pouvaient l'aider ; souvent, il se réveillait avec à l'esprit l'idée qui allait lui permettre de se sortir de l'impasse. Mais ce matin, il restait coincé.

Il ne savait pas quoi faire de sa journée. Une montagne de dossiers à étudier s'empilaient, mais ils faisaient pâle figure face à la perspective d'aider Foster et Heather. Et puis, il y avait sa carrière naissante à la télévision. Depuis son humiliation au cimetière de Kensal Green, en début de semaine, il n'avait eu aucune nouvelle. Il s'imaginait que les programmateurs avaient regardé son essai et qu'après s'être bien tapé sur les cuisses, ils avaient commencé à chercher un présentateur avec un minimum de talent. Il aurait dû en être content – après tout, il regardait rarement la télévision et préférait de loin la radio. Toutefois, une part de lui-même était enthousiaste à l'idée d'apparaître sur le petit écran et de voir où cela pouvait mener. Il imaginait les gens le reconnaissant dans la rue. Pire que cela, il s'imaginait appréciant le fait d'être reconnu dans la rue. Lui, Nigel Barnes, un homme qui peinait à être reconnu dans son propre salon. Il alluma son ordinateur et releva ses e-mails. Pas de nouvelles de la productrice.

Il se rendit dans la cuisine, encore vêtu de sa robe de chambre à rayures et de son pyjama. Le soleil hivernal qui filtrait à travers la fenêtre, encore pâle et bas dans le ciel, lui fit plisser les yeux. Il mangeait des toasts tous les matins et ne voyait pas de raison de changer sa routine. Il découpa les dernières tranches qu'il pouvait tirer de son pain friable et rassis tout en notant dans un coin de sa tête d'en racheter à l'épicerie, et les plaça dans son grille-pain digne d'un magasin d'antiquités. Il mit en route la bouilloire et laissa son regard vagabonder par la fenêtre en se demandant si la maison d'en face, enveloppée d'échafaudages, serait terminée un jour. Cela devait bien faire un an maintenant et il en avait assez d'entendre la bâche mal attachée claquer dans le vent. Que pouvaient-ils bien fabriquer ?

Ses pensées furent interrompues par une odeur de brûlé. Lorsqu'il tourna la tête, il vit des volutes de fumée noire s'échapper du grille-pain et se précipita pour en extraire le contenu du bout des doigts. Étant contre toute forme de gaspillage, il attrapa un couteau, ouvrit la poubelle et tenta de récupérer ce qui pouvait l'être en grattant les parties calcinées. Il comprit assez rapidement que ses efforts étaient inutiles. Il jura intérieurement. Il me faut un nouveau grille-pain, pensa-t-il. Ou faire réparer le gril du four pour faire des toasts dignes de ce nom. Bien sûr, les meilleures tartines se préparaient avec un toaster Aga, mais ce genre d'ustensile était difficilement utilisable dans les minuscules cuisines londoniennes. En tout cas, cela ne servait à rien de dépenser son argent, durement gagné, pour acheter du pain frais si c'était pour le confier à un grille-pain caractériel. Les deux morceaux carbonisés qu'il tenait à la main auraient pu aussi bien être des tranches de pain de mie industriel. Seul l'équivalent gastronomique d'un test ADN aurait pu révéler leur véritable origine. Il rit intérieurement. Et s'arrêta net.

C'était cela l'idée.

La société Ethnoancestry était située à Ealing, dans un bâtiment en brique rouge sans caractère, situé dans une ruelle anonyme.

Nigel se présenta à un vigile qui faisait également office de réceptionniste et attendit. Au bout de cinq minutes, le docteur Chris Westerberg, un barbu aux yeux bleus, l'accueillit d'une poignée de main vigoureuse.

“Ça me fait plaisir de te revoir, Nigel, dit-il chaleureusement avec de légères intonations du sud de l'Irlande.

— Moi aussi, Chris. Comment vont les affaires ?

— On ne se plaint pas, marmonna-t-il. Tu as trouvé sans problème ? Tu es venu en voiture ?

— En métro. Je ne conduis pas.”

Le scientifique prit un air amusé. “C'est vrai, j'oubliais. L'homme sans voiture et sans carte de crédit. Le dernier des bohémiens. Idéal – tu peux picoler tranquille parce que tu n'as pas à conduire et que quelqu'un d'autre paie l'addition. On ne pourra pas dire que tu n'es pas un gars futé, Nigel.”

Il sourit. Il avait oublié à quel point il appréciait la compagnie de l'Irlandais et son humour.

“Ça fait un bail, hein ?

— C'est sûr”, répondit Nigel. Dix-huit mois s'il se souvenait bien, lors d'une convention assommante sur la généalogie dans une ville du Nord dont Nigel avait oublié le nom. Westerberg y faisait de la publicité pour sa société et leurs tests et kits ADN. Pendant deux nuits, ils avaient bu jusqu'à une heure avancée et âprement discuté du rôle des tests ADN en généalogie, appréciant chaque seconde de leurs échanges. Westerberg avait fait partie de l'avant-garde de ceux qui soutenaient que l'approche génétique pouvait révolutionner la généalogie. Nigel appartenait à la catégorie des sceptiques.

Westerberg le conduisit jusqu'à un ascenseur qui les transporta à l'étage supérieur. Ils remontèrent ensuite un couloir aseptisé qui menait à un petit bureau en désordre. "Je partage l'endroit avec un collègue. Désolé pour le désordre. Il est Écossais, pas besoin d'en dire davantage. Un café ?" Nigel accepta et Westerberg disparut quelques minutes pour revenir avec deux mugs fumants. "C'est de l'instantané, tu m'excuseras", expliqua-t-il.

Il s'installa derrière le bureau et adressa un sourire amical à Nigel. "Alors, quelles sont les nouvelles du front ?"

Nigel fit une grimace. "Ça s'améliore.

— Tu me fais marcher, hein ? demanda-t-il l'air incrédule. Je t'ai vu dans tous les journaux. Aider la police à arrêter un tueur en série." Il émit un sifflement admiratif.

"C'est sûr que cela m'a changé de mes habitudes.

— Tu es le maître de la litote, Nigel. Ça ne t'a pas changé de tes habitudes. C'était un putain de truc.

— On peut dire ça comme ça." répondit-il, se réjouissant que son travail et la publicité que l'on en avait faite aient été remarqués. "Écoute, je me posais une question : pourrais-tu m'aider à attraper un autre tueur ?"

Les yeux de Westerberg devinrent ronds comme des soucoupes. "Seigneur, qu'est-ce que c'est que cette histoire ? Tu te prends pour Travis Bickle*, éliminer les ordures, nettoyer les rues ?

— La police m'a à nouveau demandé de l'aide, expliqua-t-il en essayant de rester modeste.

— Qui a été tué ? demanda Westerberg.

— J'ai bien peur que cela doive rester confidentiel, confia Nigel. Cela fait partie du marché que j'ai passé avec la police pour qu'elle me laisse venir ici essayer de résoudre ce problème avec toi.

— Ça me paraît cohérent. Quel est le problème ?

— Sois indulgent avec moi, poursuivit Nigel. Je ne suis qu'un novice après tout. La police dispose d'un échantillon d'ADN mt retrouvé sur les lieux du crime – il a été extrait d'un cheveu d'après ce que je sais. Il s'est avéré qu'il est du même type que celui de la victime, si ce n'est qu'il provient d'un homme alors que la victime était une femme. Selon la police scientifique, la victime et celui qui a perdu ce cheveu – qui pourrait être ou ne pas être le tueur – partagent un ancêtre maternel commun.

— Eh bien, nous pourrions vérifier cela pour toi, répondit Westerberg.

— Merci. Mais je ne suis pas là pour ça. La police est complètement paumée. Pour l'instant, ils n'ont que ce cheveu, l'échantillon d'ADN mt et l'ancêtre maternel. Ils m'ont demandé d'étudier l'arbre généalogique de

* Personnage principal du film *Taxi Driver* de Martin Scorsese.

la victime et de retrouver toutes les personnes vivantes qui partagent cet ADN mt."

Le visage de Westerberg s'assombrit. Il se pencha au-dessus du bureau. "Nigel, tu réalises que l'ancêtre maternel dont tu parles peut avoir vécu il y a des milliers d'années ? Cela signifie que nous ne parlons peut-être pas de cinq ou six branches de la famille, mais de cinq ou six pour cent de la population."

Nigel opina. "C'est là que tu entres en scène. Est-ce que le test que tu as conçu permettrait de déterminer l'identité de cet ancêtre commun ?"

Westerberg secoua la tête. "Non."

Eh merde, pensa Nigel. J'ai perdu mon temps.

"À moins que…

— À moins que quoi ?"

Westerberg se cala dans son fauteuil. "Est-ce que tu peux me donner des détails sur le type qui a été extrait du cheveu ?"

C'était le cas. Nigel avait usé de tout son pouvoir de persuasion et Heather avait accepté de demander à Foster si Nigel pouvait avoir les détails du type d'ADN mt qui avait été extrait du cheveu. L'inspecteur avait accepté, avec quelque réticence, et une heure plus tard, un e-mail contenant une séquence chiffrée incompréhensible était arrivé dans sa boîte de réception :

16111 16290 16319 16362
Second segment hypervariable 64 146 153

Nigel sortit le document de la poche de sa veste et le tendit à Westerberg. Le scientifique le regarda attentivement pendant plusieurs secondes, le posa sur son bureau et commença à se caresser la barbe.

“Il se pourrait bien que tu aies de la chance, fit-il.

— Ah bon ?

— Le groupe dont est issu cet échantillon est relativement rare. Cela veut dire qu’il n’est pas partagé par énormément de gens.

— Combien ?

— Je ne peux pas répondre à cette question. Mais ce n’est pas l’unique raison pour laquelle tu es chanceux. Laisse-moi le temps de vérifier quelque chose.” Il fit pivoter l’écran de son ordinateur vers lui et tapa quelques détails. Il étudia l’écran avec attention puis entra d’autres informations. Il commença à hocher la tête. “La personne à qui appartient cet échantillon a un ancêtre maternel qui était amérindien.

— Tu peux déduire cela d’un simple bout de papier ?

— Ce bout de papier m’indique l’haplotype de l’ADN mt, ce qui signifie que je peux l’assigner à un haplogroupe et déterminer ainsi son ascendance biogéographique.” Westerberg fit une pause et prit une gorgée de café bouillant. Nigel remarqua le mug. Il y avait dessus le dessin sommaire d’une banane sur laquelle étaient inscrits les mots « je partage la moitié de mon ADN avec une banane ». Il se demanda si c’était vrai et décida de vérifier sur Internet lorsqu’il rentrerait chez lui. “En examinant l’ADN mt d’une personne et les mutations qu’il comporte, il est possible de suivre l’empreinte de son ancêtre et sa lignée. L’ancêtre de celui à qui appartient cet ADN a laissé une trace en Amérique du Nord et nous savons qu’elle est partagée par d’autres personnes ayant une ascendance amérindienne. Laisse-moi un ou deux jours pour consulter quelques bases de données et je devrais être en mesure de te dire à quelle tribu appartenait l’ancêtre maternel.”

Nigel était sidéré. “Tu peux me dire si l’ancêtre de la victime était un Cherokee, un Sioux ou un Apache ?”

Westerberg sourit. “Non, pas avec cette précision. La plupart des haplotypes sont partagés par toutes les tribus ou sont parfois cantonnés à un groupe de tribus cousines, mais on peut certainement réussir à obtenir quelque chose d’assez précis.” Il voyait que Nigel était encore impressionné. “Je t’avais dit que la généalogie génétique était le futur.”

Même s’il était emballé par cette révélation, Nigel savait que la population amérindienne n’était pas réputée pour conserver des archives. Il ne voyait pas comment il pourrait employer cette information. À moins que…

Les traits de Katie Drake n’étaient en rien révélateurs de son ascendance amérindienne. L’explication la plus probable était que cette mystérieuse femme avait rejoint la lignée des Drake plusieurs siècles auparavant, lors d’une migration. Cependant, une autre explication se formait dans son esprit.

“Est-il possible de déterminer la date ou tout au moins le moment approximatif auquel une femme amérindienne est entrée dans la lignée ?”

Westerberg se passa la main dans les cheveux qui restèrent dressés comme s’ils étaient chargés d’électricité statique. “En quoi cela serait-il utile ? demanda l’Irlandais en fronçant les sourcils.

— Je ne sais pas si cela le serait. Le fait est que, dans le cadre de l’enquête, j’ai essayé de remonter la lignée maternelle de la victime et que les traces écrites semblent s’arrêter…

— Je le savais ! Westerberg frappa son bureau avec le plat de la main. Je le savais ! Tu as besoin de moi. Tu te retrouves face à un mur et tu as besoin d'un coup de main pour le franchir. Attends, qu'est-ce que tu m'as raconté au bar lors de cette convention casse-couilles ?" Il se posa la main sur le front. "Attends, je l'ai, ça me revient. « Le problème avec la généalogie génétique, mon vieux, c'est que c'est un gadget. Foutrement lucratif, mais ça reste un gadget. »"

Nigel grimaça lorsque Westerberg, les yeux brillants de plaisir, frappa le bureau une seconde fois pour souligner sa joie.

"Que je comprenne bien, Nigel. Tu veux que je recherche si je peux déterminer quand l'ADN mt amérindien est entré dans la lignée afin de pouvoir retourner aux archives et tenter de reprendre la piste ?

— En gros, oui, cela serait très utile.

— Ce n'est pas possible.

— Vraiment ?

— Disons que ce n'était pas possible.

— Si tu emploies le passé, cela veut-il dire que ça l'est maintenant ?

— Peut-être. J'ai développé un test – il n'est même pas encore accessible aux clients – qui devrait donner ce genre d'information. Ce ne sont que des mathématiques. En génétique, tester à quel moment l'ancêtre amérindien est entré dans la lignée, revient à déterminer dans quelles proportions l'ascendance de la personne, et par conséquent ses gènes, sont amérindiens. Avec un arrière-grand-parent, on doit être approximativement à un huitième de gènes amérindiens, et un sixième s'il s'agit d'un arrière-arrière-grand-parent.

— Comment fait-on pour connaître la proportion de gènes amérindiens chez une personne ?

— Le test étudie les modifications d'ADN qui sont plus fréquentes chez un groupe de personnes continental que chez un autre, par exemple les Africains, les Asiatiques, les Européens ou les Amérindiens. Il y a des centaines de ces modifications d'ADN qui peuvent être spécifiques à un continent, mais qui vont se manifester à une fréquence plus élevée à un endroit précis, par exemple chez les Amérindiens, et être bien moins fréquents à un autre – ce sont les marqueurs de l'ascendance. Dans le cadre des identifications, la police scientifique utilise une centaine de marqueurs pour établir un profil. Notre test en emploie plusieurs centaines parmi un grand éventail de gènes, ce qui donne aux gens une idée de leur ascendance globale. Nous avons développé un programme informatique qui prend en compte la quantité de chaque type de changement chez un sujet, où on les retrouve et s'ils sont fréquents. Il calcule alors les pourcentages de ce qui constitue l'ascendance – si elle est européenne, africaine ou amérindienne. Donc, en déterminant la quantité d'ADN amérindien dans l'échantillon, nous pourrions déterminer quand ces gènes ont été introduits dans l'arbre généalogique.

— Es-tu en mesure d'utiliser ce test ?

— Non.

— Ah ?

Westerberg ramassa la feuille imprimée que Nigel lui avait donnée et la laissa glisser lentement sur le bureau. "Parce que je n'ai pas d'échantillon, juste une feuille de papier. Si j'avais un échantillon d'ADN, nous pourrions travailler.

— Cela m'étonnerait qu'ils laissent sortir le cheveu…

— Je n'ai pas besoin du cheveu. Tu m'as dit que la personne à qui appartient le cheveu et la victime ont un ancêtre maternel commun ?

— Oui, répondit Nigel d'une voix hésitante.

— Alors si on teste l'ADN de la victime nous saurons quand la molécule d'ADN mt est entrée dans la lignée. Tu as simplement besoin d'obtenir que l'on fasse un prélèvement sur le corps."

10

Gary Stamey gardait les bras croisés, le visage fermé. À part la haine pure qui irradiait de son regard, il avait une tête d'ange – une peau parfaite au teint café, des traits délicats et des cheveux noirs coupés court. Cependant, derrière cette apparence de chérubin, il y avait un gosse de onze ans avec un casier judiciaire de repris de justice en fin de carrière. À sa simple lecture, Foster en avait eu les larmes aux yeux : cinquante-quatre délits depuis ses huit ans. Principalement des cambriolages ou des vols. Il avait également volé une voiture avec laquelle il avait fini dans un mur au bout de dix mètres. Foster trouva ce dernier détail plutôt réconfortant. Cela voulait dire que, malgré tout, il y avait encore une part d'enfance en lui. Tous ces crimes avaient été commis à divers endroits de l'Essex car il avait été régulièrement déplacé. Familles d'accueil, foyers, rien de tout cela n'avait pu empêcher qu'à peine arrivé quelque part, il se remette à commettre des délits. Partout où il atterrissait, les chiffres de la criminalité locale augmentaient. Gary était alors arrêté, passait au tribunal avant d'être envoyé ailleurs pour devenir le problème de quelqu'un d'autre. Son dernier repaire était un foyer à Romford. Il n'avait pas été arrêté depuis une semaine. Un vrai succès.

Foster et Heather étaient assis dans la salle commune. Gary se tenait sur un canapé, à côté de la responsable de permanence, une grosse bonne femme vêtue d'une robe de la taille d'une tente qui passait le plus clair de son temps à jeter des regards craintifs vers Gary. Un billard au tapis déchiré et effiloché trônait à un bout de la pièce et, à l'autre bout, se trouvait une télévision entourée de boîtiers de DVD vides. Au milieu, sous une table entourée de chaises et de canapés, s'entassaient des jeux de société en piteux état. Parmi eux, un Monopoly. Foster, avec un rire intérieur empreint de cynisme, s'imagina Gary en train d'y jouer. Pour l'instant, sa carte "Vous êtes libéré de prison" était son âge. Bientôt, il se retrouverait dans une institution pour délinquants juvéniles ou quelque chose de ce genre. Alors, son éducation criminelle serait achevée.

La responsable se lança dans une présentation balbutiante tandis que Gary s'enfonçait plus profondément dans le canapé, fixant d'abord l'écran éteint de la télévision, puis tournant son regard sombre dans leur direction, sans écouter un mot de ce qui se disait. Heather le salua. Il se mit aussitôt à regarder par la fenêtre, serra un peu plus ses bras croisés sur sa poitrine, et s'enfonça davantage dans le canapé. Il va bientôt se retrouver à l'horizontale, pensa Foster. Il sut immédiatement que l'approche "Bonne nuit les petits" ne fonctionnerait pas. Le temps n'était pas à la sympathie. Ce n'était pas un enfant ordinaire. C'était un animal. Foster se fichait des "circonstances" expliquant le comportement de Gary. Il n'y était pour rien si des gens qui n'étaient même pas foutus d'élever un hamster faisaient des gosses. En revanche, c'était son boulot d'en gérer les conséquences.

“Nous sommes ici à propos de ta sœur, Gary”, attaqua Foster une fois les mondanités achevées.

Un battement de cils, pas plus. Le garçon tourna lentement la tête dans sa direction, l’observa quelques secondes puis se concentra à nouveau sur la fenêtre.

“Tu ne t’intéresses pas à ce qui a pu arriver à ta sœur, Gary ?”

Il y eut un silence. De nouveau ce regard haineux braqué sur lui. Cette fois, le garçon parla. Une voix encore juvénile même si elle semblait plus âgée que son propriétaire.

“Non.”

Retour à la fenêtre. Au moins dix secondes de silence.

“Tu te fiches de savoir si elle est vivante ou morte.”

Cette fois la réponse fut immédiate. “Qu’est-ce que j’en ai à foutre ? Cette salope m’a abandonné.”

La responsable rougit. Elle posa sa main sur son bras. “Gary, je ne pense pas…

— Vire tes sales pattes, espèces de grosse pute”, hurla-t-il en agitant le bras pour se débarrasser d’elle.

Elle recula, les mains levées au ciel. Gary reprit sa posture, les yeux brûlants de rage. La responsable regarda Foster.

“Pouvez-vous nous laisser un instant ?”, demanda-t-il.

Elle semblait partagée. “Je ne pense pas…

— Cinq minutes. Ce sera suffisant.” Foster remarqua que Gary le regardait, même s’il évitait de croiser son regard.

La responsable finit par acquiescer et se leva. “Je serai dans mon bureau”, ajouta-t-elle avant de quitter la pièce. Elle n’avait pas l’air franchement mécontente de les laisser entre eux, même si cela revenait à enfreindre le règlement.

Foster se leva et se dirigea vers le billard. Il n'y avait aucune boule. Probablement confisquées pour que les joueurs arrêtent de les glisser dans des chaussettes et se fracassent le crâne entre eux.

"J'ai un problème, Gary", commença-t-il en se retournant. Gary, qui le suivait des yeux, se mit immédiatement à regarder ailleurs. Je t'ai vu, pensa-t-il. Il mit ses mains dans ses poches. "Et tu sais quel est mon problème ?" Pas de réponse. "Je m'en doutais. Alors, je vais t'expliquer. Mon problème, c'est que je suis un inspecteur de la Criminelle. Je pourchasse les gens méchants qui assassinent d'autres gens. Je n'ai pas l'habitude de m'occuper de gamins qui piquent des lecteurs DVD et des consoles. Et franchement, je m'en balance complètement de ce type de gamins. Mais je m'intéresse vraiment aux gens qui ont été assassinés. Et par-dessus tout, je m'occupe de leurs familles et de leurs amis qui doivent continuer à vivre en sachant qu'une ordure a tué leur mère, leur père, leur frère ou leur sœur. Et pour qu'ils puissent, ne serait-ce que commencer à vivre avec cette pensée atroce, ils ont besoin de savoir que cette ordure a été arrêtée et punie. Bien sûr, cela ne suffit pas, mais c'est déjà un début.

— Et qu'est-ce que ça a à voir avec ma frangine ? demanda Gary avec un accent de l'est de Londres.

— C'est ce que moi et ma collègue ici présente essayons de découvrir, Gary."

Le garçon eut l'air de ne pas comprendre.

"Tu vois, j'enquête sur un meurtre. Pas seulement un meurtre. Un kidnapping aussi. Quelqu'un à peine plus âgé que toi a été enlevé. Et il y a une chance que tu saches des choses qui peuvent m'aider à la retrouver.

— Des choses sur quoi ?" L'impatience avait remplacé la colère.

"À propos de Leonie.

— J'sais que dalle." La colère était revenue.

"Gary, tu ne m'écoutes pas. Tu ne sais pas ce que je cherche. Laisse-moi te poser quelques questions et – qui sait ? – peut-être me diras-tu quelque chose d'utile. Peut-être pas. Mais on va essayer et ensuite, nous repartirons attraper des assassins et toi tu pourras retourner à tes occupations.

— J'aide pas les flics.

— Ça, tu l'as dit. J'ai vu ton casier."

Gary secoua la tête et resserra ses bras autour de sa poitrine comme pour dire, "Je ne vais certainement pas vous aider, maintenant."

Foster se tourna vers Heather et fit un hochement de tête avant de se poster devant la fenêtre. Il y avait dehors une misérable dalle en béton, parsemée de touffes d'herbe qui poussaient entre les fissures.

"Gary." La voix de Heather était douce et calme. "La jeune fille qui a été enlevée a quatorze ans, comme Leonie ce jour-là. Je sais que tu détestes la police et que tu ne veux pas nous aider, mais ce n'est pas nous que tu vas aider, c'est cette fille."

Foster entendit Gary gigoter dans le canapé.

"Cette personne qui a été enlevée, il risque de lui arriver des choses terribles, poursuivit Heather. Vraiment terribles. Et il ne lui arrivera peut-être rien si on la retrouve. Aide-nous, s'il te plaît."

Foster continuait à regarder par la fenêtre. Il y avait un coin d'herbe en bordure de la cour, contre la palissade, jonché de paquets de chips vides, de canettes de boissons et autres détritus. Au-delà, s'étendaient un parking et une série de boutiques aux vitrines condamnées par des planches à l'exception d'une seule d'entre elles. Il n'y avait pas grand-chose dans le quartier pour stimuler les pensionnaires du foyer.

"OK, continua Heather. Merci."

Le gamin avait dû faire oui avec la tête. Foster se retourna et resta debout.

"Dans les jours ou les semaines qui ont précédé le départ de ta sœur, te souviens-tu de quelque chose d'inhabituel à la maison ? Quelque chose d'étrange ou de différent ?", demanda Heather.

Gary n'avait pas changé de posture, mais Foster remarqua que son regard s'était adouci. Il réfléchit quelques instants. "Pas vraiment."

"Est-ce que Leonie semblait contrariée ? S'était-elle disputée avec ta mère ?"

Gary ricana. "Elles s'engueulaient tout le temps. Leonie ne l'aimait pas. Elle disait qu'on s'en porterait pas plus mal de pas être avec elle. Qu'elle s'occuperait de moi." Ses grands yeux étaient humides. Foster vit qu'il retenait ses larmes.

"Elle a dit ça ?"

Il hocha la tête, se mordit la lèvre et s'essuya rapidement les yeux de la main droite.

"Je sais que c'est difficile pour toi, Gary. Mais le moindre détail peut nous aider. Est-ce que ta sœur a dit quelque chose, quoi que ce soit, avant de partir ?"

Une fois encore, il secoua la tête.

"Et ta mère ? As-tu remarqué quelque chose chez elle dans les semaines avant sa mort ?

— Non, marmonna-t-il, je ne la voyais pas beaucoup.”

Seigneur, pensa Foster.

“C’est Leonie qui s’occupait de toi ?”, demanda Heather.

Il fit oui de la tête. “On n’était pas une famille convenable.

— Leonie a dit ça ?”

Il acquiesça à nouveau. “C’est l’homme qui lui a dit ça.

— Quel homme ?

— Celui qui venait chez nous.”

Heather jeta un coup d’œil vers Foster. “Quel homme, Gary ? C’était un ami de ta maman ? insista-t-elle.

— Non. Elle n’était jamais là quand il venait.

— Un ami de Leonie ?”

Il secoua la tête. “C’était pas un ami. Mais elle l’aimait bien. Elle m’a dit qu’il disait la vérité.

— La vérité sur quoi ?

— Chais pas.

— De quoi parlait-il, Gary ?”, interrogea Foster qui n’avait rien dit depuis un moment.

Gary lui lança un regard noir et ses yeux revinrent sur Heather. “Je veux bien vous parler à vous, mais pas à lui, cracha-t-il.

— OK, répondit Heather en hochant la tête. C’est d’accord. Dis-moi. Quelles sortes de choses cet homme disait-il à Leonie, Gary ? Elle t’en a parlé ?”

Il haussa les épaules. “Elle m’a dit qu’il lui avait dit qu’on n’était pas une famille convenable. Il a dit des trucs sur Jésus.

— Tu te rappelles autre chose ?”

Gary réfléchit. “Leonie disait qu’il lui avait dit que Jésus nous aimait. Et que les autres gens nous aimaient, eux aussi. Il lui a dit qu’un jour notre famille serait réunie pour toujours et qu’on serait heureux.

— Rien d’autre ?

— Non.” Son visage s’illumina. “Il lui a donné un livre.

— Tu te souviens de quel livre il s’agissait ?

— Chais pas.

— La Bible ?

— Chais pas. Y avait des images dedans. Pas comme des BD. Des vieilles images.

— De quoi ça parlait ? Tu te souviens ?”

Il plissa le front, fouillant sa mémoire. “Chais pas, dit-il. Y avait un garçon qui s’appelait Joe. Il vivait il y a très longtemps. Il avait trouvé un trésor secret.

— Qu’est-ce que c’était ?

— Je me souviens pas. Peut-être que c’était des livres ?

— Des livres ?

— Ouais. Je crois. Elle a arrêté de me le lire. C’était ennuyeux.” Il soupira.

“Et l’homme, combien de fois est-il venu chez toi ?

— Chais pas. Il venait toujours quand j’étais en train de jouer dehors.

— Plus d’une fois ?

— Je crois. Un jour, je suis rentré et il était en train de partir.

— À quoi ressemblait-il ?”

Il regarda brièvement Foster. “À lui.

— Tu veux dire grand et moche ?”, ajouta Heather du tac au tac en lui faisant un clin d’œil. Gary explosa de rire. Une bulle de morve se forma au bout de son nez et éclata.

“Très drôle”, grimaça Foster, essayant de jouer le jeu. “Sérieusement, pourquoi ressemblait-il à l’inspecteur Foster ?

— Il était grand. Il portait un de ces trucs.” Du doigt, il montra le cou de Foster.

“Une cravate ?”

Gary acquiesça.

“Il avait des cheveux ?

— Oui, noirs.

— Si on trouve quelqu’un pour dessiner son portrait, tu l’aiderais ?

— Oui, répondit Gary. Il m’a mis une petite tape sur la tête et m’a dit bonjour. Et puis il est allé dans sa voiture.

— Quelle sorte de voiture ?

— C’était une Ford Mondeo bleue. Une vieille.”

Le gosse connaît le sujet, songea Foster. Il était pareil à son âge. Obsédé par les voitures. Il ne savait pas ses tables de multiplications, mais il connaissait la vitesse de pointe d’une Austin Allegro.

Heather leva les yeux vers lui. En articulant silencieusement, il lui dit de l’interroger sur sa mère.

“Que s’est-il passé le jour où ta mère est morte, Gary ?”, demanda-t-elle.

Le garçon se renfrogna et commença à se gratter le bras gauche. Son regard allait de gauche à droite. Enfin, il secoua la tête. “Non, dit-il.

— Non, tu ne veux pas en parler ?

— Je me souviens de rien”, répondit-il. Il continuait à se gratter le dessus du bras gauche en secouant vigoureusement la tête. Ses traits changèrent. La noirceur resurgissait. “Je me souviens de rien, COMPRIS ?”

Foster vit Heather tressaillir sous l'effet du hurlement soudain.

"Tout va bien, dit-elle doucement. Ce n'est pas grave.

— Je me souviens de rien", siffla-t-il. Ses jambes sursautaient comme sous l'effet d'un courant électrique.

Heather resta silencieuse pendant quelques secondes, le temps que s'apaise la colère de Gary. Foster lui fit signe qu'il était temps de partir. Ils possédaient le rapport d'autopsie qui disait que la mort de Gillian Stamey avait été causée par de l'héroïne qu'elle s'était probablement injectée. Le seul détail qui l'intriguait était la pureté de la drogue qui l'avait tuée. C'était une qualité supérieure ; les mères célibataires et junkies qui vivaient grâce aux allocations s'envoyaient plutôt de la merde d'habitude, même si elle était coupée avec de la mort-aux-rats et qu'elles en étaient malades comme un chien. Son corps avait été incinéré, une exhumation était donc impossible. Ils pourraient questionner Gary une autre fois si nécessaire, en présence du psychologue de service, mais avant ils avaient d'autres pistes à explorer.

"Leonie n'est pas morte, dit soudainement Gary.

— Comment le sais-tu ?", demanda doucement Heather.

Il braqua ses yeux vers le plancher. "C'est juste que je crois pas qu'elle est morte", marmonna-t-il. Puis il leva le visage, les yeux humides, en colère. Mais une colère différente. Pas de la haine, mais le sentiment d'avoir été trompé. "Elle m'avait dit qu'elle s'occuperait de moi. Elle avait promis. Elle reviendra me chercher un jour." La dernière phrase sonnait comme un défi. Son nez coulait. Il renifla et étala une bonne quantité de morve sur la manche de son sweat-shirt.

Heather hochait la tête, l'air sincère. Elle avait encore à accepter définitivement, comme Foster l'avait fait, que le monde était un endroit froid et impitoyable. Et un tel monde engendrait des enfants sauvages, comme Gary Stamey, qui n'avaient aucun respect pour l'autorité. Pour personne. Sa misérable vie de petits larcins était à peine une nuisance pour les forces de police, mais très bientôt il passerait à la vitesse supérieure.

"Gary", reprit Foster, ignorant l'hostilité que sa voix provoquait. "Si tu espères qu'elle revienne et te fasse la vie douce, pourquoi passes-tu ton temps à voler ? Pourquoi tu ne te tiens pas tranquille ?" Il fourra ses mains dans ses poches. "Écoute-moi – même si je sais que tu ne le feras probablement pas, parce que tu as déjà entendu des millions de sermons comme celui-ci et que, à en croire ton casier, tu n'en as pas tenu le moindre compte. Je sais que tu me détestes et que tu détestes les gens comme moi, mais le chemin que tu as emprunté ne mène qu'à un seul endroit – la prison. Que se passera-t-il alors, si Leonie revient pour te chercher ?"

Gary le dévisagea. "Allez-vous faire foutre", dit-il d'une voix plate et froide. Puis il se mit à regarder ses chaussures.

Foster haussa les épaules. J'ai essayé, pensa-t-il. Ce gosse est déjà trop loin.

11

À l'intérieur du café, l'odeur réconfortante des sandwiches au pain toasté constituait un contrepoint parfait au vent et à la pluie qui s'abattaient sur High Holborn. Nigel, affamé par son aller-retour à Ealing, en commanda un et se mit à regarder, à travers la vitrine zébrée de gouttes de pluie, la rue qui remontait en direction de la First Avenue House, une bâtisse grandiose et grise, où les gens convergeaient : des hommes et des femmes en instance de divorce, fumant avidement sur le trottoir en faisant les cent pas, attendaient leur tour pour passer devant l'un des nombreux juges aux affaires familiales. Ils s'échauffaient les muscles avant de tenter de concilier leurs différends pour le bien-être et l'intérêt de leurs enfants. Lors de ses visites, Nigel avait plus d'une fois été témoin de violentes engueulades qui débordaient de la salle d'audience jusque dans la rue, ou vu des ambulances se garer pour porter assistance à ceux pour qui la charge émotionnelle avait été trop forte. À cause de ces incidents, ceux qui pénétraient dans le tribunal étaient fouillés et scannés afin de vérifier qu'ils n'aient pas caché une arme avec l'intention d'assassiner leurs épouses infidèles ; à l'intérieur, les boissons étaient servies dans des carafes et des verres en plastique pour la même raison.

Heureusement pour lui, lorsqu'il eut fini son café, la circulation au niveau de la porte d'entrée était fluide et il ne croisa qu'une poignée d'adultes grincheux au regard noir devant le bâtiment. Il était parvenu à convaincre Foster d'expédier à Chris Westerberg l'échantillon d'ADN. Pendant que ce dernier était analysé, il comptait étudier chaque piste et cela incluait les traces écrites qui avaient pu être laissées par Horton ou Sarah Rowley au moment de leur décès. Là où il y avait un testament, il y avait souvent matière à se sortir d'une impasse.

Horton était mort intestat. Mais en consultant les registres calendaires accessibles en ligne, Nigel avait découvert que sa veuve avait laissé un testament lors de sa mort en 1913. Il était possible qu'il ne contienne pas grand-chose, mais cela valait la peine d'essayer. Profitant d'une pause entre deux averses, il franchit la rue d'un pas rapide et grimpa les escaliers jusqu'à une pièce spartiate, brillamment éclairée et décorée de couleurs neutres, à l'image du reste du bâtiment. L'endroit avait beau abriter les vœux et les dernières volontés des morts, les restes tangibles de leur bref passage sur cette planète, on ne retrouvait rien de cette aura mystique dans l'environnement stérile des bureaux de recherche des homologations. Quelques autres généalogistes étaient déjà présents. La manière dont les biens des défunts étaient divisés offrait souvent un aperçu fascinant des hiérarchies familiales et du mode de vie de nos ancêtres, qu'ils soient riches ou pauvres. Le châtelain pouvait certes léguer la moitié du Surrey à ses enfants, les découvertes les plus instructives se faisaient souvent chez ceux qui avaient le moins à transmettre mais qui pensaient qu'il était juste et bon de léguer leur casquette ou leur meilleure vache laitière.

Nigel attrapa un formulaire, inscrivit la date du testament rédigé par Sarah Rowley et, pendant que sa requête était traitée, il retourna au café s'offrir un autre expresso et observer le petit manège des allées et venues des affaires familiales, avant de récupérer une copie du testament. Comme il s'y attendait, l'héritage n'était pas énorme. L'alliance de la défunte allait à leur fille aînée. Elizabeth héritait d'une table en chêne et Isaac reçut un nécessaire d'outils de menuisier dont Nigel déduisit qu'il avait appartenu à Horton. Sarah demandait également, chose étrange, qu'une boîte scellée en métal, gravée à ses initiales, soit enterrée avec elle. C'était là toutes ses possessions. Une somme de dix livres était laissée "à la paroisse de St Bertram, East Ham".

Même si la généalogie était impuissante à expliquer l'absence des Rowley dans tous les registres antérieurs à 1891, Nigel avait au moins une piste à suivre. Sarah ne voulait peut-être pas diviser une somme aussi modeste entre ses enfants ; peut-être estimait-elle qu'ils ne le méritaient pas. Quelles qu'aient été ses raisons, l'église devait avoir enregistré le don en argent et, si elle était un membre actif de cette congrégation, il devait exister d'autres archives pouvant fournir des détails sur Sarah et son époux.

Nigel appela les archives municipales où se trouvaient la plupart des registres et documents appartenant aux églises de Londres. Ils ne détenaient rien venant de St Bertram à East Ham. On lui conseilla de contacter le bureau d'état civil de l'Essex. Là, on lui opposa la même réponse négative. L'église conservait encore ses propres archives.

St Bertram se trouvait à dix minutes de marche de la station de métro d'East Ham, nichée dans un labyrinthe d'anciens ateliers d'artisans datant de l'époque victorienne. Comme l'imaginait Nigel, du fait de l'absence de dépôt aux archives municipales de Londres, l'église était assez récente. Peut-être moins d'un siècle. Fonctionnelle et bâtie de brique rouge contrairement aux splendeurs de style gothique que l'on trouvait partout dans la capitale. Il en fit plusieurs fois le tour pour trouver l'entrée et finit par la repérer dans une aile récente, vieille de quelques années au plus, qui semblait faire office de maison de quartier. Des mères et leurs enfants fourmillaient aux alentours, arrivant ou quittant l'aire de jeu située à proximité.

Il y avait un petit comptoir d'accueil où Nigel demanda à voir le pasteur. Celui-ci arriva, quelques minutes plus tard, arborant un large sourire. Il n'était guère plus âgé que Nigel, avec un visage rubicond à l'air joyeux. Ils échangèrent une poignée de main et Nigel s'excusa de ne pas l'avoir prévenu de sa venue avant d'expliquer la raison de sa visite. Toutefois, il passa sous silence l'enquête en cours sur le meurtre et l'enlèvement.

“Nous recevons un nombre non négligeable de demandes de renseignements ayant trait à la généalogie, lui expliqua le pasteur. La plupart en provenance de l'étranger. En général, nous faisons notre possible pour être utiles. Que recherchez-vous ?”

Nigel lui parla du testament de Sarah Rowley.

“Quand est-elle décédée ? demanda le pasteur.

— En 1913.

— Vraiment ? Cela ne faisait que cinq ans que la congrégation était formée et l'église ouverte. Elle a dû faire partie des premiers paroissiens. Rappelez-moi son nom ?

— Sarah Rowley. Son mari est mort quatre ans plus tôt. Il se prénommait Horton."

Le pasteur regarda brièvement le sol. "Ce nom me dit quelque chose. Cela ne fait que deux ans que je suis ici et je n'ai donc pas eu le temps de complètement me familiariser avec l'histoire de la paroisse. Mais si vous me suivez à la sacristie, nous pourrons voir s'il s'y trouve quoi que ce soit qui pourrait vous aider."

Nigel suivit le pasteur. Ils traversèrent la nef de l'église qui, elle aussi, semblait avoir été rénovée récemment. Elle ne dégageait pas cette odeur d'humidité – l'odeur de l'histoire, comme il aimait à se le dire – qui caractérisait les rares occasions où il avait pu fouiner dans le "coffre" d'une paroisse. Ils s'arrêtèrent devant une porte située à côté de l'autel et le pasteur sortit un trousseau de clés à l'aide desquelles il ouvrit trois verrous.

"Certains de nos paroissiens pensent que le Seigneur ferme les yeux sur les effractions et les intrusions", expliqua-t-il avec un clin d'œil. Une fois à l'intérieur, il alluma et la pièce apparut, vaste et remplie de toutes sortes d'objets du culte. De vieilles nappes d'autel, des soutanes, des piles de livres de messe, des coussins pour les bancs d'église. "Je suis désolé, cela doit vous sembler plus chaotique que ce à quoi vous êtes habitué. Le classement manque de méthode." Il désigna une étagère au fond de la pièce sur laquelle se trouvaient plusieurs imposants volumes reposant les uns contre les autres. "Vous pouvez commencer par là. Ce sont les registres paroissiaux. En revanche, j'en suis désolé, il n'y a pas d'endroit où vous installer confortablement."

Nigel fit un geste de la main pour signifier que cela n'avait pas d'importance. Il se saisit du premier registre. Il s'agissait d'un original. Le dos était très abîmé et tombait en morceaux, certaines pages se détachaient. "Loin de moi l'idée de vous dire comment gérer cet endroit, pasteur, mais vous devriez songer à confier ces registres à un bureau local de l'état civil. Il doit bien exister une association de généalogistes aptes à retranscrire les informations contenues dans ces registres afin qu'ils n'aient plus à être manipulés." Il le retourna pour continuer à l'examiner. "Sans quoi, je ne suis pas sûr qu'ils résistent encore bien longtemps.

— Vous avez parfaitement raison, répondit le pasteur. Cela fait partie de ma liste de tâches à accomplir."

Nigel s'installa sur une petite chaise en bois et ouvrit le volume avec précaution. Celui-ci démarrait en 1908. Presque immédiatement, il trouva la mention de l'inhumation de Horton Rowley en 1909. L'essentiel : son nom, son âge et la date de l'enterrement. Il avança dans le volume et repéra celle de Sarah Rowley, en 1913. Les détails inscrits dans le registre ne lui apprirent rien de nouveau.

"Il n'y a pas de cimetière à côté de l'église. Où ces gens ont-ils été enterrés ?"

Cela valait la peine d'effectuer le déplacement et de vérifier s'il y avait quelque chose d'intéressant inscrit sur la tombe – toutefois, le temps et les intempéries risquaient de l'avoir endommagée et il n'avait pas sur lui les ustensiles permettant de déchiffrer les épitaphes.

"Au cimetière d'East Ham, sur Marlowe Road. Ils ont un registre là-bas aussi."

Nigel referma le volume et nota l'adresse.

“Auriez-vous des exemplaires des registres de délibérations ?” On y trouvait les détails des assemblées paroissiales ; bien souvent n’y étaient notés que les points majeurs, mais on y faisait parfois des trouvailles.

Le pasteur haussa les épaules. “Je crois qu’ils se trouvent ailleurs et, pour être honnête, je ne sais pas où”, avoua-t-il en rougissant. “Audrey Cantrell, notre bedeau, pourrait nous aider. Malheureusement elle est en vacances dans sa famille. Désolé.”

Il se retrouvait à nouveau face à un cul-de-sac.

“Mais, il y a bien quelque chose”, poursuivit le pasteur. Il enjamba quelques cartons et tira sur le côté une pièce de tissu bleu sombre, une sorte de nappe d’autel. En dessous se trouvait un gros coffre en bois. “Je conserve là-dedans un certain nombre de documents et de papiers qui appartenaient à mes prédécesseurs et dont certains remontent à George Burch, le premier pasteur de la paroisse. Je ne les ai jamais examinés en détail, mais on y trouve de tout. Ne vous gênez pas pour y jeter un coup d’œil.”

“Fouiller dans le coffre de la paroisse” était une expression que l’on employait lorsque l’on consultait les registres d’une église, en général dans les locaux des archives. Nigel ne l’avait jamais pratiquée au sens littéral. Le pasteur libéra le verrou et souleva le couvercle. Le coffre était rempli de dossiers et de boîtes.

“Il y a surtout de vieux recueils de chants et de prières, mais vous y trouverez d’autres choses. Ce n’est pas classé, il y a des boîtes et des liasses de documents ayant appartenu à la plupart des pasteurs. Certains conservaient plus de choses que d’autres.” Un petit sourire se dessina sur son visage. “Cela dépendait du nombre de coupures de journaux qu’ils gardaient.

— Je pensais que rendre grâce au Seigneur était suffisamment gratifiant, émit Nigel.

— Disons simplement que certains membres de ma profession sont plus sensibles que d'autres à la publicité." Il consulta sa montre. "J'ai quelques petites affaires à régler. N'hésitez pas à fouiller et prenez votre temps. Je serai de retour dans une heure. Si, dans l'intervalle, vous avez besoin de me joindre, dites-le à Shirley qui est à la réception et elle m'appellera sur mon mobile."

Un pasteur avec un mobile ? Cela semblait incongru. Nigel le remercia et se concentra sur le contenu du coffre qui dégageait une odeur familière : le parfum du vieux papier. Il saisit le premier paquet. Clive Hawley 1956-1972. Il en sortit quelques documents pour se faire une idée de ce qu'il contenait. Il y avait un grand nombre de coupures de presse, presque toutes issues du journal local, jaunies, cassantes, à l'encre passée. Pas grand-chose d'autre si ce n'est des recueils de chants. Il continua ses recherches, espérant trouver des documents de l'époque de George Burch.

Il finit par exhumer un dossier en piteux état, tenu par de la ficelle. Il l'ouvrit. Le premier document était un article de journal daté du 2 juin 1908 relatant la pose de la dernière pierre de l'église et mentionnant la nomination du pasteur Burch. Il y avait ensuite plusieurs pages, parfaitement calligraphiées, datées du 7 septembre de la même année. Il s'agissait d'une lettre envoyée par une certaine madame Winifred Shillingford, membre de la paroisse, qui semblait être une critique du dernier sermon du pasteur. Elle louait son élocution, mais regrettait ses écarts fréquents vis-à-vis des Écritures. "Je pense que vous comprendrez que pour beaucoup de membres de votre congrégation de telles idées ne sont pas les bienvenues. Nous nous rassemblons pour entendre et célébrer la parole et l'amour de Notre Sauveur. Pas pour que l'on nous fasse la leçon sur l'iniquité de la société moderne ou pour accéder à une meilleure compréhension des affaires de ce monde." Madame Shillingford fulminait. Le premier pasteur au monde à être dans le vent, songea Nigel.

L'examen des autres documents mit au jour des courriers personnels ; certains sollicitant ou offrant de l'aide, louant ou critiquant, ou simplement des lettres de remerciements pour la qualité des sermons. Il découvrit de temps à autre des notes de la main du pasteur. Au début, Nigel pensa à une sorte de correspondance personnelle avec Dieu, puis il réalisa qu'il s'agissait de brouillons de sermons et d'éloges funèbres ; des mots étaient barrés, rectifiés, couchés rapidement dans les marges, presque indéchiffrables. Pour de nombreux enterrements, il trouva une courte biographie du défunt, sous forme de notes, détaillant les étapes de sa vie et ses réussites personnelles. Il sentait l'excitation s'emparer de lui, le pressentiment qu'il approchait du but. Il passa en revue chaque coupure, chaque lettre, chaque note. Pas de trace de Horton Rowley mais, en 1913, il était fait mention d'une femme nommée Sarah Read. À côté de son nom, entre parenthèses, était inscrit "Rowley".

Il doutait que ce fut une coïncidence.

Une feuille comportait des informations plus détaillées : le nom et l'âge de ses enfants, son âge, des détails sur Horton, la date de sa mort. À la lecture de la page suivante, son cœur passa à la vitesse supérieure. Il s'agissait des grandes lignes de son éloge funèbre, composées avec une écriture légère, presque raffinée. Le premier paragraphe comportait les habituelles obséquiosités ; mère aimante de trois enfants, femme dévouée de son bien-aimé Horton, avec lequel elle allait maintenant être réunie, et membre dévoué de la paroisse. Presque rien ne la distinguait de ses semblables. Plus loin, un passage lui attira l'œil :

> *Comme beaucoup d'entre vous le savent, Sarah était une fidèle servante de Dieu. Il serait difficile au sein de notre communauté de trouver un membre plus pieux. Sa foi était d'autant plus remarquable qu'elle avait été soumise à de nombreuses épreuves. Je ne parle pas ici de la perte irréparable de son époux bien-aimé, même si elle eut à en souffrir. Nombre d'entre vous ici présents et qui connaissaient Sarah savent les luttes qu'elle dut mener pour échapper aux griffes des sectes d'outre-Atlantique, une expérience qui aurait pu détourner du Seigneur beaucoup d'entre nous. Mais pas Sarah Read, comme nous le savons. Son expérience eut l'effet contraire ; loin de rejeter le Seigneur après un tel parcours, Sarah et Horton s'en rapprochèrent car ils avaient vécu dans leur chair les dangers de l'adoration des fausses idoles, de l'occultisme et la faiblesse de ceux qui s'éloignent de la vraie parole de Dieu. Après la triste mort de Horton, cherchant un sanctuaire, un abri, la sécurité, Sarah quitta son foyer pour rejoindre le sein de notre paroisse où elle apporta la fermeté de sa foi, forgée par le malheur. C'est pour*

cela qu'elle vivra à jamais dans nos cœurs aussi sûrement qu'elle connaîtra la vie éternelle dans le Royaume de Dieu.

Nigel relut le texte une deuxième fois pour bien en saisir le sens. "Des sectes d'outre-Atlantique" ? La lumière se fit dans son esprit, comme si un nuage venait d'y être chassé par le vent : le couple était en fuite et venait de l'étranger. Mais de quelle secte ? Et de quel pays ? Une secte qui adorait de fausses idoles et pratiquait l'occultisme, comme une sorte de vaudou ? Et pourquoi avait-elle changé son nom ? Était-elle encore traquée ?

Une série de photographies couleur sépia était attachée au dos du paquet. Deux images du pasteur, à l'extérieur du bâtiment neuf, l'air mal à l'aise, décalé, une pose de cette époque où les gens s'adaptaient encore à la nouveauté d'être pris en photo et que Nigel connaissait bien. Un autre cliché représentait une sortie des dames de la paroisse – trois rangées de femmes chapeautées. Au dos figurait la mention "Sortie de la Ligue antialcoolique à Margate, août 1911" écrite de la main du pasteur. Il avait inscrit en dessous le nom des paroissiennes. Nigel retourna la photo. Il n'eut pas besoin de rechercher le nom de Sarah Rowley (ou Read). Il était certain que c'était elle, assise, droite et fière, au milieu du premier rang. La ressemblance avec les portraits de Katie Drake qu'il avait vus dans la presse était stupéfiante. Les mêmes lèvres pleines, la même pose. Elle devait approcher de la quarantaine lorsque la photo avait été prise et, même si les années avaient laissé des traces, elle était encore belle et séduisante. Sa peau semblait plus sombre que celle de ses voisines ; mate en comparaison de leur teint de porcelaine. Plus il la regardait, plus elle lui apparaissait indomptable. Il pouvait sentir sa force, s'imaginer sa manière de se mouvoir, presque entendre sa voix.

Il était toujours étonné de voir à quel point une vieille photographie pouvait faire ressurgir les morts.

12

Foster se prépara sa première tasse de thé de la matinée, attendant que l'aube trouble fasse son apparition à la fenêtre de sa cuisine. Tandis que le sachet de thé infusait dans le mug, il réfléchissait à ce que serait l'étape suivante. Harris et son équipe avaient, selon toute vraisemblance, décidé de le laisser sur la touche. Toutes les réunions de travail et de coordination s'étaient tenues sans lui et avaient la plupart du temps été organisées en dehors de ses heures restreintes, soit tôt le matin ou tard dans la soirée. Il sentait bien que Harris était plutôt satisfait de pouvoir mener sa barque sans l'avoir dans les pattes.

On était vendredi. Cela faisait presque quatre jours que Naomi avait disparu. Vickers avait été définitivement reconnu innocent et la liste des suspects rétrécissait de jour en jour – tous les pervers et les pédophiles qu'ils interrogeaient possédaient un alibi. La frustration s'était transformée en découragement. L'équipe principale qui menait l'enquête en était réduite à questionner les adolescents qui s'étaient fait coincer pour rapports sexuels entre mineurs ou détournement, sans tenir compte du fait que la plupart d'entre eux étaient convaincus au moment des faits que les Lolita peinturlurées avec lesquelles ils s'étaient acoquinés avaient atteint, voire dépassé la majorité sexuelle. Susie Danson avait raison sur un point. S'il s'agissait d'un crime sexuel, ils ne disposaient que de trois ou quatre jours. Ce délai serait bientôt écoulé et la sensation d'impuissance, telle l'humidité qui se répand, gagnait tous les acteurs de l'enquête, même les plus hauts placés comme Harris qui arpentait le centre opérationnel, l'air tourmenté, semblable à une bête traquée, tandis que les médias continuaient à réclamer à cor et à cri le retour de Naomi, ou tout au moins l'annonce d'une avancée décisive.

Foster, penché au-dessus de sa tasse fumante, ne partageait pas leur résignation. Quelque chose lui disait qu'il ne s'agissait pas que de sexe. Quelque chose lui disait qu'il y avait une chance que Naomi soit encore en vie.

Il but une gorgée de thé et fixa l'horloge de la cuisine, attendant désespérément qu'elle dépasse sept heures. Foster détestait laisser le temps filer mais, comme le prescrivait son plan d'action, il ne prenait son service qu'à neuf heures et il n'y avait pas grand-chose qu'il puisse faire d'ici là. Il avait passé la majeure partie de la nuit debout, à ressasser ce que Gary Stamey lui avait raconté à propos de l'homme qui leur avait rendu visite et du livre qu'il avait donné à Leonie où il était question de ce Joe et de son trésor secret. Il avait écumé sur Internet les sites sur la bande dessinée et les romans graphiques, mais n'avait rien trouvé qui colle avec cette description.

Il entendit dans le couloir le son étouffé du vibreur de son mobile qui tressautait sur le buffet – il l'avait réduit au silence car sa sonnerie l'exaspérait ainsi que la manière qu'il avait d'émettre des bips hystériques à chaque nouveau message. Il décrocha juste avant que l'appel ne soit dirigé sur la boîte vocale. C'était Heather.

"Bonjour. Je vous réveille ?

— Non, répondit Foster, presque vexé. En fait, je suis levé depuis un moment.

— Bien. Écoutez. J'arrive juste et je trouve un message disant que l'on a essayé de vous joindre la nuit dernière. Carol Stamey, la femme de Martin.

— À quelle heure ?

— Peu après onze heures."

Il jura. Il était encore debout à ce moment-là. "Pourquoi ne me l'ont-ils pas transféré ?

— Ils ont pour instruction de ne pas vous déranger, vous vous souvenez ? Ils ont répondu que vous n'étiez pas en service et lui ont demandé si elle souhaitait parler à quelqu'un d'autre, mais elle a raccroché. Je pensais que vous voudriez vous en occuper dès ce matin."

Il la remercia et raccrocha. De retour dans la cuisine, il termina son thé et rappela Carol Stamey. Pas de réponse. Encore endormie probablement. Il n'avait pas son numéro de mobile. Pourquoi avait-elle raccroché la veille ? Peut-être appelait-elle sans que son mari soit au courant. Il était arrivé et l'avait surprise. Ou bien elle ne voulait parler à personne d'autre qu'à lui.

Si sa première supposition était la bonne, Foster préférait éviter de la mettre dans une situation délicate au cas où Martin décrocherait. Il prit donc le temps de se doucher et de s'habiller, monta dans sa voiture et conduisit jusqu'à Purfleet. Il se doutait qu'il ne manquerait à personne, et si jamais on l'appelait, il inventerait une excuse à propos d'une séance de kinésithérapie, ce qui n'était qu'un demi-mensonge puisqu'il avait bel et bien un rendez-vous prévu dans l'après-midi.

À huit heures et quart, lorsqu'il se gara devant la maison, il tombait une pluie fine sur laquelle s'accrochaient les faisceaux de ses phares. Une journée où le matin et le soir étaient interchangeables. Il constata, contrarié, qu'il y avait deux voitures garées dans l'allée, dont une Jaguar silver. Il avait espéré que Martin serait déjà parti au travail et les enfants sur le chemin de l'école. Une Alfa Romeo rouge, qui devait appartenir à Carol, était garée derrière la Jaguar.

L'inspecteur sortit de sa voiture et défroissa sa veste. Il pouvait toujours appeler en prétextant qu'il avait quelques questions supplémentaires. Elle pourrait alors lui dire si son mari était au courant. S'il ne l'était pas, il lui laisserait son numéro de mobile en espérant qu'elle le joigne plus tard. Il remonta l'allée. En dépit de l'obscurité, aucune lumière ne brûlait dans la maison. Il sonna et attendit. Pas de réponse.

Foster s'éloigna de la maison à reculons et inspecta les fenêtres de l'étage. Les rideaux étaient tirés. Étaient-ils partis ? En tout cas, la veille, Carol avait appelé de chez elle.

Il traversa la pelouse qui s'étendait devant la façade et rejoignit le côté de la maison où se trouvait une porte en bois. Il la poussa fermement. Elle s'ouvrit, révélant un passage qui menait à une autre porte en bois. Le long de la maison étaient disposés deux poubelles, quelques caisses remplies de bouteilles de vin et de bière vides et un pot de fleurs en grès débordant de mégots. Il longea le passage, s'attendant à tout moment à entendre le chien, se demandant quoi faire si l'animal décidait de l'attaquer. Il ne l'avait pas vu l'autre soir, à peine entendu, mais il donnait l'impression d'avoir la taille d'un lion. Foster n'était pas un amoureux des chiens et, s'il en croyait l'attitude de la plupart d'entre deux à son égard, le sentiment était réciproque.

La lourde porte en bois au bout du passage était légèrement entrouverte. Bizarre, songea-t-il, qu'un truand comme Stamey laisse l'arrière de sa maison aussi facilement accessible. Il se retourna pour observer la première porte. Une serrure de sécurité et deux verrous. Aucun des trois n'avait été fermé. Il franchit la porte qui se situait à l'angle d'un immense jardin entièrement cerné par un haut mur. Au centre de la pelouse, il y avait une piscine, couverte de planches pour l'hiver. Sur la droite, un jardin d'hiver et, au-delà, une vaste terrasse surélevée en pierre, où trônaient des meubles de jardin, ainsi qu'un barbecue protégé par une bâche. Du côté opposé se dressait une statue en pierre, ou une fontaine qui devait être arrêtée ou qui ne fonctionnait plus. Son regard fut à nouveau attiré par la pelouse.

Deux corps gisaient dans l'herbe, face contre terre.

Foster les examina rapidement. Morts tous les deux. Le premier était Martin Stamey, les bras en croix, le visage enfoui dans le gazon, l'arrière du crâne emporté par une balle. L'autre corps, à cinq mètres au sud, était celui d'un jeune garçon vêtu d'un pyjama – vraisemblablement le fils. Il le souleva légèrement par l'épaule. Son visage avait été réduit en bouillie par un coup de feu tiré à bout portant. De chaque corps partaient des traînées de sang qui traversaient la pelouse en direction des portes-fenêtres de la maison. L'une d'elles était grande ouverte.

Foster appela Heather sur son mobile, lui expliqua où il se trouvait et lui demanda de contacter la police locale.

“Que s’est-il passé ? questionna-t-elle, abasourdie.

— Je n’en sais rien”, répondit-il avant de raccrocher. C’est ce qu’il allait essayer de comprendre.

Écartant les rideaux de la porte-fenêtre avec prudence, il entra dans la maison et se retrouva dans la pièce où Heather et lui s’étaient installés pour discuter avec Stamey. Il la parcourut rapidement du regard. Tout semblait en ordre. À droite, une porte donnait sur le jardin d’hiver. Là encore, tout semblait intact, ainsi que dans la cuisine. À pas feutrés, il traversa le salon jusqu’au couloir qui menait à la porte d’entrée. Il y avait une autre pièce sur la droite. Une sorte de salle à manger, avec une grande table d’époque et une pendule dont le tic-tac résonnait dans le silence. L’odeur de renfermé et le désordre qui y régnaient laissaient supposer qu’on n’y mettait pas souvent les pieds.

Foster suivit la traînée de sang de la porte-fenêtre jusque dans le couloir puis sur les larges marches de l’escalier. Le tapis épais étouffait ses pas. Une fois en haut, il s’arrêta et tendit l’oreille. Pas un son, hormis celui du glissement étouffé de la circulation sur la quatre voies proche et le tic-tac de la pendule. Face à lui se trouvait une salle de bains. Vide. Il partit à gauche. Il y avait une porte sur la droite. En voyant le poster d’une jeune pop star scotché dessus, il devina qu’il s’agissait de la chambre de la jeune fille. Un sentiment confirmé lorsqu’il ouvrit la porte et tomba sur le même genre de décor que celui de la chambre de Naomi Buckingham. Le lit était vide, impeccablement fait. Aucune trace de sang.

Une trace écarlate rejoignait la dernière porte du palier. Une autre empruntait des escaliers qui menaient à l'étage supérieur. La porte était entrouverte. Il la poussa et vit dans les miroirs qui lui faisaient face le reflet d'une série de placards qui couraient du sol au plafond. Il prit une profonde inspiration et pénétra dans la chambre.

Carol Stamey était étendue, nue, les jambes écartées. Il pensa tout d'abord que le drap sur lequel elle reposait était rouge, mais un coin encore propre lui fit comprendre qu'il était blanc et gorgé de son sang. Il vit le sang coagulé dans ses cheveux, là où la balle lui avait perforé l'arrière de la tête. La quantité de viscères étalés sur les draps indiquait que son mari avait été tué à ses côtés puis traîné à l'extérieur. Foster grimpa à l'étage ; les draps tachés du garçon racontaient le même scénario.

Foster se tenait debout dans le jardin, indifférent à l'agitation et aux allées et venues des policiers qui procédaient à l'examen de la scène du crime. Il s'efforçait d'encaisser ce qu'il venait de découvrir quand un 4x4 noir vint se garer aussi près que possible de la maison. La jeune fille qu'il avait vue en train de regarder la télévision chez les Stamey deux nuits auparavant sauta du véhicule. Elle portait l'uniforme de son école. L'angoisse et la panique déformaient son visage. Elle se mit à courir en direction de la maison, suivie par une femme brune d'une trentaine d'années qui lui cria de s'arrêter.

Quand elle arriva en haut de l'allée, Foster s'avança pour l'intercepter. Leurs regards se croisèrent et ce qu'elle lut dans les yeux de Foster la coupa net dans son élan. Son visage était livide, ses yeux grands ouverts et baignés de larmes. D'une main tremblante, la bouche crispée, elle écarta une mèche de cheveux de ses yeux. Seigneur, elle n'a pas plus de douze ans, pensa Foster.

"Que s'est-il passé ?", demanda-t-elle d'une voix tremblante, prête à se briser. La femme brune les rejoignit et prit la jeune fille dans ses bras.

Foster leva les mains. "Comment vous appelez-vous ?

— Amber Davidson, répondit la femme. Je suis la mère de Tracey, la meilleure amie de Rachel.

— Qu'est-ce qui s'est PASSÉ ?", hurla Rachel. Elle essaya de se libérer de l'emprise d'Amber, mais elle la tenait trop fermement. Foster était heureux qu'elle soit là.

"Rachel, il y a eu un problème." Il regarda Amber. Il espérait qu'elle soutenait la fille autant qu'elle l'empêchait de s'enfuir. Celle-ci sembla lire dans ses pensées et resserra son étreinte. Étant donné le nombre de policiers et l'effervescence qui régnait autour de la maison, il ne voyait pas comment lui cacher la vérité ni la laisser à proximité des lieux. "Ta maman, ton papa et ton frère ont été attaqués, poursuivit-il.

— Ils n'ont rien ?"

Son regard se porta sur Amber puis revint vers la jeune fille. Les mots ne venaient pas. Mais il n'en eut pas besoin.

Elle comprit. "Ils sont morts ?"

Il hocha la tête lentement.

Elle continua à le fixer pendant quelques secondes, sans rien dire. "Non", gémit-elle en commençant à secouer la tête. "Non", répéta-t-elle – plus fort cette fois, en balançant la tête violemment d'un côté à l'autre.

Son corps fut pris de convulsions, son bras fouetta le visage d'Amber et lui ouvrit la lèvre. Foster avança pour essayer de la retenir. Il sentit ses ongles lui labourer la joue, mais il parvint à passer les bras autour d'elle. Deux agents en uniforme vinrent leur prêter main-forte. La bouche de Rachel formait un cri, mais aucun son n'en sortait. Soudain la fureur et la colère quittèrent son corps et elle s'effondra. Amber la tenait et la serrait fort contre elle. Foster put se dégager. Il prit un des policiers à part. "Trouvez-moi une femme agent de police et un médecin, le plus vite possible."

Cinq minutes plus tard, Rachel, hébétée, était installée dans une voiture de police, une couverture sur les épaules, une fonctionnaire de police à ses côtés, en attendant que quelqu'un vienne lui donner des calmants. Foster prit Amber Davidson par le coude et ils s'éloignèrent de quelques pas. Elle était grande et élancée, son visage était bronzé et respirait la santé.

"Ils ont été assassinés. Nous n'en savons pas plus, mentit-il. Où se trouvait Rachel hier soir ?

— Chez moi. Elle a dormi à la maison. Les filles avaient cours de danse. Elles couchent souvent chez l'une ou chez l'autre après… Oh, mon Dieu." Elle porta sa main devant sa bouche et sa voix se brisa lorsqu'elle réalisa ce qui aurait pu se passer.

"Pourquoi Rachel n'est-elle pas à l'école ?

— Quand nous y sommes arrivées, elle s'est souvenue qu'elle avait oublié son travail d'arts plastiques. On a déposé Tracey et on est venues ici pour le récupérer."

Du coin de l'œil, Foster remarqua un vieil inspecteur, petit et sec, qui s'approchait. Il n'avait pas l'air ravi. Foster décida de l'ignorer.

“Et tout était normal ici, hier ?

— Pas vraiment.

— C’est-à-dire ?

— Le chien est tombé malade. Il a fait un violent malaise. Rachel était très inquiète quand je suis passée la prendre parce que son père l’avait emmené chez le vétérinaire. J’ai appelé plus tard pour avoir des nouvelles et ils m’ont dit que le chien était mort. Ils n’ont pas voulu que je l’annonce à Rachel parce qu’ils pensaient que ça risquait de la perturber. Ils préféraient le lui dire eux-mêmes… Mon Dieu, c’est horrible.

— Quel âge a Rachel ?

— Quel âge ? Elle a douze ans, comme ma fille. Pourquoi ?

— Pour savoir. Et quand vous êtes venue la chercher hier, sa mère vous a-t-elle dit quelque chose au sujet du chien ou d’un problème quelconque ?

— Non, elle s’inquiétait juste pour le chien. C’est Carol, tard la nuit dernière, qui m’a annoncé qu’il était mort. Elle a dit qu’il avait été empoisonné.”

Il savait pourquoi elle l’avait appelé la veille. On avait tué le chien pour faciliter l’agression. Elle avait pressenti le danger. Pourquoi n’avait-elle pas appelé la police locale ? Peut-être avait-elle estimé qu’étant donné le style de vie de Stamey, ils ne lui auraient pas accordé une oreille compatissante. Mais il n’était pas joignable. Si on lui avait transféré l’appel, il aurait pu éviter tout cela. Son foutu plan d’action avait contribué à la mort de ces gens.

L’inspecteur était arrivé à sa hauteur. Il salua Amber Davidson et se présenta. Inspecteur principal Dave Alvin de la police de l’Essex. Sa voix était grave et rauque, comme s’il venait de se faire un gargarisme avec du gravier. “Madame, je vous serais reconnaissant si vous pouviez me laisser quelques instants avec mon collègue ici présent.” Il lui lança un des sourires les plus hypocrites que Foster ait jamais vu.

“Bien sûr. Je vais aller voir Rachel.”

Alvin continuait à sourire. Ils la regardèrent s’éloigner vers la voiture de police. Une fois qu’elle fut dedans, Alvin, toujours souriant, pivota vers Foster. Il mesurait quelques centimètres de moins que lui, avec un nez de boxeur et une touffe de cheveux gris et épais. Proche de la soixantaine, pensa Foster, la vieille école. Pas le style à mâcher ses mots.

“Pouvez-vous me dire exactement ce que vous foutez là, qui vous êtes et de quel droit vous questionnez mes témoins ?

— Inspecteur principal Grant Foster, police de Londres, répondit-il en lui tendant la main.

— Il va m’en falloir plus que ça, jeune homme”, ajouta Alvin.

Foster remit sa main dans sa poche. “C’est moi qui ai découvert les corps.

— C’est ce qu’on m’a dit. Vous êtes loin de chez vous. Votre GPS est flingué ?

— Carol Stamey a essayé de me joindre hier soir. J’étais venu leur rendre visite mercredi dernier, à elle et à son mari. Pour une enquête en cours.”

Alvin sortit un paquet de cigarettes longues de sa poche et en alluma une. Il recracha la fumée en un long soupir. “De quelle affaire s’agit-il ?

— Une jeune fille de quatorze ans, enlevée à Londres, sa mère assassinée.”

Les sourcils grisonnants et broussailleux de l’inspecteur se soulevèrent. “Celle des infos ? La blonde ?”

Foster hocha la tête.

"Vous pensez que c'est lié ?" Le ton de sa voix trahissait son scepticisme.

"Je le pense, en effet."

Un autre long soupir. "Et pourquoi ?"

Foster réfléchit quelques secondes. Une pluie fine s'était mise à tomber. "*Quid pro quo*. Je répondrai à vos questions si vous répondez aux miennes.

— Tirez le premier.

— Quelle sorte de bonhomme était Martin Stamey ?

— Un enfoiré.

— Gros gibier ou petit gibier ?

— Petit, mais persuadé d'être gros. Il a dû se frotter à plus fort que lui.

— Dans quoi trempait-il ?

— Contrebande de cigarettes, recel, un peu d'extorsion. À moi. Pourquoi pensez-vous qu'il y ait un lien avec votre enlèvement et votre meurtre ?

— Stamey et ma victime étaient liés.

— De quelle manière ?

— Cousins.

— Proches ?

— Éloignés.

— Et ? Votre victime a été abattue ?

— Étranglée. Mais le corps a été traîné à l'extérieur et on lui a tranché la gorge. Stamey avait-il des ennemis qui auraient pu faire cela ?

— Il n'était pas très apprécié. On va avoir du travail pour cibler les recherches. Ça s'est passé comme cela pour votre victime ? Effraction au milieu de la nuit ?

— Non, on pense qu'elle a laissé entrer le tueur. Il a enlevé sa fille quand elle est rentrée de l'école. Carol

Stamey a essayé de m'appeler hier soir. A-t-elle essayé de votre côté également ?

— Non. Et j'ai l'impression que ces deux meurtres n'ont absolument rien de commun.

— Et la jeune fille ?

— Qui ? Rachel ? Elle a passé la nuit chez une amie. Si elle s'était trouvée là, elle boufferait les pissenlits par la racine, comme les autres.

— Possible. Peut-être qu'on l'aurait kidnappée.

— Peut-être. Mais un peut-être, ce n'est pas suffisant. Si vous voulez récupérer ce cas, il va vous falloir un peu plus de biscuit que ça, mon pote."

Foster détourna le regard. Il pleuvait à grosses gouttes à présent et le ciel s'était assombri. Alvin avait raison : Foster savait que ce meurtre faisait partie du tableau, mais il ignorait encore comment.

"Écoutez, reprit Alvin d'un ton plus amical. Une gamine de quatorze ans a été enlevée. Ça, nous ne pouvons pas l'ignorer. Je vous tiendrai informé personnellement de nos progrès. Mais si j'ai raison et qu'il s'agit d'un contrat, vous savez comme moi à quel point il sera difficile de choper le coupable. S'il s'avère que ce n'en est pas un, je vous préviendrai et on en rediscutera. Marché conclu ?"

Foster acquiesça. Il ne pouvait pas espérer plus. "Et la fille ?

— On va la mettre en sécurité et la placer sous surveillance. On verra ensuite si elle a de la famille susceptible de l'accueillir.

— Elle n'en a pas. Je connais l'histoire familiale.

— OK. Un ami, peut-être. Mais on n'y est pas encore. Je n'oublie pas ce que vous m'avez raconté et je m'assurerai qu'elle est convenablement protégée."

Foster sortit ses clés de voiture de sa poche. “Le chien a été empoisonné, confia-t-il à Alvin. La nuit dernière. Vous devriez vous rendre chez le véto et faire autopsier le chien avant qu’il soit incinéré.”

Tout en conduisant, il repensa à l’idée qui lui avait traversé l’esprit pendant qu’il s’entretenait avec Alvin. Le tueur s’attendait-il à ce que l’adolescente soit présente ? Parce qu’elle était ailleurs, elle avait échappé à un meurtre, ou à un enlèvement. S’il avait raison, le tueur devait surveiller la maison. L’avait-il vue partir ? Foster revit le cadavre du garçon dans le jardin. Il n’avait pas été enlevé. S’il voyait juste et qu’il y avait un lien, quel était le schéma ? La réponse était encore hors de sa portée, perdue dans la brume.

Il abandonna cette pensée et alluma l’autoradio sur lequel était branché son baladeur qu’il avait mis en lecture aléatoire. Une chanson qu’il ne reconnaissait pas envahit l’habitacle et il se mit à chantonner. Son esprit refusait de se déconnecter.

Il espérait qu’Alvin tiendrait parole et mettrait Rachel en sécurité. Le tueur pouvait revenir. En dehors d’elle et de Leonie, il restait trois descendants mâles vivant encore au Royaume-Uni. Le premier, un Stamey, était en prison. Il était en sûreté. Ils ne savaient pas grand-chose sur le deuxième, Anthony Chapman. Il fallait qu’ils le trouvent, et vite.

Le dernier était Gary Stamey. L’image du jeune Stamey, étendu dans le jardin, surgit dans son esprit. Il eut un déclic.

Il devait mettre Gary à l’abri.

13

La matinée du vendredi avait mal démarré pour Nigel. Une jeune fille avait disparu, elle était en danger de mort et pourtant, il gâchait des heures précieuses à tenter de tourner un autre essai pour la télévision qui serait certainement aussi pitoyable que le précédent. Cette fois-ci, la productrice de l'émission, Lysette, une brunette d'une trentaine d'années, enthousiaste, le teint frais, accompagnait Guy, le caméraman lugubre. Mais, malgré ses encouragements et ses exhortations, Nigel n'y arrivait pas. En partie parce que son esprit était ailleurs, en partie parce que les textes qu'ils lui donnaient à lire étaient affligeants. Il ne pouvait pas ignorer le ridicule de la situation. Lorsqu'ils avaient visionné les bouts d'essai avant le déjeuner, Nigel n'avait pas pu s'empêcher de grimacer en entendant sa voix guindée et en se voyant cligner nerveusement des yeux. Lysette avaient émis quelques sons approbateurs, mais il savait qu'elle faisait cela pour ménager son ego. Les soupirs de Guy, qui semblait porter tout le poids du monde sur ses épaules, avaient au moins le mérite d'être honnêtes. Il était certain de recevoir dans les prochains jours un coup de fil qui le délivrerait de cet enfer en lui annonçant qu'ils allaient se mettre en quête d'un autre présentateur.

L'appel paniqué de Foster fut le bienvenu, en dépit de l'état agité de l'inspecteur. "Vous vous souvenez de la liste que vous m'avez donnée? demanda-t-il. Celle avec tous les descendants? Elle était assez peu fournie parce que vous n'étiez pas parvenu à remonter la lignée maternelle au-delà de ce couple." Nigel confirma la chose. "Eh bien, deux membres de cette liste ont été assassinés la nuit dernière, ainsi qu'un de leurs proches. Katie Drake est morte, elle aussi. Naomi Buckingham a disparu. Une autre jeune fille faisant partie de la liste a disparu et sa mère est morte. Nous savons qu'une famille de quatre personnes a émigré en Nouvelle-Zélande, il y a sept ans. Il reste donc trois personnes. Hier, Heather et moi avons vu la première. Son nom est Gary Stamey ; c'est sa sœur, Leonie, qui a disparu. Apparemment, la mère est morte d'une overdose. Il nous a raconté qu'un homme était venu rendre visite à sa sœur peu de temps avant qu'elle ne s'évanouisse dans la nature. Cet homme portait un costume, il leur a offert un livre qui parle d'un garçon nommé Joe et de son trésor secret. Est-ce que vous voyez où cela nous mène?"

Nigel voyait. Le passé était en train de s'infiltrer dans le présent.

"Je pense que les événements passés rattrapent cette famille.

— Et les gens qui restent sur la liste?

— Il n'y a pas d'inquiétude à avoir pour les Stamey. L'un d'eux est en prison. Une jeune fille a disparu et l'autre est en sécurité. Enfin, je l'espère. Cela me laisse le garçon de onze ans. Je veux que vous me retrouviez celui qui ne fait pas partie de la branche Stamey. Il s'appelle Anthony Chapman, né dans l'est de Londres en

1964. J'ai demandé à ce qu'une recherche soit effectuée dans toutes les bases de données auxquelles nous avons accès et jusque-là cela n'a pas abouti. Rien de rien. J'espérais que vous pourriez nous faire profiter de vos talents et voir ce que vous pourriez trouver à son sujet. Parce que si j'ai raison, et que quelqu'un est en train de remonter la lignée, il sera le prochain à y passer."

Là-dessus, il raccrocha.

Nigel possédait déjà l'acte de naissance d'Anthony Chapman. Il partit de là et rechercha des actes de mariage ou de décès, sans rien trouver. Il était l'unique fils de Reginald et Edith Chapman, tous deux décédés. Edith avait été la dernière à quitter ce monde, en 2003, à l'âge de soixante-douze ans. Elle était morte à son domicile de Selby Street, dans Bethnal Green. La même adresse que celle inscrite sur l'acte de naissance d'Anthony. Il avait au moins une piste à explorer. Il prit le métro pour Bethnal Green, où il trouva la rue, cachée au fond de Vallance Road, une vieille rue sinueuse où s'alignaient des maisons mitoyennes de l'époque victorienne, qui avait été autrefois le lieu de résidence des frères jumeaux Kray, célèbres criminels. Le quartier fleurait bon l'East End. Selby Street était une petite rue presque sans circulation. Les portes d'entrée des maisons ouvraient directement sur la rue. Les voisins discutaient les uns avec les autres. Il ne manquait plus que quelques gamins occupés à jouer au ballon dans la rue pour compléter le tableau – mais ils devaient être à l'école.

L'ancienne maison des Chapman se trouvait au numéro 17. Nigel s'approcha de deux femmes qui papotaient devant le numéro 11 ; tandis qu'il s'avançait, elles lui jetèrent un regard méfiant.

Il sourit. “Pardon de vous déranger, mesdames, mais je suis à la recherche d’une information et il se peut que vous soyez en mesure de m’aider.” Sa voix et ses manières les mirent dans de meilleures dispositions, mais un soupçon de méfiance subsistait. “Est-ce que l’une d’entre vous a connu feue madame Chapman qui vivait au numéro 17?”

L’une des femmes, qui tirait furieusement sur une cigarette, laissa échapper un nuage de fumée de ses narines. “Oui, moi. Je vis ici.” De la main, elle désigna la porte dans son dos. “Je connaissais plutôt bien Edith. Une gentille dame. Elle est morte il y a quelques années. Qu’est-ce que vous voulez savoir?”

Nigel s’était attendu à cette question. Il était un piètre menteur, mais il craignait qu’elles ne se ferment comme des huîtres s’il leur disait la vérité. “Je suis en train de constituer mon arbre généalogique. Il se trouve que je suis apparenté à madame Chapman. Bien sûr, elle est décédée. Mais je m’efforce de retrouver son fils, Anthony.

— Son fils”, dit-elle, l’air incrédule. “Il n’y avait pas de fils. Elle et Reg n’avaient pas d’enfants.

— Vous en êtes certaine?

— Ouais. Je me suis installée ici il y a une vingtaine d’années. Il n’y avait pas de fils et elle ne m’a jamais confié qu’elle en avait un. Vous êtes sûr de ne pas vous tromper de personne?”

Nigel fixa ses pieds du regard. “J’en suis certain. Anthony Chapman était le fils d’Edith et Reginald Chapman, déclaré à cette adresse en 1964.” Il sortit le duplicata de l’acte de naissance de sa poche et le déplia. Les deux femmes se penchèrent en avant pour l’examiner, traînant derrière elles un mélange de parfum et de fumée de cigarette.

La dame du 11 le scruta pendant plusieurs secondes puis regarda Nigel. “Eh bien, on en apprend tous les jours, hein ? Elle n’a jamais parlé d’un fils. On pensait juste qu’ils n’avaient jamais eu d’enfant. Pour raisons médicales, ou autres. Et pendant tout ce temps, elle avait un fils et elle n’a rien dit. Je me demande ce qui lui est arrivé ?

— C’est ce que je cherche à savoir, répondit Nigel. Y a-t-il quelqu’un dans le voisinage qui pourrait être au courant ? Un voisin un peu âgé qui aurait vécu dans le quartier à l’époque – ou les gens qui habitent maintenant au numéro 17, peut-être ?

— Non, le type qui vit là n’est pas de la ville. Il n’est pas du coin.” Elle réfléchit quelques secondes, prit une longue bouffée de sa cigarette et réfléchit à nouveau. Nigel s’aperçut qu’elle portait des charentaises. Elle pointa un doigt dans sa direction et commença à hocher la tête. “Vous savez où vous devriez essayer ? L’église St Matthew. Elle y passait sa vie.”

L’église était déserte. Nigel laissa passer l’après-midi jusqu’à ce qu’elle reprenne vie, au moment où la lumière du jour commençait à faiblir et la température à chuter. Au moins, la pluie avait cessé. St Matthew, bien qu’ayant été quasiment rasée par la Luftwaffe, était le cœur de la communauté locale et partageait son passé riche et crapuleux. C’était là que les frères Kray avaient été enterrés. Dans la pénombre croissante, la vieille église se découpait sur le soleil couchant. Toujours entourée par le cimetière qui la tenait à distance du brouhaha, elle semblait veiller sur le quartier.

Le pasteur se trouvait à l’intérieur, occupé à disposer les livrets de chant. Nigel remonta l’allée centrale et se présenta.

“Je n’ai pas trop de temps à vous consacrer maintenant”, dit-il avec de la malice dans le regard.

Il devait avoir près de soixante-dix ans. Le visage rougeaud, les yeux chassieux, l’homme dégageait une chaleur douce et bienveillante. Nigel imaginait aisément ses paroissiens faisant la queue pour s’entretenir de leurs problèmes avec lui.

“C’est à propos de l’une de vos anciennes paroissiennes. Une certaine Edith Chapman.”

Il leva les yeux vers Nigel. “Edith. La chère femme. Et que voulez-vous savoir ?

— Eh bien, j’espère que vous ne m’en voudrez pas de me montrer aussi indiscret, mais je suis généalogiste.

— Incroyable ! Je suis moi-même un amateur de la discipline.”

Oui, songea Nigel, on dirait que c’est le cas de tout le monde de nos jours. “Vraiment ? Merveilleux. Mais, à propos de madame Chapman…

— Du côté de ma mère, c’est simple, poursuivit le pasteur. J’en suis à nouveau à potasser les registres paroissiaux. D’ailleurs, c’est comme cela que j’ai eu la vocation. De ce côté, il y a des archives. En revanche, du côté de mon père, c’est le mystère total au-delà de 1878 environ. C’est étrange comme les pistes peuvent parfois s’arrêter net, n’est-ce pas ? Peut-être devrais-je vous embaucher ?

— Mes tarifs sont raisonnables, répondit Nigel. Madame Chapman…

— Oui, une charmante vieille dame. Un membre éminent de notre paroisse.

— Les archives indiquent qu’elle a eu un fils.”

Le visage du pasteur changea d’expression. La malice s’était envolée. “Allons bon”, dit-il. Il poursuivit sa tâche en silence pendant quelques secondes.

“Désolé, si je peux me permettre d’insister.

— Et pour le compte de qui menez-vous cette recherche, monsieur Barnes ?”

Nigel soupesa les solutions qui s’offraient à lui. C’était exactement la question qu’il redoutait. En dépit de son athéisme, il se savait incapable de mentir à un ecclésiastique. Ce n’était pas correct.

“La police.”

Les yeux du pasteur se plissèrent. Toute la gentillesse de son regard venait de s’évanouir. “Et pourquoi la police recherche-t-elle le fils d’une vieille dame inoffensive ? De toute sa vie, elle n’a jamais eu aucun problème.

— Je sais. Nous essayons de retrouver son fils car nous pensons qu’il est peut-être en danger.

— Quelle sorte de danger ?

— Je suis désolé, mais je ne suis pas autorisé à vous le dire.”

Le pasteur se mâchouilla l’intérieur de la lèvre tout en jaugeant Nigel qui sentit ses joues s’empourprer. Derrière lui, il entendit des voix et des bruits de pas sur le sol dallé de pierre.

“Dites-moi, monsieur Barnes. Est-ce que vous priez ?”

Pendant un instant, Nigel fut décontenancé par la question et se demanda s’il s’agissait d’un piège. “Non, pas vraiment, finit-il par répondre.

— Eh bien, ce soir, vous allez prier.” Il lui tendit un recueil de prières. “Le service du soir va bientôt commencer. Quand il sera achevé, et que j’aurai fini de m’occuper des paroissiens, nous aurons une petite discussion et je verrai si je peux vous aider.”

Nigel attendit donc. Une fois que le service fut terminé et que l’assemblée des fidèles eut quitté les lieux, le pasteur le convia dans son bureau, à l'arrière de l'église. Il lui offrit un siège et lui proposa une boisson chaude. Nigel refusa et se contenta d'un verre d'eau.

Le pasteur s'installa dans une chaise de l'autre côté de son bureau et se cala contre le dossier en soupirant. "C'est bon de se détendre après une longue soirée. Maintenant, expliquez-moi pourquoi voulez-vous retrouver le fils de madame Chapman ?

— Il est possible que sa vie soit en danger."

Le pasteur hocha la tête. Le teint rose de ses joues, son nez crochu et ses yeux malicieux le faisait ressembler à un gentil Mr Punch*. "Eh bien, si vous avez raison, cela signifie qu'elle disait la vérité.

— Qui donc ? Madame Chapman ?

— Oui." Il prit une petite gorgée de café. "En tant que généalogiste, vous êtes probablement au courant du rôle que joue l'Église au sein d'une communauté. Avec les adoptions entre autres ?"

Nigel était au courant. Autrefois, de multiples institutions s'étaient occupées des adoptions et, parmi elles, l'Église avait été la plus active, surtout en transférant la progéniture des plus pauvres chez les plus riches. "Oui, en effet.

— Eh bien, mon prédécesseur, le révérend Robert Daedulus, s'était particulièrement impliqué dans ce domaine." Il fixa Nigel par-dessus ses lunettes. "Et il n'était pas très à cheval sur la paperasse, si vous voyez ce que je veux dire." Le pasteur ôta ses lunettes et se mit à suçoter l'une des branches. "Il y a quelques années, lorsque son mari est décédé, j'ai passé un bon

* Personnage d'un spectacle de marionnettes très populaire au Royaume-Uni.

moment à aider madame Chapman à faire son deuil. Elle m'a appris que mon prédécesseur avait arrangé l'adoption de son fils en novembre 1964. Il était alors âgé de deux mois."

Nigel resta silencieux. S'il avait exprimé ce qu'il pensait, cela aurait été blasphématoire.

"Il n'était pas désiré ? Avait-il une tare ?

— Elle a été catégorique sur le fait que son choix n'était pas lié à un problème avec le garçon. Elle ne voulait pas non plus être dédommagée. Elle a simplement expliqué qu'elle voulait que le garçon soit en sécurité. Elle m'a confié que le révérend Daedulus avait organisé une adoption privée. Qu'elle n'avait jamais eu l'intention d'avoir des enfants. Manifestement, elle ne souhaitait pas passer par une interruption volontaire de grossesse. Elle l'a donc mis au monde et allaité pendant les premières semaines. Mais, dès le départ, elle voulait s'en débarrasser.

— Quelle froideur !

— N'est-ce pas ? C'est ce que je me suis dit également. Mais, dans mon métier, on apprend à ne pas juger. Ça, je le laisse à mon patron." Il lui adressa un clin d'œil et prit une autre gorgée de café. "Je pense qu'elle a dû se rendre compte que j'étais choqué. Elle n'était pas portée sur la boisson, mais ce soir-là, elle avait bu quelques verres. Elle s'est penchée sur la table de sa cuisine et m'a fixé d'un œil noir." Le pasteur l'imita grossièrement, se penchant en direction de Nigel. "Elle m'a dit : « Si le garçon était resté avec moi, ils l'auraient eu. Au bout du compte. Comme ils m'auront peut-être. Je ne pouvais pas courir le risque qu'ils s'en prennent à lui. Alors, j'ai agi comme une mère responsable et j'ai fait en sorte qu'il soit mis en sécurité. » Je lui ai demandé qui « ils » étaient. Elle a refusé de me le dire. Je lui ai aussi demandé pourquoi son mari et elle n'avaient jamais déménagé, changé de nom, ou émigré. Elle m'a répondu que cela n'aurait servi à rien.

"Edith Chapman m'a également parlé de sa tante Margaret qui disait toujours que, quoi qu'elle fasse, ils finiraient toujours par la retrouver. Sa tante criait sans cesse, « Ils ne fléchiront jamais… Garde-toi d'eux comme tu te garderais du Diable. » Et elle lui avait ordonné de ne jamais avoir d'enfants. C'était la grand-mère de Margaret qui lui avait révélé tout cela sur son lit de mort. Margaret y croyait dur comme fer, et Edith également.

"Sa grand-mère n'en avait parlé à personne d'autre. Margaret avait essayé, mais aucun membre de sa famille ne l'a crue. Ils prétendaient qu'elle était folle. Ils l'ont mise à l'asile où ils l'ont laissée pourrir. Edith racontait que c'était un endroit absolument atroce. Elle était la seule à lui rendre visite. Elle y allait sans que personne ne le sache. À part son mari. Jusqu'à la mort de Margaret. Elle était convaincue que sa tante disait la vérité. Elle m'a dit : « Peut-être ai-je eu tort, peut-être ai-je eu raison. Je ne pouvais pas prendre le risque. Ils ne renonceront pas »; Margaret avait vu quelque chose. Quelque chose de terrible qui l'a marquée pour toujours. Et ce fut tout – elle ne m'en a plus jamais reparlé."

Nigel se demanda qui "ils" étaient. Quelqu'un ou quelque chose de si inavouable qu'une femme avait préféré abandonner son seul enfant à des étrangers plutôt que de l'exposer au danger.

"C'est la seule fois où elle m'a parlé de cela, ajouta le pasteur. Elle savait que son fils était en bonne santé et réussissait sa vie. Cela lui suffisait."

Comment ? songea Nigel. Comment cela pouvait-il lui suffire ? Une femme sans famille, dont le mari est mort bien avant elle. Qui n'avait personne. Qui avait abandonné son unique fils. "Ils" devaient l'avoir terrifiée pour qu'elle consente à un tel sacrifice. Le pasteur semblait lire dans ses pensées.

"C'était une femme très solitaire. Elle était heureuse ainsi. La paroisse était toute sa vie, mais pour être honnête, elle n'y jouait pas un rôle actif. Il y avait les amis, le loto et voilà tout. Une femme aux goûts simples.

— Vous êtes-vous jamais demandé qui étaient les gens dont elle se cachait ?

— Bien sûr, mais je n'ai abouti qu'à des suppositions farfelues." Il vida son mug. "Qui sont les gens qui menacent son fils ?

— Nous n'en savons rien.

— Eh bien, c'est un mystère total, n'est-ce pas ?" Le pasteur consulta sa montre. "Je ferais mieux de rentrer, ma femme va commencer à s'inquiéter. Ça me désole de le dire, mais il y a des coins de ma paroisse où il ne fait pas bon traîner une fois la nuit tombée."

Nigel se leva et enfila son manteau. "Votre prédécesseur n'a laissé aucune note sur l'identité des parents adoptifs ?"

Il secoua la tête, l'air désolé. "Non, et pour être honnête avec vous, monsieur Barnes, même s'il l'avait fait, je ne vous le dirais pas. Imaginez la chose : vous débarquez et vous annoncez à un homme d'environ quarante-cinq ans que non seulement il a été adopté, mais qu'en plus des inconnus le cherchent pour le tuer. Je ne crois pas que cela serait judicieux, pas vous ?

— En effet, mais peut-être préférerait-il la vérité à la mort ?

— C'est juste. Mais ce n'est que de la théorie. De toute façon, il n'existe pas d'archives. Tout au moins, pas que je sache."

Nigel soupira. Sans cette information, ils ne parviendraient jamais à retrouver Anthony Chapman, ou quel que soit son nom à présent. Cela compliquait également la tâche de ses poursuivants. Il commença à se diriger vers la porte puis s'arrêta. "À propos de la tante qui lui avait dit d'abandonner son enfant. Edith vous a dit dans quel asile elle était internée ?"

Le pasteur hocha la tête. "Colney Hatch. L'enfer sur terre, m'a-t-elle confié."

14

De la lumière filtrait à travers la baie vitrée qui ornait la façade du domicile de Susie Danson. En remontant l'allée, Foster constata que la pièce éclairée était vide. Au moins, cela signifiait qu'il y avait quelqu'un à l'intérieur. Il aperçut un piano et un violon. À sa connaissance, elle n'était pas particulièrement amatrice de musique. Avait-elle des enfants ? Il eut honte de s'avouer qu'il ne s'en souvenait plus. Il ne lui avait probablement jamais posé la question. Elle était divorcée, ça, il en était sûr. Une fois arrivé devant la porte, il sonna.

Dix secondes plus tard, Susie Danson ouvrit la porte, un large sourire sur ses lèvres rehaussées d'un rouge éclatant. Elle portait les cheveux relevés, des boucles d'oreilles en or et une robe noire parfaitement ajustée.

"Oh", dit-elle. Son sourire s'effaça, remplacé par un air perplexe. "Grant.

— Vous êtes superbe, fit-il avec sincérité.

— Merci." Elle avait l'air nerveux et ne cessait de regarder par-dessus l'épaule de Foster.

"Désolé de débarquer ainsi à l'improviste. J'ai essayé d'appeler mais vous ne répondiez pas.

— Vous tombez mal, j'attends quelqu'un d'une minute à l'autre.

— Je ne serai pas long", répondit-il. Ce n'est qu'à ce moment-là qu'il comprit la situation. Elle avait un rendez-vous. Il ressentit un choc, un pincement qu'il n'identifia pas tout de suite, au fond de son ventre.

De la jalousie. Cela faisait longtemps qu'il n'avait pas éprouvé quelque chose de semblable. "Oh, laissa-t-il échapper. Je suis confus."

Elle secoua la tête comme si elle se faisait des reproches. "Bon, venez", ajouta-t-elle en l'agrippant par l'épaule et en le faisant entrer.

La maison était chaleureuse et il sentait son parfum flotter dans l'air. Foster la regarda s'éloigner dans le couloir et le pincement se fit plus fort. Pourquoi ne l'avait-il pas invitée des années auparavant quand il en avait eu la possibilité ? Parce que tu es un crétin, songea-t-il. Et il y avait de fortes chances pour qu'elle ait refusé. En la suivant, il s'efforça de refouler ces pensées – il avait un boulot à accomplir et il avait besoin de son aide.

Dans la cuisine, dépouillée mais magnifiquement meublée et éclairée, la jeune femme alla droit au frigo et sortit une bière qu'elle lui tendit en souriant. "Si je ne me trompe, vous aimez boire un verre ou deux. Du vin rouge, c'est ça ? « Tant que ce n'est pas du blanc », disiez-vous. Je n'ai pas de rouge, j'espère qu'une bière vous conviendra ?" Il hocha la tête, impressionné par sa mémoire. Le vin blanc était fait pour les femmes, les Australiens ou les Néo-Zélandais. Et comme pour en faire l'illustration, elle prit une bouteille de blanc et s'en servit un grand verre. "Je n'aime pas boire seule et votre arrivée m'a soudainement donné soif", plaisanta-t-elle pour elle-même.

"Qu'y a-t-il de drôle ?", l'interrogea-t-il en buvant une gorgée de bière.

Susie secoua la tête. “Rien.” Elle laissa échapper un soupir dont la signification lui échappa. “Alors, quelle est l’urgence ? J’aimerais que vous me disiez que vous avez retrouvé Naomi.

— Non. Toujours portée disparue.”

Susie grimaça.

“Vous pensez qu’elle est morte, c’est cela ?

— Je pense qu’il y a de fortes chances pour qu’elle le soit, répondit-elle. Et si elle ne l’est pas, cela va bientôt être le cas.

— Et si je vous disais, qu’à mon avis, cette affaire est plus complexe qu’il n’y paraît ?

— En quoi ?

— J’étais sur un homicide dans l’Essex. Trois personnes assassinées – le père, la mère et le fils. Leur fille a été épargnée, mais probablement par accident, parce qu’elle n’était pas sur les lieux.

— Je ne vois pas le lien.

— Il s’agissait de parents éloignés de Katie Drake. Je pense que tout cela est lié à quelque chose qui a pu arriver dans le passé.”

Susie prit une petite gorgée de vin et fixa Foster. “Tout a un rapport avec ce qui est arrivé dans le passé, ajouta-t-elle. Parlez-moi de la scène du crime.

— Le père et le garçon ont été tués dans leur lit d’une balle dans la tête et traînés jusque dans le jardin. La mère a été abattue, mais laissée dans son lit.

— Tués par balle ? C’est complètement différent de la méthode employée pour tuer Katie Drake.

— Je sais. Mais traînés dans le jardin ?

— Il faudrait que je puisse voir les images, Grant. Que je me rende sur les lieux du crime, que j’étudie les rapports d’autopsie.

— Mais, admettons que les meurtres sont liés. Admettons que l'homme qui a assassiné Katie Drake et enlevé Naomi ait également tué ces gens. Qu'en déduiriez-vous ?"

Elle haussa les épaules. "OK, je joue le jeu. Le père et le fils, était-ce eux les parents ?

— Par le sang, oui.

— Alors on pourrait dire que, d'une certaine manière, en traînant les corps dans le jardin, le tueur souhaitait montrer à tout le monde ce qu'il a fait. S'il existe un secret inavouable lié au passé, il l'expose à la lumière pour que chacun puisse le voir. Mais le fait qu'il choisisse de kidnapper et de ne pas tuer – tout au moins de ne pas tuer Naomi – s'il venge un drame du passé est moins évident. Peut-être veut-il en tirer une information avant de la tuer, peut-être représente-t-elle quelque chose." Elle écarta les mains devant elle. "Désolé, Grant. Apportez-moi des informations sur la scène du crime et je ferai du meilleur boulot qu'en improvisant dans ma cuisine."

Foster leva la main pour qu'elle cesse de s'excuser. "Vous m'avez déjà été d'une grande aide. L'affaire ne dépend pas de moi et les infos risquent donc d'être difficiles à obtenir, mais je ferai de mon mieux."

Susie attrapa son sac à main où elle pêcha une carte de visite. "Voici les moyens les plus commodes pour me contacter, surtout l'e-mail."

Il s'apprêtait à lui demander quelle était l'occasion du dîner de ce soir lorsque la sonnerie de la porte d'entrée retentit. Elle fit un bond de près de trente centimètres. "Pardon, rougit-elle. Je ne suis pas habituée à toutes ces surprises.

— Dois-je m'éclipser ? plaisanta-t-il. Par la porte de derrière ?" Il consulta sa montre. "Il faut que je parte de toute façon. J'ai un garçon de onze ans à récupérer dans un foyer."

Elle ne semblait pas l'avoir entendu. "Hmm, attendez ici", dit-elle distraitement.

Elle alla jusqu'à la porte. Il l'entendit ouvrir, quelques mots étouffés et un baiser. Des bruits de pas dans le couloir. Tout en revenant vers la cuisine, les joues un peu rouges, Susie expliquait qu'elle avait un visiteur.

Derrière elle se trouvait le commissaire Brian Harris.

Les deux hommes restèrent silencieux pendant plusieurs secondes. Foster savait que le mariage de Harris n'allait pas fort, mais pas à ce point.

"Ma vie était beaucoup plus simple avant que je ne fréquente la police de Londres, expliqua Susie. Un verre, Brian ? Limonade ou Coca ?

— Simplement de l'eau", répondit-il en regardant Foster d'un air nonchalant.

Il avait oublié que Harris ne buvait jamais d'alcool. Cela expliquait beaucoup de choses.

Elle proposa une autre bière à Foster qui refusa. Elle se resservit et laissa échapper un autre rire, à peine perceptible.

"Alors, que faites-vous ici, Grant ?", demanda Harris, l'air las. Il semblait épuisé, les événements des jours passés avaient fait des ravages.

"Je suis venu soumettre une idée à Susie. C'est une chance que vous soyez là, en fait. Je m'apprêtais à me rendre au bureau pour vous y retrouver, mais cela aurait été une perte de temps. Le triple meurtre dans l'Essex, ce matin, vous en avez entendu parler ?"

Harris prit le verre d'eau que lui tendait Susie, la remercia d'un signe de tête et fourra sa main libre dans sa poche. Susie sortit de la pièce. Les deux hommes la regardèrent s'éloigner.

"Si j'en ai entendu parler? répondit Harris. Malheureusement, oui. Cette histoire risque même de nous priver d'une partie de la couverture télé et presse que nous espérions obtenir pour l'appel de Stephen Buckingham demain. Le temps presse. C'est notre dernier coup de dé. Souhaitons que les médias pensent encore que la disparition d'une gamine de quatorze ans a plus d'importance que le massacre de la famille d'un gangster connu.

— Je pense que les deux affaires sont liées", balança Foster de but en blanc.

Cela sembla amuser Harris. "Vous êtes sérieux?"

Foster opina. "Oui, sir. J'y étais."

Harris avait l'air effaré. "Vous étiez donc là. J'aurais eu besoin de vous pour aller frapper à quelques portes."

Foster ignora la pique.

"Et vous vous fondez sur quoi pour dire que les deux cas sont liés? lui demanda Harris.

— Les victimes sont parentes.

— C'est-à-dire?

— Des cousins éloignés. Ils ont un ancêtre maternel commun." Il poursuivit avant que Harris ne puisse intervenir. "Le cheveu retrouvé sur les vêtements de Katie Drake appartient à un homme. Vous savez qu'ils n'ont pas réussi à en tirer autre chose qu'un échantillon d'ADN mt. Il s'est avéré que le propriétaire du cheveu et Katie Drake partagent un ancêtre maternel. Il se peut que cela date de dix mille ans, ou d'un siècle. Les hommes de la police scientifique le savaient, mais ils n'ont pas considéré qu'il s'agissait d'une information utile. J'y ai réfléchi et j'ai décidé de demander à Nigel Barnes, le généalogiste qui a travaillé sur l'affaire Karl Hogg, de trouver combien de cousins de Katie Drake par la branche maternelle étaient encore en vie. Il ne lui a pas été possible de remonter au-delà de 1890, ce qui signifie qu'il n'y en avait pas beaucoup. J'ai entré les noms dans la base de données et c'est ainsi que je suis tombé sur la famille Stamey."

Il fit une pause pour reprendre son souffle. Susie était revenue dans la pièce. Le visage de Harris était impénétrable, mais Foster savait qu'il l'écoutait. "Continuez, ordonna-t-il.

— La mère de Leonie Stamey a été retrouvée morte d'une overdose. C'était une junkie. Le même jour, Leonie disparaissait. Elle avait quatorze ans." Il laissa les mots résonner quelques secondes.

"Elle a été enlevée ?

— La police locale a enquêté. Ils ont conclu qu'elle s'était enfuie.

— Ça me paraît plausible. Elle n'avait pas franchement de raison de rester.

— Et, maintenant, nous avons le massacre de l'autre branche de la famille Stamey.

— Qui porte tous les signes d'un règlement de comptes entre gangs, Grant. Je comprends où vous voulez en venir, mais moi je n'y vois rien d'autre que des coïncidences. Ils étaient cousins. Et alors ? Je ne suis pas expert en généalogie, mais même moi, je sais qu'il est possible que nous ayons un ancêtre commun et que cela peut remonter à la nuit des temps."

Foster n'en attendait pas moins. "Je sais, sir. Je n'espère pas que vous me donniez des équipes et des ressources pour y consacrer du temps. Mais je pense qu'il existe un lien. Je suis en rapport avec l'inspecteur en charge du massacre de la famille Stamey.

— Et qu'en pense-t-il ?

— Que Martin Stamey était un vilain garçon et qu'il a contrarié la mauvaise personne."

Harris fit un geste qui signifiait "vous voyez bien". "Écoutez, Grant, vous savez autant que moi que nous ne faisons pas beaucoup de progrès pour retrouver Naomi, morte ou vivante. Vous pouvez rester sur cette piste si vous voulez. Mais il va me falloir du concret avant que je mette du monde dessus."

Foster acquiesça. "J'ai besoin d'un peu d'aide. Il reste trois personnes vivantes issues de la lignée maternelle. La fille Stamey, qui était chez une amie quand ils ont assassiné sa famille ; elle est sous protection. Il y a un homme d'une quarantaine d'années dont on ne sait pas s'il existe ou non. Et il y a le jeune frère de Leonie Stamey. Si j'ai raison, il est le prochain sur la liste. J'aimerais pouvoir le placer en lieu sûr.

— Où se trouve-t-il pour l'instant ?

— Dans un foyer. C'est une vague de crimes à lui tout seul. Je m'apprête à aller le récupérer.

— Vous voulez le sortir d'un foyer et le mettre dans une planque sur la base d'une intuition ? Désolé, Grant. La Criminelle de l'Essex a des raisons de mettre la fille sous protection. Je ne vois pas ce qui justifie la même chose pour le garçon. En plus, qui pourrait apprendre qu'il se cache dans ce foyer ? Le nom de ceux qui s'y trouvent n'est jamais divulgué. Il est autant en sûreté à cet endroit que n'importe où ailleurs." De nouveau, il regarda sa montre. "Écoutez, il va falloir que l'on file. Tenez-moi au courant de l'évolution de cette piste. Apportez-moi la preuve qu'il y a un lien et nous en rediscuterons. Nous avons désespérément besoin que cette affaire avance." Encore un coup d'œil à sa montre. "Le spectacle commence dans une demi-heure, dit-il à Susie.

— J'appelle un taxi, répondit-elle.

— Pas la peine. Je conduis.

— Très bien, donnez-moi une seconde." Elle s'éclipsa encore une fois.

"Vous sortez ?

— Nous allons à l'opéra. *Don Giovanni*. Vous l'avez vu ?

— Pas récemment, non." Foster termina sa bière et la posa à côté de lui. "Bon, eh bien, je vous laisse."

Harris hocha la tête. "Passez un bon week-end."

Tu parles, se dit Foster en traversant le couloir et en sortant de la maison. La vision de Harris en train d'embrasser Susie n'allait pas quitter ses pensées.

"Vous avez le satellite ?"

C'était les premiers mots que Gary prononçait depuis que Foster l'avait récupéré au foyer. Pendant tout le trajet, il était resté assis à regarder le paysage, l'air maussade, son obstination à se montrer hostile avait coupé court à toute manifestation de curiosité quant à l'endroit où on l'emmenait. Foster avait branché la radio et choisi une station de musique tendance "urbaine-vulgaire" en se disant que Gary apprécierait. Il avait fini par l'éteindre après avoir conclu que, décidément, le rythme était trop basique, répétitif et tenté de repasser à de la musique classique. Gary ne mouftait pas.

"Je t'emmène chez moi. Pas pour longtemps. Jusqu'à ce qu'on organise quelque chose d'autre", lui avait expliqué Foster. Là encore, pas de réponse.

Ils arrivèrent assez tard. Foster conduisit Gary dans le salon et lui montra la télévision.

“Oui, j’ai le satellite”, répondit-il à la question de Gary. “Je me demande bien pourquoi. Juste des chaînes en plus avec rien d’intéressant à regarder.” Il lui tendit la télécommande. “Trouve-toi quelque chose qui te plaise. Tant que ce n’est pas un porno ou un film violent.”

Les yeux de Gary brillèrent d’excitation lorsqu’il prit l’épais morceau de plastique des mains de Foster. Il alluma la télévision et passa directement à l’écran présentant les chaînes accessibles.

“Bon, je vois que tu sais comment ça marche”, constata Foster.

Gary haussa les épaules. “J’en ai piqué des tas de ces trucs. C’est le nouveau plasma de chez Sony ?” ajouta-t-il en faisant un signe de tête en direction du téléviseur.

“Oui, c’est ça, dit Foster.

— C’est ce que je pensais. C’est le top”, reprit-il enthousiaste. Pour la première fois, il regardait Foster avec dans le regard autre chose que du dédain. “Vous devez être gavé de thunes.

— Eh bien, j’ai eu pas mal de congés ces derniers temps. J’en ai profité pour renouveler mon home studio. D’ailleurs, à ce propos.” Il prit la télécommande des mains de Gary, coupa le son et la lui rendit. “S’il venait à manquer quelque chose dans cette maison, alors je te retrouverai et je m’assurerai que tu ailles tout droit en maison de redressement pour un bon moment. Une qui craint bien. Tu me suis ?”

Foster avait déjà fait l’inventaire de ce que Gary pouvait éventuellement voler. La télévision et la chaîne hi-fi étaient les seuls objets qui en valaient la peine.

L'une et l'autre étaient assurées, ce n'était donc pas grave. La cave de son père, ou le peu qu'il en restait, ne l'était pas, mais il s'était dit que Gary ne devait pas encore apprécier les grands crus.

Gary remit le son. "Je ne vais pas piquer des trucs chez un flic." Ses yeux étaient rivés sur l'écran. "Au fait, pourquoi vous m'avez amené ici ? Vous êtes pas un enfoiré de pédophile, au moins ?

— Non, soupira Foster d'un ton las. Je ne suis pas un pédophile. Et je te serais reconnaissant, lorsque tu es chez moi, de surveiller ton langage. Je t'ai conduit ici parce que je veux t'éviter des problèmes. Je pense que tu peux m'aider à résoudre l'affaire sur laquelle je travaille et tu ne pourras pas le faire si tu mijotes un mauvais coup.

— Que dalle… J'aide pas la police, mec.

— Même si cela peut permettre de retrouver ta sœur ?"

Gary réfléchit. Il navigua jusqu'à la section des films et afficha les options. Foster le laissa et se rendit dans la cuisine. Il farfouilla dans un tiroir, en sortit un paquet de prospectus de boutiques proposant de la nourriture à emporter et revint dans le salon. Gary avait sélectionné un film d'action. Cela enquiquinait Foster de devoir jouer les pères fouettards. De toute façon, le gamin en avait vu d'autres.

"Pizza, chinois ou indien ? demanda-t-il en brandissant les menus. Il y en a même un qui livre de tout : burgers, pizzas, poulets, pâtes, il n'y a qu'à demander.

— Un burger, répliqua Gary sans hésiter. J'veux pas d'un truc qui pue. J'peux l'avoir avec du fromage ? Sans oignons.

— Un cheeseburger", dit Foster. Il sortit le téléphone du couloir de sa base et retourna dans la cuisine. Il composa le numéro et, en attendant que l'on décroche, il déboucha une bouteille de bordeaux et dénicha un verre. Il allait le remplir à ras bord lorsqu'il se rappela qu'il avait la responsabilité d'un enfant. Il se servit donc ce qu'il considérait être une demi-dose. Un jeune homme avec un fort accent prit la commande des deux cheeseburgers plus deux canettes de Coca et lui annonça qu'il serait livré dans quarante-cinq minutes. Foster prit son verre de vin et regagna le salon.

Lorsque la sonnette de la porte retentit, ils n'avaient pas échangé un mot. Gary scrutait l'écran comme s'il était hypnotisé, un doigt baladeur passant parfois distraitement de ses narines à sa bouche. Foster résista à l'envie de lui dire de ne pas se gâcher l'appétit avant le repas et se contenta de déguster son verre de vin tout en réfléchissant à ce qu'il allait bien pouvoir faire ensuite. Gary était chez lui. Plus en sûreté qu'au foyer, il en était convaincu. Mais il ne pouvait pas le garder indéfiniment. Le lendemain était un samedi et Foster n'était pas censé travailler. Il pouvait s'occuper de Gary pendant le week-end, mais il fallait qu'il trouve une solution pour la semaine à venir. Au pire – si Naomi n'avait toujours pas été retrouvée et qu'il n'y avait aucune nouvelle piste – il pourrait le déposer au foyer pour la journée et le récupérer après le travail.

Il y avait un autre détail, et pas des moindres. Comment allait-il lui annoncer les meurtres de sa tante, de son oncle et de son cousin ?

Cela pouvait attendre.

Ils mangèrent en silence. Gary avait beau être petit et pas très épais, il ne mangeait pas, il dévorait. Il doit avoir les jambes creuses, se dit Foster, entendant en même temps sa mère lui faire la même remarque. Gary enfourna son burger, ses frites et ne refusa pas quand Foster lui proposa un morceau du sien. Il engloutit également le Coca et lâcha un énorme rot lorsqu'il eut terminé, sans s'excuser. Foster ramassa les emballages vides. Lorsqu'il revint, le film était terminé et Gary était déjà en train de faire défiler les écrans pour voir ce qu'il y avait ensuite. Il leva les yeux vers Foster.

"Vous vivez tout seul ?

— Oui.

— Vous avez pas de femme ou d'enfants ?

— Non.

— Pourquoi ?"

Foster eut à nouveau l'impression d'entendre sa mère. C'était assez déconcertant venant d'un gamin de onze ans.

"Disons que je ne suis pas du genre qui se marie.

— Vous êtes un suceur de bites ?" Une expression d'horreur lui traversa le visage. "Mec, j'étais sûr que vous étiez une tante.

— Écoute, je ne suis pas homosexuel. Ce n'est pas parce qu'on n'est pas marié que l'on préfère les hommes. J'ai eu beaucoup de copines. C'est juste que nous ne sommes pas restés ensemble. Et n'emploie pas d'expressions comme suceur de bites. C'est impoli." Tu t'es entendu ? songea Foster. Être choqué par un gosse. Génial. J'ai réussi à me conduire comme mes deux parents en l'espace de deux minutes. "J'ai une fille, en fait.

— Où est-elle ?

— Eh, oh, on joue à *Questions pour un champion* ?" Il vit le visage de Gary s'assombrir. Il se sentit coupable. Au moins, le gamin essayait de communiquer avec lui. Il prit une voix plus douce. “Désolé, excuse-moi. Elle vit en Écosse avec sa mère. Je ne l’ai pas revue depuis qu’elle était bébé.

— Et elle a quel âge maintenant ?

— Quatorze ans. Elle en aura quinze en décembre.”

Gary écarquilla les yeux. “Vous ne l’avez pas vue depuis tout ce temps ?”, s’exclama-t-il en agitant la tête. “Mec, si j’avais un enfant, je ne le laisserais pas partir. J’aurais tout le temps un œil dessus.” Il observa ses mains. “Je sais pourquoi vous m’avez amené ici.

— Ah bon ?

— Ouais. Vous pensez que je suis en danger.”

Foster réfléchit un instant. Cela ne servait à rien de mentir au gamin. Il n’était pas naïf. “Tu connaissais bien ton oncle Martin ?”

Il plissa le nez. “Je l’ai rencontré quelques fois. Et mes cousins. Mais cela fait super longtemps que je ne les ai pas revus. Maman nous avait emmenés y faire un tour avant de mourir. Pourquoi ?

— On les a retrouvés morts. Tous, sauf Rachel.

— Oh.” Il n’avait pas l’air de savoir comment prendre la nouvelle.

“Nous pensons que ton oncle s’est frotté à des personnes peu recommandables. Nous ne pensons pas que tu sois en danger, toi aussi. Mais on préfère te mettre en sécurité pendant quelques jours. Juste pour être sûrs.

— On les a tués ?

— Oui.

— Et vous allez attraper ceux qui ont fait ça ?

— Je vais aider à les attraper. Ce sont d’autres policiers qui s’en occupent.”

Gary se mit à fixer le mur du fond, digérant ce qu'il venait d'apprendre. L'enfant pointait à nouveau sous sa carapace de petit dur. Foster ressentit de la sympathie. Ce gosse n'avait connu que souffrance et misère. Qui pouvait le blâmer de se rebeller comme il le faisait ?

Il prit soudain conscience de ses pensées. C'est l'effet que cela fait de s'occuper d'un gosse ? se demanda-t-il. Il en avait un sous son toit depuis à peine deux heures et il se laissait déjà gagner par le politiquement correct, excusant les pires comportements en déblatérant sur le passé troublé des jeunes voyous.

Il était à deux doigts de lui asséner une leçon sur le fait que même si la vie avait été dure avec lui, cela n'excusait en rien ses crimes et qu'il était temps qu'il se prenne en main, quand il vit que le garçon s'apprêtait à dire quelque chose. Il lui épargna le sermon.

"Leonie savait que ça allait arriver.

— Elle savait que quoi allait arriver ?

— Que quelque chose allait arriver à oncle Martin.

— Vraiment ?" Il s'avança sur son fauteuil. "Qu'a-t-elle dit, Gary ?"

Le garçon demeurait silencieux, les yeux baissés. Foster se contenait, essayant de ne pas le brusquer pour éviter qu'il ne se ferme comme une huître.

Au bout d'un moment, Gary se remit à parler. "Elle a dit que c'était un secret. Que je devais le dire à personne.

— Malgré tout, il est arrivé quelque chose à ton oncle Martin. Ainsi qu'à ta tante et à ton cousin. Quelque chose de terrible. Il faut que tu me le dises pour que nous puissions trouver qui les a tués et l'empêcher de recommencer, pour protéger Rachel."

Gary resta muet. Foster devinait qu'il hésitait à trahir la confiance de sa sœur. Il essaya de ne pas se montrer trop pressant, même s'il avait envie de le secouer pour lui faire cracher la vérité. Gary en savait plus que ce qu'il avait bien voulu dire jusque-là, il en était convaincu. S'il arrivait à le faire capituler une fois, Foster espérait que le reste viendrait tout seul.

"Leonie disait que nous nous étions écartés d'un chemin. Et comme nous nous étions écartés, il fallait que nous soyons punis, à moins que nous revenions dessus. Elle disait que tout irait bien car elle serait bientôt de retour dessus et moi aussi. Mais pas maman, oncle Martin, oncle Dave. Ils allaient souffrir.

— Tu lui as demandé ce qu'elle voulait dire par souffrir ?"

Il secoua la tête. "Je savais juste que c'était mal. Et puis, maman est morte…

— Et quand elle disait « nous », Gary, tu sais de qui elle parlait ? « Nous » nous étions écartés d'un chemin."

Il haussa les épaules. "Notre famille, je pense.

— A-t-elle dit de quel chemin elle parlait ? C'était celui de Jésus ?"

Il fit oui de la tête. "C'était toujours à propos de Jésus. Jésus allait revenir. Je ne comprenais pas ce que cela voulait dire, mais il allait revenir et ça chaufferait pour certaines personnes parce qu'elles n'étaient pas prêtes, mais nous, on était prêts."

Foster savait que la clé de toute cette histoire était cet homme qui avait rendu visite à Leonie Stamey – celui qu'il soupçonnait d'avoir rendu visite à Katie Drake.

"Est-ce que tu te souviens d'une autre chose qu'elle aurait dite, Gary ? Quoi que ce soit d'autre."

Le garçon réfléchit un long moment. Foster voyait qu'il était fatigué. Il était près de minuit. Il le laisserait tranquille dans une minute pour qu'il puisse se reposer. Il avait préparé la chambre d'amis, son ancienne chambre d'enfant.

"Je me souviens pas", fit-il, l'air renfrogné. Soudain, il se mit à sourire. "Elle a commencé à s'habiller bizarrement.

— Vraiment ? Comment ?

— Tout d'un coup. Elle portait des jupes et des hauts courts et des trucs comme ça. Et elle s'est mise à mettre des jupes et des hauts longs. Ses copines se moquaient d'elle. Alors elle a arrêté d'être leur amie. Elle a dit qu'elles étaient tordues, et pas dans le bon sens du mot. Elles ont dit qu'elle était une sale bêcheuse. Y en a une qui l'a frappée et elle n'a pas répondu. J'étais étonné parce que c'était une sacrée bagarreuse, Leonie. Personne se frottait à elle avant ça.

— Elle t'a dit pourquoi elle avait changé sa manière de s'habiller ?

— Non. Je pense que c'était à cause de ce qu'avait dit le type. Elle a beaucoup changé", ajouta-t-il en riant presque et en appuyant bien sur le "beaucoup". Le sourire s'évanouit. "Elle a dit qu'elle s'assurerait que je vais bien, continua-t-il doucement.

— Eh bien, elle n'est pas là, Gary. C'est à nous de te protéger."

Ses yeux brûlaient de haine. "Vous pensez qu'elle est morte, c'est ça ?" Le ton de sa voix montait sous l'effet de la colère.

Foster leva les mains. "Je n'en sais rien, Gary.

— Eh bien, moi, je sais. Elle est pas morte.

— Parce qu'elle a promis de revenir te chercher ?

— Parce que j'ai eu de ses nouvelles."

Foster mit un temps avant de réagir. "Depuis qu'elle a disparu ?"

Pas de réponse.

"Gary, si Leonie t'a contacté, il faut que je le sache."

Le garçon continuait de se taire, les yeux rivés sur le mur face à lui.

Foster se frotta le visage. "Des gens sont morts, Gary. Tu peux m'aider à trouver ceux qui font ça. Tu peux m'aider à retrouver la fille de quatorze ans qui a disparu la semaine dernière." Toujours aucune réaction. "Tu peux m'aider à retrouver Leonie et à empêcher qu'il arrive quelque chose à Rachel."

Gary secoua la tête lentement. Il était au bord des larmes. "J'ai promis."

Foster soupira. "S'il te plaît, Gary."

Un autre lent mouvement de la tête. Le gamin était têtu comme une mule.

"Si tu ne me dis rien, je vais être obligé de t'arrêter pour obstruction à l'enquête.

— Vous me faites pas peur. Vous croyez que j'ai jamais été arrêté ?"

Il avait raison. Plus d'une centaine de fois, si l'on en croyait son casier.

"Je peux t'aider à retrouver Leonie, Gary. Ensuite, tu seras en sûreté."

Silence. Ses yeux semblèrent s'illuminer, comme s'il commençait à y croire. Mais il ne se décida pas à parler.

"Allons dormir. On en reparlera demain matin."

Sa mère se forçait à sourire, mais elle ne parvenait pas à dissimuler la tristesse qui émanait de son regard, comme du gaz s'échappant d'une lampe éteinte. Sarah se tenait debout, prisonnière de la robe au tissu épais ; malgré sa beauté, en ce qui la concernait, elle aurait tout aussi bien pu porter un vêtement de goudron et de plumes. Ses deux petites sœurs piaillaient autour d'elles, excitées à l'idée du mariage et du monde qui allait venir à la maison.

"Y aura-t-il des danses ? demanda Henrietta, survoltée.

— Y aura-t-il de la nourriture ?", enchérit Emma qui, à six ans, n'avait pas encore perdu le léger matelas de graisse qui enrobait son corps.

Au moins, la fête apporterait des rires, mais pas les siens. Elle avait la nausée. L'idée que cette maison finirait par se vider et qu'elle serait emmenée chez lui pour consommer le mariage – à cette seule pensée, la bile et la terreur la submergeaient. Ces dernières nuits, le rêve était toujours le même. Il se penchait pour l'embrasser. Ces dents pourries. Ces favoris jaunissants et tachés, les poils semblables à des pattes d'araignée qui sortaient de son nez grossier, l'odeur écœurante qui emplissait la pièce. C'était pire que tous les cauchemars qu'elle avait faits jusque-là. Et bientôt, ce serait réel.

Sarah était sûre que sa mère se rendait compte de tout cela. Mais elle n'avait pas son mot à dire. Elle serait le présent de son père à l'homme le plus respecté de la ville et rien n'y pourrait changer quoi que ce soit. Sa mère avait essayé de lui expliquer que c'était un grand honneur. Qu'elle servait la volonté du Seigneur. Mais elle se fichait de ce Seigneur qui l'arrachait à ceux qu'elle aimait pour en faire la pondeuse d'un vieux fou débraillé. Elle n'avait pas été la plus pieuse des enfants, bien qu'elle ait essayé. Elle avait lu le Livre, apprit le catéchisme et les engagements, elle avait écouté l'Évangile à l'église, en fermant les yeux, avec la volonté de se soumettre, de croire, d'être sûre que tout cela en valait la peine, mais le doute lancinant et l'injustice qui s'incrustaient comme une tique dans son esprit ne se laissaient pas dompter.

"Moi aussi, je me suis trouvée où tu te tiens à présent", raconta sa mère. "Moi aussi, j'ai enduré les mêmes peurs et les mêmes doutes que ceux que tu ressens. Tu n'es qu'une enfant, mais tu es forte, Sarah. C'est un homme bon, il s'assurera que tu sois heureuse. Bien plus que je ne l'ai jamais été. Particulièrement à l'époque. À ta manière, tu finiras par l'aimer."

Sarah ravala son envie de rire, de rugir, de crier, "Non, je ne le ferai pas !" Elle regarda sa mère, son visage mat et mélancolique, creusé par les épreuves et les luttes. Elle avait été recueillie petite fille, laissée pour morte lors du massacre de Bear River, ensevelie sous les cadavres de ses parents et de ses amis. Un homme de foi, qui avait débarqué depuis peu du bateau l'amenant du Vieux Monde, l'avait trouvée.

Il l'avait ramenée dans sa famille, fraîchement installée. Là, elle avait travaillé comme servante, mais elle avait été traitée comme l'un de leurs enfants. La foi l'avait sauvée, lui avait offert l'espoir, une nouvelle famille, un nouveau départ. Rien d'étonnant à ce qu'elle ait accepté d'être mariée au père de Sarah lorsqu'elle fut choisie. C'était le moment pour elle de rembourser sa dette.

Elles se serrèrent dans les bras l'une de l'autre. Des larmes chaudes lui brûlaient les yeux, mais elle les refoula. "Oh, mère", gémit-elle. Les mains de sa mère caressaient l'arrière de sa tête, comme elle les avait senties tant de fois auparavant, pour la réconforter. Elle se demanda si elles faisaient cela pour la dernière fois. Elle ne pouvait se retenir. Les larmes s'échappèrent et elle commença à sangloter. Sa mère la serra plus fort.

"Chhhh, dit-elle doucement. Tout ira bien. Tout ira bien."

Sarah ne pouvait avouer la vraie raison de sa tristesse. Que cela n'avait rien à voir avec ce phacochère suant qu'elle était censée épouser. Mais parce qu'elle ne les reverrait plus jamais. Cependant, elle savait que tout allait bien se passer.

Elle savait qu'il viendrait la chercher.

15

La douleur le réveilla. Une de ses jambes était repliée sous l'autre et il avait tenté de la déplier dans son sommeil. Malheureusement, le bras du canapé se trouvait sur sa route et un simple choc suffisait à le faire souffrir. Foster se frotta le visage, essayant d'émerger. Le rai de lumière à travers les rideaux lui indiqua que le jour était levé et que s'achevait l'une des plus longues nuits de son existence – et il y en avait eu beaucoup. Il comprit en s'asseyant que ses douleurs l'accableraient et que la raideur ne le quitterait que dans plusieurs heures. Son corps fatigué n'était plus apte à dormir sur un canapé, mais avec Gary à l'étage, il voulait être prêt si le garçon essayait de s'échapper. En conséquence, il avait passé la majeure partie de la nuit éveillé, paré à réagir, écoutant le vent dans les feuilles et le claquement du chauffage central qui s'éteint lentement et plus tard, bien plus tard, revient à la vie.

Il parvint à s'asseoir correctement. Une douleur lancinante lui vrillait le crâne.

“Bon sang. Brian Harris”, se dit-il pour la centième fois. “De tous les mecs du monde…”

Après s'être motivé quelques instants, il se mit debout en grimaçant. Jusque-là, ça n'allait pas trop mal.

Foster monta les escaliers avec précaution et alla jusqu'à la salle de bains où il s'aspergea le visage d'eau froide. Il se sécha puis se dirigea vers la chambre d'amis. La porte était fermée. Il frappa. Pas de réponse. Il frappa encore. Silence. Pas de quoi s'inquiéter. À cet âge-là, une fanfare ne l'aurait pas réveillé. Il ouvrit la porte et passa la tête dans l'entrebâillement.

Le lit était vide.

La fenêtre était ouverte, le vent gonflait les rideaux. Foster se pencha et balaya les environs du regard. C'était un sacré saut jusque dans le jardin. Mais ce n'est pas ce qui avait dû faire peur à Gary. Il se souvint que l'enfant avait été condamné pour avoir échappé à la garde de la police. Il avait escaladé le mur du tribunal, était passé par une fenêtre du toit avant de redescendre le long du bâtiment et de s'évanouir dans le décor. Un mini Spiderman.

J'ai dû dormir plus que je ne le pensais, songea Foster.

Il descendit les escaliers et remplit la bouilloire. L'écran de son mobile, qu'il avait mis en charge sur le buffet, indiquait qu'il avait manqué un appel. Nigel Barnes.

Foster avait du mal à suivre. Barnes parlait d'une découverte capitale. Il accepta de le retrouver dans Farringdon, près des archives municipales de Londres, dans le café où Heather et lui l'avaient approché au sujet de l'affaire Hogg, plus tôt dans l'année. Ensuite, il téléphona pour lancer un avis de recherche sur Gary. Il donna sa description et demanda à être prévenu immédiatement si quelqu'un retrouvait le garçon. Il appela le foyer. Ils ne l'avaient pas vu. S'il te plaît, reste tranquille, songea-t-il. S'il commet un délit alors que je l'ai sorti du foyer, je suis grillé.

Barnes attendait, passant frénétiquement sa main dans ses cheveux en bataille. Dopé au café et à l'adrénaline, il avait à peine dormi. On est deux, pensa Foster. Il s'assit, commanda un café noir et vida deux sachets de sucre dedans. Barnes devait avoir passé la nuit à fumer car il sentait le cendrier. Son expérience avec Karl Hogg l'avait rendu très sensible à cette odeur et le replongeait immédiatement dans la pièce remplie de cartons, la douleur et l'haleine écœurante, chargée de nicotine, de son tortionnaire…

"Alors, quelles sont les nouvelles ?", demanda-t-il, se sortant lui-même de cette brève et déplaisante rêverie. "Je n'ai quasiment rien compris à ce que vous m'avez dit au téléphone."

Barnes prit une profonde inspiration et remonta ses lunettes sur l'arête de son nez. Il lui parla d'Anthony Chapman. De sa mère qui l'avait abandonné peu après sa naissance car elle était convaincue que sa vie serait en danger s'il restait parmi les siens. L'Église avait arrangé l'adoption et toute trace en avait été effacée. Après le décès de son mari, elle avait confié au nouveau pasteur de sa paroisse que c'était les paroles de sa tante qui l'avaient convaincue de prendre une mesure aussi radicale. Cette tante avait passé presque toute sa vie dans un asile psychiatrique de sinistre réputation, Colney Hatch. Bien qu'il ait été rebaptisé Friern Hospital dans les années 1930, l'ancien nom lui était resté. Les bâtiments avaient depuis longtemps disparu, démolis pour faire place à des appartements de luxe, mais l'ancienne façade avait été conservée. Princess Park Manor. Pour Foster, ce nom évoquait un refuge pour traders, joueurs de foot et people de seconde zone. Il rit intérieurement. Savaient-ils que leurs petits nids étaient construits sur la bave de milliers de barjots ?

“Tout cela est bien intéressant, mais en quoi cela nous aide-t-il ? demanda-t-il.

— Les archives de Colney Hatch se trouvent aux archives municipales de Londres. Les dossiers des patients, les registres d’admission, ce genre de choses. Il se peut que cette tante ait parlé de ses peurs aux médecins. De ces gens qui cherchaient à se venger. Il est possible que ce soit noté quelque part.

— On se calme, l’arrêta Foster en levant les mains. Vous êtes en train de me raconter que nous pourrions trouver des informations dans les délires d’une femme considérée comme suffisamment folle pour avoir passé sa vie chez les dingues, une femme qui fut rejetée par sa famille tout entière parce qu’elle avait perdu la tête ?”

Barnes haussa les épaules. “Eh bien, peut-être que j’aurais présenté la chose sous un jour plus sympathique, mais oui, c’est ce que je pense. Ce que cette femme a raconté a à ce point effrayé Edith Chapman qu’elle a abandonné son fils. Et d’après ce que je sais, Edith Chapman était une citoyenne modèle et tout à fait convenable…

— Elle a abandonné son enfant, l’interrompit Foster. Ce n’est pas franchement un geste convenable, si ?

— Non. Mais nous savons que quelqu’un semble rechercher et tuer les descendants de Horton et Sarah Rowley. Nous ne savons pas pourquoi. Cette tante avait tout prédit. Certes, elle s’était trompée de quelques dizaines d’années, mais rien ne prouve qu’elle n’avait pas raison. En tout cas, d’après moi, on dirait bien qu’elle était dans le vrai.”

Foster avala une gorgée de café. Il comprenait que Barnes était tombé sur quelque chose – une piste qui valait la peine d'être suivie. S'ils parvenaient à comprendre pourquoi tout cela arrivait, à trouver qui était derrière, tout deviendrait bien plus simple. Il ne pouvait s'empêcher d'imaginer ce que dirait Harris quand il lui expliquerait que les paroles d'une malade mentale morte depuis fort longtemps pouvaient conduire à une avancée décisive.

Harris et Susie étaient-ils ensemble ? Ou bien était-ce exceptionnel ? Avait-il passé la nuit chez elle ? Non, arrête, se dit-il. Ne pense pas à Harris.

"OK, finit-il par dire. Que faisons-nous ?"

Nigel ouvrit son calepin. "La patiente se nommait Margaret Howell. Elle est née en 1909, premier enfant d'Emma Howell, née Rowley, fille aînée de Horton et Sarah Rowley, le couple originaire d'une contrée inconnue qui s'est installé ici en 1891. Elle est morte en 1964 à l'âge de cinquante-cinq ans, à l'hôpital psychiatrique Friern, des suites d'une « attaque », mais il n'est pas précisé de quelle sorte. Épilepsie, peut-être.

— Ça ne nous avance pas beaucoup, remarqua Foster.

— Non, il faudrait consulter son dossier médical. Mais, il y a un problème : la règle veut que les dossiers des patients ne soient pas accessibles pendant un siècle. À moins que…

— À moins que quoi ?

— À moins que la police ne fasse une demande.

— Cela va prendre des jours, voire des semaines", répondit Foster. Il se massa le menton. Cela faisait plusieurs jours qu'il ne s'était pas rasé. "Vous m'avez dit que les archives de l'asile étaient aux archives municipales ?"

Barnes hocha la tête.

“Elles y sont, même si elles ne sont pas accessibles au public ?”

Nigel hocha la tête encore une fois.

Foster vida sa tasse de café. “Dans ce cas, suivez-moi.”

Nigel était assis à un bureau et attendait Foster. Cela faisait presque une heure qu’il avait été invité à s’installer dans les locaux des services administratifs. Il y avait peu de visiteurs, seulement quelques chercheurs assidus, étudiants pour la plupart, se consacrant silencieusement à leur tâche, et un amateur occasionnel. Foster réapparut, un paquet marron et défraîchi entre les mains.

“Voilà pour vous”, dit-il en le laissant tomber sur le bureau devant lui.

“Je suis impressionné. Je pensais qu’il leur fallait une demande écrite.

— Oui, c’est le cas. Mais je leur ai clairement fait comprendre qu’il n’y avait pas de temps à perdre. On enverra une demande après coup.”

Nigel ramassa la liasse. Des documents sous scellés. C’était rare qu’un chercheur tel que lui puisse en avoir entre les mains, et il ne boudait pas son plaisir. Sur le dessus était inscrit le nom de Margaret Howell, sa date de naissance et son numéro de patient. Il était toutefois déçu de constater la faible épaisseur de l’ensemble.

Il déballa le dossier, de plus en plus excité. Foster s’assit face à lui, l’observant avec attention.

Les premiers documents étaient les papiers d’admission de Margaret Howell, datés du 29 mai 1924. Elle n’avait que quinze ans. “On dirait bien qu’elle a passé toute sa vie dans un asile", murmura Nigel tout en inspectant le document qui faisait deux pages.

La première partie comportait les informations biographiques. Âge, travail, religion, adresse, rien qui ne sorte de l'ordinaire. Puis l'on trouvait cette indication "Âge de la première attaque… 11" suivie d'autres commentaires expliquant qu'elle avait subi plusieurs autres attaques.

D'une écriture appliquée, sous le titre "Faits mentionnés sur le certificat médical à partir duquel le diagnostic de démence a été établi", étaient listées les raisons pour lesquelles elle avait été considérée comme folle.

Elle dit qu'elle-même et sa famille sont maudites en raison d'un événement passé. Elle croit qu'ils seront pourchassés et tués pour venger la mort d'autres personnes. Elle manifeste de sérieux symptômes de paranoïa, qui dégénèrent souvent en crises. Les membres de sa famille écartent l'idée selon laquelle ils seraient en danger d'une quelconque manière et nient avoir connaissance de quelque événement que ce soit qui puisse expliquer le comportement de mademoiselle Howell.

Nigel lut à voix haute ainsi qu'un autre paragraphe intitulé "Autres faits indicateurs de la démence", dans lequel le docteur, probablement celui qui la suivait, avait noté que les membres de sa famille étaient effrayés par ses changements d'humeur fréquents, ses fantasmes et le fait qu'elle répète en permanence qu'ils allaient tous mourir à cause de leurs péchés. À leurs yeux, elle était devenue un danger pour elle-même et une nuisance pour sa famille.

Sur la seconde page se trouvait une photographie en noir et blanc d'une jeune fille au regard terrifié et confus. Ses yeux étaient creusés, ses pommettes saillantes et son visage figé. Il la montra à Foster.

“Seigneur, c'est une enfant. Combien y avait-il de personnes internées ici ?

— À l'époque ? Environ trois mille.

— Qu'avait-elle comme problème exactement ?”

Nigel parcourut la page. À côté de la photographie se trouvait une ligne débutant par “Forme de pathologie” et juste après “Schizophrénie paranoïaque”.

Suivait une description physique plus détaillée. Son état physique était “faible”. Son tempérament “volatile”. Sa peau portait des bleus résultant de sa dernière “attaque”. Il y avait aussi plus de détails sur l'historique de sa maladie – une série d'attaques entre l'âge de onze ans et la date de son admission, d'une gravité et d'une durée de plus en plus importantes. Aucune mention de comportement paranoïaque. Elle avait été internée au pavillon 4.

Les notes suivantes avaient été ajoutées un peu moins d'un an plus tard. Elles mentionnaient les effets du traitement sur Margaret. L'écriture était, même pour celle d'un médecin, presque impossible à déchiffrer malgré les années de pratique de Nigel. Il parvint à lire une phrase et sentit son estomac se serrer. Électroconvulsivothérapie.

“Ils lui ont administré des électrochocs, dit-il à Foster.

— Quand ?

— Cela avait déjà commencé lorsque ces notes ont été écrites, à peine plus d'un an après son admission. L'écriture est difficile à déchiffrer. Mais je trouve une phrase qui explique qu'elle réagissait bien au traitement et que ses épisodes délirants devenaient moins fréquents.

— Espérons que quelqu'un ait fait une description de ce qu'étaient ces épisodes avant qu'ils ne la transforment en zombie.

— Elle avait dû conserver un semblant de lucidité pour parvenir à effrayer Edith Chapman.

— Est-ce que l'on sait à quel moment Edith Chapman lui a rendu visite ?

— J'imagine que cela s'est déroulé sur une période assez longue, et aux alentours de la naissance de son fils. Mais il n'y a aucun moyen de le savoir. Elle aurait tout aussi bien pu lui rendre visite lorsqu'elle était plus jeune et ce qu'elle a vu et entendu alors ne l'a plus quittée.

— Cela me paraît plausible, admit Foster. J'imagine très bien qu'une enfant puisse être effrayée par les déclarations délirantes d'une folle, particulièrement dans le cadre d'un asile de style gothique avec des personnes en train de hurler et de grimper aux murs. Mais en grandissant, en devenant adulte, pourquoi aurait-elle cru les paroles d'une schizophrène ?

— Il y a de nombreux cas de personnes qui, souffrant de maladie mentale, furent considérées comme étant possédées, par des esprits, mais le plus souvent par le diable. Edith Chapman était une femme dévote. Peut-être a-t-elle cru que Dieu lui envoyait un message ? Je n'en sais rien. Peut-être sa tante était-elle à ce point convaincante qu'elle n'a pas imaginé une seconde que ce qu'elle lui disait puisse ne pas être vrai."

Il continua à parcourir le dossier. Rien pendant plusieurs années, jusqu'en 1947, plus de vingt ans après son internement. Le docteur n'était plus le même et, fort heureusement, celui-ci avait une écriture lisible. Nigel commença à survoler le texte puis, se rendant compte de son importance, il entreprit de le lire à voix haute pour Foster.

La patiente continue à progresser, lentement mais de manière constante. Nous avons discuté de l'opportunité de l'opérer, mais cette option a été rejetée en faveur d'une poursuite de l'électroconvulsivothérapie. La dernière attaque de la patiente remonte à plus d'un an, ce qui est un signe encourageant. Une sortie a été envisagée, mais la patiente elle-même déclare qu'elle préfère rester là où elle se sent en sécurité. Elle reste persuadée qu'elle et sa famille sont sous la menace de personnes inconnues en raison d'actes perpétrés à la fin du siècle dernier. La patiente jure que sa grand-mère, sur son lit de mort, l'a informée d'un horrible secret de famille. Selon la patiente, son grand-père a fini par être retrouvé et tué par des gens cherchant à venger des morts innocentes et qu'ils ne cesseraient pas tant que chaque descendant de la famille n'aurait pas été traité de la même façon. Elle est convaincue que si elle retourne à l'extérieur, elle subira le même sort, aussi a-t-elle demandé à rester. Elle n'est pas en mesure de prouver son histoire. Elle dit que sa grand-mère a emporté ce secret dans sa tombe.

À part sa jeune nièce qui vient une ou deux fois par an, très peu des membres de sa famille lui rendent visite. Lorsque je les ai approchés pour vérifier la véracité des déclarations de mademoiselle Howell, ils ont été catégoriques sur le fait qu'elles ne contenaient pas une once de vérité. Quel que soit le bénéfice que lui apporte le traitement aux électrochocs, sa paranoïa ne montre pas de signes de rémission. Je crains que mademoiselle Howell ne reste sous notre responsabilité pour le restant de ses jours à moins qu'elle ne cesse de proférer ces déclarations délirantes et n'exprime le souhait de vivre à l'extérieur. Hélas, elle manifeste tous les signes de quelqu'un qui finira sa vie en institution.

Nigel jubilait. Une avancée majeure. Ils avaient mis le doigt sur la première mention d'un crime passé, les "morts innocentes", qui pouvait être le mobile des crimes actuels. Mais quel était ce crime horrible qui avait fait tant de morts, si tant est qu'il ait réellement existé ?

"Que disait l'acte de décès de Horton Rowley ?

— Écrasé par un omnibus.

— Rien qui puisse indiquer un crime déguisé ?

— L'acte de décès n'en fait pas mention. Il y a eu une enquête, mais le légiste a dû conclure à un accident. Je pourrais me faire communiquer les rapports d'enquête mais je sais d'ores et déjà qu'il n'existe plus rien datant de 1909. Ils étaient en général détruits lorsque le légiste changeait ou étaient conservés tout au plus une quinzaine d'années. Cela ne nous aide pas franchement. Il se peut qu'on en trouve une trace dans les journaux, mais les accidents d'omnibus n'étaient pas rares et nous serions chanceux si celui-ci avait eu droit à autre chose qu'un entrefilet. Cela vaut le coup d'essayer, malgré tout."

Foster ne répondit pas. Il prit le dossier des mains de Nigel et relut le texte avant de le reposer. "Nous n'avons donc aucune preuve que cette femme disait la vérité. Ce n'est pas suffisant. Sa parole seule ne nous sera d'aucun secours. Il faut que nous puissions vérifier son histoire. Dans le cas contraire, il ne s'agit que du délire d'une folle. Qu'y a-t-il d'autre dans le dossier ?"

En 1950, Margaret fut admise à l'infirmerie avec une fracture du bassin survenue alors qu'on l'entravait pour son traitement aux électrochocs. Son traitement fut modifié en 1952, lorsqu'une note du médecin précisait que l'on avait pratiqué sur elle une leucotomie. Nigel ôta ses lunettes et se frotta le front d'un air las.

"De quoi s'agit-il ?" l'interrogea Foster.

Nigel savait exactement de quoi il s'agissait. Il se souvenait avoir retracé l'histoire familiale d'un client qui l'avait conduit dans un asile où il avait découvert les terribles méthodes qui y étaient pratiquées sous l'alibi du traitement. "Une lobotomie partielle, répondit-il.

— Seigneur.

— Ils accédaient au cerveau en passant sous la paupière avec un instrument de la forme d'un petit pic à glace. Ils coupaient les nerfs situés à l'avant. C'était très rapide. Certains chirurgiens se vantaient du nombre d'interventions qu'ils parvenaient à faire en un service.

— Mais quel bénéfice cela pouvait-il bien apporter ?

— Qui sait ? Je suppose que vous deviez être moins enclin à faire des crises ou à avoir des attaques avec la moitié de votre lobe frontal déconnecté. C'était une intervention très courante à une époque. Surtout sur les femmes."

Une courte note datée de 1954 décrivait l'opération comme étant un succès. Son angoisse et son obsession étaient maintenant sous contrôle. C'est à partir de cette période que ce même docteur lui prescrivit de la Thorazine. Sa sortie avait à nouveau été discutée, mais comme aucun membre de sa famille ne souhaitait l'accueillir et qu'il y avait des craintes quant au fait de savoir si elle s'adapterait au monde extérieur après avoir passé tant de temps en institution, il fut décidé qu'elle resterait.

À partir de cette date, les notes se firent plus rares et succinctes. En 1959, elle fut hospitalisée à cause d'une pneumonie. Plus personne ne se pencha à nouveau sur son cas ni ne fit de commentaires sur son traitement. Cela continua jusqu'en 1964. Un court paragraphe mentionnait de manière neutre qu'elle avait subi une attaque, était tombée puis avait été admise à l'infirmerie en raison des blessures que cet incident avait occasionnées. C'est là, Nigel l'avait appris en consultant son acte de décès, qu'elle était morte peu de temps après.

Ils restèrent assis en silence pendant quelques secondes, perdus dans leurs pensées. Nigel s'imaginait une jeune femme frêle, terrifiée par la vie, effrayée par ce qui guettait tapi dans l'ombre. Il la voyait sanglée, des électrodes posées sur le corps pour tenter de la débarrasser de cette lubie qui avait peut-être un fond de vérité, avant de sectionner les nerfs de son cerveau qui reliaient son cortex à son thalamus et de l'abrutir irrémédiablement avec des médicaments puissants. Il était permis de douter que sa condition se soit “améliorée”. Il l’imaginait assise, dans une posture enfantine, silencieuse, dans un coin de ce pavillon surpeuplé, étrangère aux lamentations et aux délires verbaux incessants. Une vie étouffée, anéantie. Il espérait qu’au moins le traitement qu’elle avait subi l’avait rendue ignorante de l’horreur de sa situation.

En même temps, il se demandait s’il parviendrait à découvrir d’où venaient Horton et Sarah Rowley, ainsi que la vérité derrière l’événement effroyable dont parlait leur petite-fille et dont les lointains échos se manifestaient encore.

Nigel se souvint d’un programme qu’il avait entendu par hasard à la radio où il était question des effets des retombées radioactives. Les produits de la fusion d’une explosion sont aspirés dans la stratosphère, emportés par les vents, pour finir par se disperser au-dessus du globe et retomber en pluie pendant des années, avec des effets dont on ne connaîtrait les conséquences que bien plus tard.

Comme le passé.

Le problème semblait insurmontable. Comme Margaret Howell l’avait raconté aux médecins, son ancêtre semblait avoir emporté son secret avec elle lorsqu’elle était morte.

Puis il se souvint. Il agrippa le bras de Foster qui se raidit.

“Quoi ?

— Je crois savoir où nous pourrons découvrir ce que fuyaient Sarah et Horton.

— Où ?

Dans la tombe de Sarah Rowley.”

16

“Vous voulez qu’on la déterre ?”

Au départ, Foster pensait que Nigel plaisantait, mais la lueur d’excitation qui brillait dans ses yeux indiquait qu’il n’en était rien. Il était très sérieux.

“Vous avez une idée de la difficulté que cela représente d’obtenir une exhumation ? Le ministre de l’Intérieur doit donner son accord. Il faut une très, très bonne raison.”

Nigel continuait à hocher la tête, des étincelles dans les yeux.

“Et vous pensez que nous allons trouver quoi ? Un document qui expliquera parfaitement ce qui lui est arrivé, et par conséquent ce qui est arrivé à Naomi Buckingham ?

— Je ne sais pas. Mais elle a spécifié dans son testament qu’elle voulait être enterrée avec une boîte en métal. Pourquoi insisteriez-vous pour être enterré avec quelque chose, si ce n’est pour être sûr que personne ne puisse mettre la main dessus ? Cela ne nous conduira peut-être pas à Naomi Buckingham ou au tueur de sa mère, mais cela pourrait nous en rapprocher.”

Foster se frotta le menton. Cela n’allait pas être une demande facile. Pour commencer, la raison principale qui motivait l’exhumation du corps venait d’une fêlée notoire. Le fait que le testament fasse mention de la boîte pouvait jouer en leur faveur, mais il savait que Harris n'approuverait jamais cette démarche dans le cadre de l'enquête.

"Le testament stipule qu'elle est en métal ?"

Nigel acquiesça.

"Bien, cela veut dire qu'elle a probablement survécu." Il continuait à se triturer le menton. "Vous savez où elle est enterrée ?

— Au cimetière d'East Ham. Je peux trouver l'emplacement de la tombe."

Nigel avait encore les yeux pleins d'étoiles. Des secrets dissimulés dans une tombe. Foster s'imaginait que pour un généalogiste, cela tenait du rêve érotique. Cela changerait sûrement lorsque l'exhumation aurait lieu et qu'il constaterait que la réalité était bien moins romantique. Foster soupira, il avait lui-même du mal à croire à ce qu'il s'apprêtait à faire.

"Je devrais pouvoir obtenir l'autorisation, dit-il. Cependant, si cela se fait, il faudra que vous soyez là avec moi. On la sort de terre et elle y retourne dans la foulée. On inspecte la chose sur place."

Il vit l'excitation quitter soudainement le visage de Nigel qui devint blanc comme un linge. Il est déjà bien moins enthousiaste, pensa-t-il.

Ils roulèrent en direction de Colchester sous une pluie qui s'abattait sur leur pare-brise comme de minuscules cailloux, jusqu'à la demeure du chancelier du diocèse de Chelmsford, Kenneth Brewis. Foster avait appelé au préalable pour s'assurer que Brewis était présent et avait pu lui parler en personne. Il les avait poliment, mais sèchement, invités à passer chez lui pour qu'ils lui exposent l'urgence de leur requête. Foster savait qu'il ne fallait pas perdre de temps, même si cela impliquait un long trajet – et pour couronner le tout, le chancelier vivait dans la partie du diocèse la plus éloignée de Londres. Brewis était Conseil de la reine, et l'idée de se retrouver face à un avocat imbu de lui-même qui allait l'ennuyer à mourir avec les arcanes de la loi ecclésiastique ne l'enchantait pas particulièrement. Au sein de l'Église, la bureaucratie était encore plus labyrinthique que celle de la police moderne. Mais il ne pouvait se permettre de laisser passer le week-end.

"La police ne peut-elle pas y aller et faire ce qu'elle a à faire ? demanda Nigel. Pourquoi l'Église doit-elle être impliquée ?

— Nous intervenons en terre consacrée, il nous faut donc leur aide. S'il y avait un motif irréfutable pour déterrer le corps, un mandat signé par un légiste serait assez facile à obtenir et ils nous laisseraient agir sans protester, expliqua Foster. Mais dans le cas présent, ce n'est pas le corps, ou le peu qui en reste, qui nous intéresse. Nous avons besoin de savoir ce qui est enterré avec et pour cela il nous faut la permission de déranger la sépulture, pas d'exhumer, ce qui est du ressort individuel des Églises – et dans le cas de l'Église anglicane, du ressort du diocèse. En tout cas, c'est ce que je crois.

— Je l'ignorais, répondit Nigel. Cela veut dire que vous l'avez déjà fait, alors ?

— Non. Mais il se trouve que je sais qui appeler pour obtenir l'information. Une tombe est une terre consacrée. C'est à nous de nous assurer que notre affaire est suffisamment importante pour qu'on nous autorise à pénétrer sur les lieux avec une pelleteuse.” Il savait que les demandes telles que celle qu'il s'apprêtait à formuler prenaient des semaines, et non des heures. Il espérait donc qu'une visite en personne permettrait d'accélérer le processus.

La maison de Brewis était une bâtisse majestueuse, en pleine campagne, à la frontière du Colchester. Un ancien presbytère en pierre, décoré de lierre grimpant. Tandis qu'il se garait, Foster, admiratif, remarqua une Jaguar élancée garée devant la maison. La pluie s'était transformée en une bruine opaque. Ils sortirent de la voiture et se dirigèrent vers la porte d'entrée, ornée d'un heurtoir en laiton ouvragé supportant la tête joufflue d'un chérubin. Foster le laissa retomber contre la porte et l'écho du coup mat se répandit dans toute la demeure. Derrière lui, Nigel dansait d'un pied sur l'autre, mal à l'aise. “Ne vous inquiétez pas, essaya de le rassurer Foster. Je m'occupe de la discussion. Contentez-vous de sourire, d'avoir l'air bien élevé et de boire tout le thé que l'on vous servira.” Barnes lui adressa un sourire mal assuré et repoussa une mèche rebelle qui pendait sur son front.

La porte s'ouvrit sur un homme d'une cinquantaine d'années, bien nourri, vêtu d'un gilet et d'un vieux pantalon, une paire de demi-lunes perchée sur l'arête du nez. Il les observa avec curiosité.

“Inspecteur Foster ? demanda-t-il, presque enthousiaste.

— Lui-même, répondit Foster en lui tendant la main. Monsieur Brewis ?

— Entrez, entrez, dit-il en les invitant à le suivre.

— Désolé de nous imposer ainsi un samedi, ajouta Foster par acquit de conscience.

— Ne vous inquiétez pas. Avec un temps pareil, qu'aurais-je pu faire de toute façon ?" Ils le suivirent dans le couloir et il les fit entrer dans une vaste salle de réception. "Toute la famille est de sortie, alors j'en profitais pour trier de la paperasse et m'occuper des affaires du diocèse."

Une fois qu'ils furent installés sur un grand canapé, Foster présenta Nigel comme quelqu'un aidant la police dans le cadre de leur enquête.

"Oui, et quel est donc l'objet de cette enquête ? Je dois dire que je me suis demandé ce qui pouvait bien vous faire quitter Londres par un samedi après-midi aussi calamiteux pour venir jusque dans le Colchester. Depuis votre appel, je ne cesse de me poser la question.

— Êtes-vous parvenu à une conclusion ? demanda Foster en souriant.

— Peut-être. La police s'intéresse rarement aux affaires du diocèse, à moins qu'elle ne souhaite obtenir une autorisation d'exhumer.

— Vous avez mis le doigt dessus du premier coup."

Le regard de Brewis s'alluma. "J'en étais sûr." Puis, il fit prendre à son visage l'expression de sérieux qui lui semblait la plus adaptée à une discussion portant sur une exhumation. "Bien sûr, vous êtes au courant de la procédure qu'implique ce genre de démarches ?

— Oui, je le suis.

— Mais, en l'occurrence, cela doit être urgent, sans quoi vous ne vous seriez pas déplacé en personne.

— C'est extrêmement urgent. Nous avons des raisons de penser que la tombe d'une femme enterrée dans le cimetière d'East Ham, une paroissienne de St Bertram à East Ham, renferme quelque chose à même de nous aider dans le cadre d'une enquête en cours."

Foster était fier de constater qu'il pouvait encore, après toutes ces années, employer le langage formel de la police, mais il vit dans le regard de Brewis qu'il allait devoir en faire un peu plus. "Bien sûr, je ne peux pas entrer dans les détails, mais ce qui se trouve dans cette tombe pourrait nous aider à appréhender un tueur."

Il vit Brewis hausser les sourcils et se l'imagina, à peine auraient-ils quitté les lieux, décrochant le téléphone pour annoncer la nouvelle à ses copains du diocèse.

"Ah, dit-il. Dans ce cas, nous ferions mieux de nous bouger pour vous venir en aide. Il me faut des détails supplémentaires, au sujet du défunt bien sûr, les membres de la famille doivent être informés…

— Elle est morte en 1913.

— Je vois. Eh bien, la propriété de la tombe passe d'héritier en héritier. Il va falloir chercher ses descendants…"

Foster se pencha en avant. "Nous pouvons vous aider – mon ami ici présent est un généalogiste. Nous avons retracé sa généalogie. Elle n'a pas de descendants vivants."

Masqué du regard de Brewis par une table basse assez imposante, Foster posa son pied sur celui de Nigel et appuya dessus fermement. Nigel, qui s'apprêtait à parler, fronça les sourcils lorsqu'il sentit la pression sur son pied et regarda Foster avec un air interrogateur pendant quelques secondes avant de capter le message.

"C'est exact, murmura-t-il. Elle n'a, euh, pas de descendants vivants."

Foster hocha la tête et ôta son pied de la richelieu de Nigel. "Vous voyez, la seule permission dont nous ayons besoin est celle du diocèse. Donnez-nous le document nous autorisant à procéder à l'exhumation – et encore, je parle d'exhumation, mais nous n'avons pas l'intention de déplacer le corps. Nous souhaitons simplement ouvrir le cercueil, regarder à l'intérieur, y récupérer ce que nous y trouverons, avant de le refermer et de le remettre en terre."

Brewis resta silencieux un instant. "Je n'y vois pas d'inconvénient si cela s'inscrit dans le cadre de votre enquête, mais il me faut l'approbation des autres membres du diocèse. Et il va falloir que vous m'adressiez les informations et les papiers requis.

— Je vous garantis que vous les aurez, mais après l'opération. Nous sommes réellement face à un cas d'extrême urgence.

— Quand voulez-vous intervenir ?

— Demain ?

— Un dimanche ?", dit Brewis avec un tel air qu'on aurait pu penser que Foster venait de lui proposer d'initier sa fille aux délices du sexe et des drogues. "C'est impossible. Lundi oui, mais pas pendant le sabbat.

— Je comprends, conclut Foster en se levant. Il vaut mieux faire ces choses la nuit. Nous disons donc minuit et une minute, lundi matin."

Sur la route du retour, Foster reçut deux appels. Le premier de David Alvin qui lui annonça qu'il acceptait de lui transmettre les informations sur la scène de crime et l'autopsie afin qu'il puisse les communiquer à Susie Danson. Alvin lui expliqua clairement que de son point de vue, il s'agissait d'un règlement de comptes entre gangs : apparemment, Martin Stamey ne manquait pas d'ennemis. Le second émanait de Heather. Foster lui avait demandé de faire quelques recherches sur les quatre Robinsons ayant émigré en Nouvelle-Zélande sept ans auparavant.

Tous étaient morts dans l'incendie de leur maison deux ans plus tôt, à l'exception de Louise Robinson, dont Heather se souvenait avoir vu le nom sur la liste que Nigel avait établie. L'enquête avait conclu à des morts accidentelles. Les services locaux étaient en train de ressortir les dossiers pour leur faxer.

Foster nourrissait des doutes. La fille se trouvait dans la maison mais était parvenue à s'enfuir avec des blessures mineures. Elle avait depuis été admise dans un foyer. Cette gamine, Rachel Stamey, Anthony Chapman, où qu'il puisse être, et Gary Stamey étaient les derniers descendants. Puis il se souvint de David Stamey, encore incarcéré. Fallait-il le mettre sous protection ? Il décida qu'il était probablement hors d'atteinte derrière les quatre murs et les barreaux de sa cellule.

Il faisait nuit lorsqu'il arriva chez lui après avoir déposé Barnes à son appartement. Foster déverrouilla la porte et alla droit dans la cuisine où il se servit un verre de vin avant d'ouvrir le réfrigérateur dans l'espoir d'y dénicher quelque chose de comestible. Devant l'ampleur du désastre, il jugea plus sage de se contenter de liquide. Il gagna le salon et alluma la lumière.

Gary Stamey se tenait sur le canapé, droit comme un "i", les mains fourrées dans les poches. Foster, surpris, fit un bond avant de se ressaisir.

"Alors, je te manquais trop, hein ?", dit-il pendant que son rythme cardiaque revenait à la normale. Il s'avança et posa la main sur le radiateur. Glacé. Foutue chaudière, pensa-t-il.

Gary restait silencieux et immobile.

Foster s'assit dans le fauteuil, regardant le garçon du coin de l'œil. "Par curiosité, et pour ma tranquillité d'esprit, comment diable es-tu entré ?"

Gary haussa les épaules. "Vous disiez que cet endroit était sûr. C'est pas vrai. Je suis entré par la fenêtre de la cuisine à l'arrière. Y a pas de verrou dessus.

— Je devrais t'embaucher. Pour aider les gens à trouver les points faibles dans la sécurité de leur domicile. Où as-tu passé la journée ?

— Par-ci, par-là.

— Pourquoi es-tu revenu ?"

À nouveau, Gary haussa les épaules. "Chais pas. Pas d'endroit où aller. Y f'sait froid."

Foster pressentit qu'il y avait quelque chose d'autre.

"Je crois que j'étais suivi.

— Que veux-tu dire ? Tu as vu quelqu'un te suivre ?"

Il fit signe que non. "Je l'ai senti."

Foster hocha la tête. "À pied ou en voiture ?

— Chais pas. J'peux pas dire. J'ai juste eu l'impression qu'on me surveillait."

Probablement un peu de paranoïa, pensa Foster. Toutefois, étant donné que Gary était un gars qui savait à quoi cela ressemblait d'être filé, en général par les forces de l'ordre, il n'en démordrait pas.

"Tu crois que l'on t'a suivi jusqu'ici ?", demanda Foster.

Il haussa les épaules. "Chais pas. J'crois pas. J'ai chopé un train qui sortait de Londres. J'suis descendu, j'me suis planqué et j'ai repris un train dans l'autre sens. J'ai marché presque tout le trajet pour venir ici. J'ai pris deux bus et un métro. J'pense pas que quelqu'un ait pu me suivre tout du long.

— Tu as fait ce qu'il fallait. Tu es en sécurité ici. Je te le promets." Il changea de sujet. "Tu as mangé quelque chose ?"

Son visage s'illumina. "Nan, j'ai les crocs. Y a que dalle dans votre frigo.

— Tu veux que je commande quelque chose ?"

Gary acquiesça avec vigueur.

"Quel genre ? Indien ? Pizza ?"

La deuxième idée sembla lui plaire particulièrement.

"Quel assortiment ?

— Une Hawaïenne.

— Celle avec de l'ananas ?" Foster ne put s'empêcher de plisser le nez. Dans son univers, mettre des fruits sur une pizza était surréaliste. Mais, au nom de l'hospitalité, il laissa courir et alla dans le couloir pour passer la commande. Lorsqu'il revint, Gary avait allumé la télévision et regardait un match de football.

"Vous avez la chaîne des sports, dit-il avec une pointe d'excitation.

— Ouais. Je me demande bien pourquoi. Je ne supporte pas le football d'aujourd'hui. Des prima donna surpayées qui passent leur temps à tomber et s'habillent comme des gonzesses. C'était un sport de contact avant. Quelle est ton équipe préférée ?

— Chelsea.

— J'aurais pensé qu'un gars de l'Essex comme toi aurait été supporter des Hammers."

Sa lèvre se retroussa avec une moue de dégoût. "Nan, ils sont nuls à chier."

Foster secoua la tête. "Tu vois, ça aussi ça a changé. Les gens supportent les équipes qui sont les meilleures, pas leurs équipes locales."

Gary haussa les épaules. “Chelsea m’avait repéré, alors c’est elle que je préfère.

— Ils t’avaient repéré ? Vraiment ? Quand ?

— Quand j’avais huit ans. J’allais au club de foot Gateway tous les samedis matin. Leonie m’accompagnait en bus. Ils avaient des tas de terrains et de matériel. Ceux qui cherchaient des jeunes talents venaient nous voir jouer. Y en a un qui m’a parlé et qui voulait parler à ma mère. Il était de Chelsea. J’ai été à une séance d’entraînement. Mais après, maman est morte et Leonie est partie et j’y suis plus allé pendant un moment. Et puis, quand ils ont entendu dire que j’avais des problèmes, ils ont laissé tomber. J’ai continué à aller au Gateway pour jouer, mais ça fait un moment que j’y suis pas retourné.

— Et pourquoi ?”

Un autre haussement d’épaules. “Trop de galères. On m’a déplacé trop souvent.

— Ça te manque ?

— Ouais, admit-il avec sincérité. J’adore jouer au foot. C’est le seul truc où je suis bon.

— Tu joues à quel poste ?

— J’ai pas fait beaucoup de matchs, mais quand on en a fait j’étais milieu de terrain.”

Foster secoua la tête. Si seulement ce gosse pouvait être sorti de la rue et mis sur un terrain de football, il passerait moins de temps à voler. “Tu devrais continuer. À l’évidence, tu es doué. Ce serait dommage de gâcher ton talent.”

Gary ne répondit pas. Sur l’écran, le commentateur éructait de plaisir après une prouesse technique. Ils se tournèrent tous les deux vers l’écran pour regarder le ralenti. “C’était trop fort”, dit Gary tandis qu’au rythme irréel du ralenti, le buteur après avoir attiré son adversaire vers lui, exécutait un passement de jambe qui laissait le défenseur sur place, brassant de l'air.

"Impressionnant", admit Foster. Ils s'assirent et regardèrent le reste du match qui s'acheva sur un score nul. Les pizzas arrivèrent. Une fois encore, Gary avala la sienne comme si on s'apprêtait à la lui voler. Foster partit en quête de ses pilules digestives. Deux commandes de plats à emporter coup sur coup avec, pour couronner le tout, le hamburger qu'ils avaient avalé au moment du déjeuner avec Barnes, cela commençait à faire beaucoup. Il se versa un autre verre de vin. De retour dans le salon, il trouva Gary qui zappait de chaîne en chaîne. Il avait fini par ôter son manteau.

Foster s'assit et dégusta son vin. Gary ne trouvait rien d'intéressant. Il s'aperçut que Foster l'observait.

"Elle m'a contacté, dit-il simplement.

— Leonie ?"

Gary opina.

"Quand était-ce ?

— Environ un an après sa disparition."

Foster douta un instant. Quelque chose clochait. "Tu étais en famille d'accueil ?

— Ouais.

— Comment t'a-t-elle contacté ?

— Une lettre.

— Comment a-t-elle su où l'envoyer ?

— Elle l'a envoyée au club de foot Gateway. Elle a dû se dire que c'était le seul endroit où on pouvait me trouver. L'entraîneur me l'a donnée un samedi matin.

— Qu'est-ce qu'elle disait ?"

Il plongea la main dans la poche de son manteau et en sortit une enveloppe froissée et grisâtre, aux bords pelucheux. “Faites attention, elle tombe en morceaux”, le prévint-il.

Foster examina l’adresse. Gary Stamey, c/o Club de Football Gateway, Barking, Essex. Le timbre avait disparu depuis longtemps. Pas de code postal. Il s’imagina qu’elle avait dû mettre un bon moment avant d’arriver à destination. Il vit la trace d’un autocollant sur l’un des coins du bas de l’enveloppe.

“Il y avait un autocollant dessus ? De la poste aérienne ?

— Je sais plus ce qu’il y avait marqué dessus, mais y avait un autocollant, répondit-il. Il est tombé. Comme le timbre.

— Tu te souviens comment était le timbre ? Y avait-il la tête de la reine dessus ?”

Il secoua la tête. “C’était pas la reine. C’était des montagnes et des trucs, comme un coucher de soleil.”

Cela ne disait rien à Foster.

Lentement, il sortit le contenu de l’enveloppe. La lettre avait été pliée et dépliée tant de fois qu’elle se désintégrait le long des plis. Il y avait des traces de doigts, probablement ceux de Gary. Pour une lettre qui avait deux ans, elle était plutôt en bon état.

Il déploya la feuille de papier. L’écriture était celle d’une adolescente ; des lettres bien rondes avec des cercles au-dessus des i à la place des points.

Gary semblait mal à l’aise, embarrassé. “Vous pouvez me la lire ? demanda-t-il.

— Hein, tu ne l’as pas… ?” Il lui fallut quelques instants pour comprendre. “Tu ne sais pas lire ?”

Gary secoua la tête avec tristesse.

“Tu n’as jamais demandé à quelqu’un de te la lire ? interrogea Foster, incrédule.

— Non. Je savais que c'était un secret. J'ai pu en lire un peu. Je savais que c'était elle à cause de l'écriture et du nom. Je reconnais quelques mots. Mais, j'ai jamais pu la lire en entier."

Le gamin l'avait gardée sur lui pendant deux ans. À en juger par son aspect, il l'avait sortie de l'enveloppe pour la lire de nombreuses fois. Mais il n'avait pas été en mesure de comprendre le message que sa sœur lui avait adressé.

"OK" Il la parcourut rapidement. Il allait devoir corriger pas mal de fautes de syntaxe pour la rendre compréhensible.

Mon Gary

J'espère que cette lettre t'arrivera et te trouvera en bonne santé. Je l'ai envoyée au club de football parce que je sais que c'est un endroit que tu aimes. J'espère que tu y vas encore.

Je voulais juste que tu saches que je vais bien. Désolée d'être partie ainsi, mais il le fallait. C'était le moment. Je sais que tu dois être en colère après moi de t'avoir laissé, mais il ne le faut pas. C'est normal que cela t'embête, mais il fallait que je parte. Je suis avec des gens bons. Ils s'occupent de moi. Je m'ennuie parfois, mais il n'y a pas de drogues et tout le monde est heureux, personne ne boit de bière ou quoi que ce soit de ce genre. J'ai appris à faire des tas de choses comme de la couture et nous avons des animaux, des vaches, des cochons et la campagne est si belle. Bien plus que dans l'Essex. La maison ne me manque pas du tout. Toi, en revanche, oui.

Ne parle à personne de cette lettre ! Les derniers jours approchent et nous serons à nouveau ensemble dans le royaume céleste, comme une famille, et nous retrouverons maman. Dieu l'a dit. Essaie de ne pas t'attirer d'ennuis, même si je sais que c'est impossible pour toi !

Dieu t'aime et moi aussi,

Leonie X

PS : Je suis mariée !

Foster leva le regard et vit les grands yeux bruns de Gary noyés de larmes. Il essayait désespérément de ne pas pleurer, mais il était en train de perdre la bataille.

"Mariée, répéta Foster. C'était un an après son départ ? Alors elle n'avait que quinze ans ?"

Gary ne disait rien. Il se contentait de regarder ses mains en reniflant copieusement. Foster relut la lettre, en silence. Apparemment, Leonie était entrée en religion, mais en plus il s'agissait d'une forme assez extrême. Les gens chez qui elle était tombée étaient abstinents, à l'évidence, ce qui lui fit penser à une sorte de secte. Et ces "derniers jours" ? De quoi s'agissait-il exactement ? Il demanda à Gary, mais il n'en savait rien. Une fois encore, il lui parut si petit, si solitaire.

"Elle est encore vivante, bonhomme, reprit doucement Foster. Et elle explique que vous serez à nouveau ensemble un jour. Maintenant que tu m'as montré sa lettre, cela a encore plus de chances de se produire. C'était la bonne chose à faire, pour toi. Et en plus, c'est courageux.

— Vraiment ? dit Gary dont le visage s'éclairait. Vous pensez que vous pouvez la retrouver ?

— Je suis sûr qu'on va la retrouver." Il lui passa la main dans les cheveux. "Je vais te servir un autre verre de Coca et on va te trouver un bon film."

Une fois que Gary fut installé devant la télévision, il se rendit dans la cuisine, alluma son ordinateur portable et lança une recherche sur les termes "derniers jours". Il obtint un ramassis de réponses sans intérêt ou délirantes. Des sites discutant de l'obsolescence des systèmes informatiques, mélangés avec d'autres annonçant la fin du monde – Le Jour du Jugement dernier et l'Apocalypse. Les prophéties s'accomplissaient, des milliards d'êtres allaient mourir et Jésus-Christ allait revenir sur terre. Foster partit du principe que Leonie faisait référence à cette dernière possibilité. Il tapa ensuite "royaume céleste".

Cela le conduisit directement sur le site de Wikipédia. Le royaume céleste était le plus élevé des trois degrés de gloire tels qu'envisagés par l'Église des saints des derniers jours.

Les mormons, pensa-t-il.

Il passa en revue les autres entrées. L'origine de l'Église, les visions de Joseph Smith – était-ce lui le Joe du livre dont avait parlé Gary ? Les tables d'or qu'il avait découvertes, sur lesquelles il avait basé le *Livre de Mormon*, son trésor, la persécution des premiers fidèles, leur fuite jusqu'au refuge de Salt Lake City, l'évolution de la secte jusqu'à ce jour et son rang de religion connaissant la plus forte croissance au monde. Il apprit les croyances fondamentales de l'Église, frissonna à l'idée de la vie d'abstinence des fidèles. Il s'intéressa particulièrement à la manière dont ils envoyaient les plus jeunes recrues de par le monde pour faire œuvre missionnaire, de porte en porte. Y avait-il eu un mormon œuvrant dans le quartier de Leonie et Gary ?

Il avait besoin d'en savoir plus.

17

Une autre nuit de garde sur le canapé pour empêcher Gary de partir ou quelqu'un d'entrer. Foster était raide comme un bout de bois. Il avait confectionné un sandwich au jambon pour chacun d'eux ; ensuite, il avait bu son thé tout en vaquant à ses occupations tandis que le gamin regardait la télévision, mâchoire pendante, hypnotisé par un dessin animé débile. Foster se glissa dans le jardin et posa du Scotch sur le joint entre la fenêtre de la cuisine et son cadre puis, il fit de même avec la porte arrière et la vieille porte-fenêtre au fond du salon. Avant de partir pour Kensington et le temple mormon, une fois que Gary fut installé dans sa voiture, il prétendit avoir oublié quelque chose et regagna la maison pour coller un autre morceau d'adhésif transparent au pied de l'encadrement de la porte d'entrée.

Le dimanche était un bon jour pour la chasse aux mormons. Ils étaient des dizaines à se rassembler autour du temple de South Kensington, dans leurs habits du dimanche, en attendant que le service commence. Foster ne savait pas à quoi s'attendre – tout ce qu'il connaissait du mormonisme, c'était que les Osmonds* en étaient

* Groupe musical mondialement célèbre originaire de l'Utah, composé de cinq frères.

membres et que les pratiques maritales y étaient, ou y avaient été, contestables. Il fut agréablement surpris de voir autant de gens d'apparence normale et pas des barjots chantants, affublés de robes.

Il intima à Gary de rester calme, de bien se tenir et ils suivirent la congrégation jusque dans le temple. Il s'installa à l'arrière, essayant de se faire le plus discrets possible même si tous les hommes, et certains des garçons, étaient en costume alors que lui-même portait un chino et un pull usé, qui peluchait. Gary, dans son jean sale et son blouson rembourré, était encore plus incongru, attirant sur lui son lot de regards inquiets.

La cérémonie ne fut pas très longue, mais Foster eut l'impression qu'elle durait une éternité. Des hymnes, des invocations, une litanie hypnotisante de devoirs et d'appels, de bénédictions, de baptêmes et de confirmations.

Elle cessa enfin. Foster demanda à Gary, pratiquement mort d'ennui, de rester assis et se dirigea vers l'avant du temple pour rejoindre l'homme rondouillard et imbu de sa personne qui avait ouvert le service. Foster resta sur le côté et le laissa s'entretenir avec des membres de la congrégation avant de profiter d'un instant de calme pour se présenter à lui avec autant de discrétion que possible. L'homme ne répondit pas, fronça à peine les sourcils et pinça les lèvres. "Vous auriez pu choisir un meilleur moment qu'un dimanche pour débarquer ici", rétorqua-t-il l'air ennuyé.

Débarquer, pensa Foster indigné. Je viens de passer plus d'une heure à me farcir les insupportables platitudes de sa congrégation – temps que je ne récupérerai jamais. Mais il garda ses réflexions pour lui.

“Il est extrêmement urgent que je vous parle, monsieur, euh… ?

— Brewster. Roger D. Brewster. Je suis le président de branche.

— Monsieur Brewster, je ne peux pas vous donner de détails. Mais il me faut quelques informations qui pourraient nous aider dans le cadre d’une enquête en cours sur un meurtre.”

Brewster dressa l’oreille à l’énoncé du mot “meurtre” et eut soudain l’air moins hostile. “Mon Dieu, murmura-t-il. Laissez-moi finir de saluer ces braves gens et nous parlerons ensuite.”

Il se remit à sourire, à serrer des mains et à hocher la tête avec sérieux pendant quelques minutes, jusqu’à ce que le hall se vide et qu’il ne reste plus qu’eux deux, ainsi que Gary.

“Comment puis-je vous aider ?

— Je suis à la recherche d’informations d’ordre général qui pourraient nous être utiles, expliqua Foster.

— Eh bien, je suis celui qu’il vous faut, ajouta Brewster. Il se trouve que je suis également le directeur des affaires publiques de l’Église dans ce pays.

— Vous êtes l’attaché de presse ?”

Il sourit. “Je préfère mon titre officiel, mais c’est plus ou moins ça. Que désirez-vous savoir ?”

Foster se demanda s’il était sage de laisser quoi que ce soit filtrer avec un type ayant des relations avec la presse. “Tout ce que je vais vous dire est strictement confidentiel, nous nous comprenons bien ?

— Bien sûr.

— Ai-je raison de croire qu’il est courant pour les jeunes hommes mormons de partir pour des missions ?

— Oui, c'est exact. Et pas seulement les hommes. De nombreuses jeunes femmes se voient assigner des missions, également. En général lorsqu'ils ont entre dix-neuf et vingt-cinq ans.

— Combien de temps partent-ils ?

— Deux ans. Dix-huit mois pour les femmes."

Ça ne colle pas, se dit Foster. Trois ans s'étaient écoulés entre la disparition de Leonie Stamey et celle de Naomi Buckingham. "Arrive-t-il que ces missions durent plus de deux ans ?

— Rarement. Nous avons quelques couples à la retraite qui font œuvre missionnaire pour des durées allant de trois mois à trois ans, en fonction des circonstances et de leurs ressources financières.

— Que se passe-t-il lors de ces missions ?"

Brewster émit un petit rire amusé. "De nombreuses choses. Les missionnaires sont en général envoyés dans des lieux éloignés de leurs propres foyers. Ils se rendent d'abord dans un centre de formation. Au Royaume-Uni, cela se passe à Preston. S'ils partent pour un pays où l'on parle leur langue maternelle, ils y séjournent trois semaines pendant lesquels on les informe sur leur mission, on leur apprend quel comportement ils doivent adopter, ils étudient les Écritures. S'ils doivent apprendre une langue étrangère, alors ils restent bien plus longtemps, jusqu'à trois mois.

— Cela signifie qu'un missionnaire travaillant dans ce pays ne serait pas forcément anglais ?

— Non, et il y a fort peu de chance pour qu'il le soit. Il est bien plus probable qu'il vienne de l'étranger, et principalement des États-Unis.

— Et quelle sorte de travail accomplissent-ils ? Il s'agit de porte à porte ?

— Eh bien, décrire cela comme étant du travail est légèrement inexact, bien que l'on puisse dire qu'ils accomplissent l'œuvre de Dieu. Les missionnaires payent pour le faire – ou leurs familles en tout cas. Mais, pour répondre à votre question, oui, le compagnonnage missionnaire implique de faire du porte à porte. Prêcher la parole peut également conduire à parler aux gens dans la rue, ou à prendre part aux activités de la communauté.

— Le compagnonnage missionnaire ? Ils ne font pas cela seuls ?

— Jamais. Laissez-moi vous expliquer. La plupart des missions sont réparties sur des aires géographiques que nous appelons des zones, et ces zones sont divisées en districts. Il y a entre quatre et huit missionnaires dans chaque district. Ils sont répartis en compagnonnage de deux, parfois trois missionnaires qui sortent ensemble. Chacun d'eux a pour consigne de ne jamais perdre les autres de vue sauf lorsqu'ils vont aux toilettes ou prennent une douche. Nous parlons là de jeunes gens. Les laisser à l'abandon dans les rues d'un pays inconnu, sans repères ni amitié serait une faute immense."

Gary avait expliqué que lors de ses visites, l'homme était seul. Foster commençait à penser qu'il perdait son temps. "Avez-vous gardé une trace des missionnaires qui ont exercé dans ces zones ?

— Je n'ai pas personnellement accès à ces informations, mais oui, il existe des archives. Il nous faut cependant une bonne raison pour les divulguer. Peut-être si vous preniez la peine de soumettre une demande par écrit… ?

— À votre attention ?

— Je pourrais la transmettre, oui.

— Je vous ferai parvenir quelque chose." Il prit un calepin dans la poche de sa veste, mais ce n'était pas la peine. Brewster avait déjà sorti une carte de son portefeuille. Foster le remercia et la glissa dans sa poche.

"Si quelqu'un parle des derniers jours, peut-on déduire qu'il s'agit d'un mormon ?"

Il secoua la tête. "Pas forcément. Presque toutes les religions dans le monde ont leur propre conception de la fin des temps, du retour du Seigneur et de l'avènement du royaume de Dieu. Les détails spécifiques sont fonction de la religion elle-même. Chacune a ses propres signes, traditions et croyances à propos des derniers jours. Certains pensent qu'une série de catastrophes naturelles annonceront le retour du Seigneur. D'autres que cela nous tombera dessus comme un voleur dans la nuit. Nous, mormons, pensons que les derniers jours sont déjà là, d'où le nom de "saints des derniers jours", même si cela ne signifie pas que la fin soit proche. Seulement que nous sommes plus près de la fin du Livre que du début. Que nous nous tenons prêts."

Foster se demanda comment l'on faisait pour se préparer à la fin du monde. "Et si cette même personne mentionne également le royaume céleste ? demanda-t-il.

— Alors, je vous répondrai qu'il s'agit certainement d'un membre de l'Église. Quel était le contexte ?

— Juste une lettre adressée par une sœur à son frère sur le fait qu'ils seraient réunis dans le royaume céleste après les derniers jours. Ils sont séparés.

— Le royaume céleste est le niveau le plus élevé du paradis, la résidence de Dieu le Père et de Jésus-Christ.

Nous croyons que ceux qui ont été justes, qui ont accepté les enseignements de la foi et ont vécu en accord avec les principes et les commandements de notre prophète durant leurs vies de mortels, seront réunis avec leurs familles dans l'au-delà. Je suppose que le frère est également membre de notre Église."

Foster faillit éclater de rire à l'idée que Gary puisse être un fidèle de quelque religion que ce soit. "Pas vraiment, répondit-il.

— Dans ce cas, il ne sera pas admis au sein du royaume céleste. S'il vit de façon respectable mais qu'il rejette la parole de Jésus-Christ, il prendra place dans le royaume terrestre. Ou bien, que Dieu l'en garde, s'il ne vit pas de façon respectable et rejette le témoignage du Christ, il se retrouvera dans le royaume céleste avec les menteurs, les adultères, les pécheurs et plus généralement les malfaisants."

C'est certainement là que l'on s'amuse le plus, se dit Foster.

"À moins, bien sûr, qu'il ne soit mort et apte à recevoir la parole dans le monde spirituel, poursuivit Brewster.

— Vous pouvez répéter? dit Foster.

"Eh bien, nous, les saints des derniers jours, croyons que les morts peuvent être baptisés par procuration, accueillis dans la foi et par conséquent dans le royaume de Dieu.

— Comment cela fonctionne-t-il?

— Cela signifie que l'on peut baptiser quelqu'un pour ses ancêtres décédés."

Foster faisait un effort pour comprendre ce que lui racontait Brewster. "Mais ces personnes sont mortes?

— Nous pensons que dans l'au-delà, les gens doivent être capables d'accepter la Parole, particulièrement s'ils n'ont pas été en mesure de la recevoir lorsqu'ils étaient sur terre. Cela reste leur choix de l'accepter ou pas."

Les aberrations de la religion l'avaient toujours décontenancé, mais cette histoire de baptême des morts était l'une des choses les plus étranges auxquelles Foster ait été confronté. Brewster sembla percevoir son incrédulité.

"Cette croyance n'est pas partagée par les autres chrétiens, expliqua-t-il. Cependant, certains pourraient argumenter que la Bible le préconise. Sans cela, pourquoi Paul écrit-il dans les *Corinthiens 15:29* : « S'il en était autrement, que gagneraient ceux qui se font baptiser pour les morts ? Si les morts ne ressuscitent absolument pas, pourquoi donc se font-ils baptiser pour eux ? » Malgré ce débat, il s'agit de l'un des fondements de notre foi. C'est également la raison pour laquelle nous sommes si actifs dans le domaine de la généalogie. Nous demandons à tous les membres de l'Église de tracer leur arbre généalogique et de baptiser leurs morts au temple, par procuration."

Où que je me tourne, songea Foster, je tombe sur des gens à la recherche de leur passé. Il nota dans un coin de son esprit d'en parler avec Barnes plus tard dans la journée. Il y avait quelque chose dans ce qu'avait dit Brewster qui le chagrinait. "Donc, le frère dont je vous ai parlé plus tôt, qui n'est pas un ange et certainement pas un mormon, ne serait pas admis au royaume céleste à moins d'être converti au mormonisme ?

— C'est exact.

— Mais on pourrait le convertir s'il était mort ?

— On pourrait lui offrir cette possibilité, oui.
— Merci. Je vous recontacterai", conclut-il avant de tourner les talons et de récupérer Gary au passage.

Ils revinrent chez Foster tôt dans la soirée. Foster avait conduit Gary au commissariat et l'avait laissé surfer sur Internet pendant qu'il passait quelques coups de fil et consultait les fax reçus de Nouvelle-Zélande. Cela ressemblait à un cas de mort accidentelle, ouvert et rapidement classé. Pas de soupçon quant à la possibilité d'un incendie criminel. La fille avait sauté par sa fenêtre avant que la fumée ne la submerge. Le reste de sa famille n'avait pas eu autant de chance. Il glissa les documents dans sa poche pour les étudier plus en détail une fois chez lui.

Ils se garèrent à bonne distance de la porte d'entrée. Les voisins partis pour le week-end étaient rentrés et leurs voitures occupaient la plupart des emplacements situés autour de sa maison. Les dimanches soir étaient toujours les pires pour trouver une place de stationnement.

Ils arrivèrent devant la porte. Foster enfonça la clé dans la serrure et se souvint. Avant d'ouvrir la porte, il regarda en bas. Le Scotch était encore en place. Il s'avança dans le couloir, ôta son manteau et se rendit dans le salon où il alluma la télévision pour Gary. Il avait eu l'intention de passer prendre de quoi manger mais le temps lui avait manqué. Il se ferait à nouveau livrer des plats même si à ce rythme les kilos qu'il avait perdus seraient vite de retour.

Gary se laissa tomber dans le canapé pendant que Foster fermait les rideaux de la porte-fenêtre. Il vérifia la bande adhésive.

Elle était rompue.

Quelqu'un était entré dans la maison.

Il extirpa un mouchoir de sa poche avec lequel il s'enveloppa la main et fit jouer la poignée. La porte s'ouvrit. La serrure avait été forcée. Étant donné son âge et son état, cela n'avait pas dû demander un gros effort. Il abandonna Gary dans le salon et ferma la porte de la pièce derrière lui. Il s'approcha du porte-manteau du couloir et prit un vieux club de golf, la seule arme dont il disposait.

Il gravit les escaliers. La salle de bains était vide. Sa chambre et la chambre d'amis également. Il fouilla les placards, sous chaque lit et dans la penderie du palier. Rien. Il respira.

Il inspecta la fenêtre déverrouillée dans la cuisine, celle par laquelle Gary était entré. La bande adhésive était intacte. Celle de la porte du fond était déchirée. L'intrus était arrivé par le jardin, à l'arrière de la maison, avait forcé la porte-fenêtre et était sorti par la porte de derrière.

Sa maison n'était plus sûre.

18

La nuit du dimanche était arrivée. Naomi demeurait introuvable. Nigel était assis. Son estomac faisait des bonds. Foster l'avait appelé pour lui confirmer que l'exhumation aurait lieu le soir même et qu'il passerait le chercher à neuf heures. Lorsque celui-ci téléphona depuis sa voiture pour lui dire qu'il attendait à l'extérieur, Nigel sortit de chez lui avec la démarche d'un condamné à mort, sans trop savoir à quoi s'attendre. En tout cas, pas à trouver un jeune garçon, assis à l'arrière.

"Nigel, je vous présente Gary", annonça Foster. "Gary Stamey", se contenta-t-il d'ajouter.

Le garçon ne cligna même pas les yeux, se contenant de regarder par la vitre, l'air mauvais.

"Je le laisse chez Heather pendant que nous vaquons à nos petites affaires."

Nigel comprit immédiatement qui était le garçon. En revanche, la raison pour laquelle il se trouvait dans la voiture de Foster lui échappait. Il se dit toutefois qu'il valait mieux garder ses questions pour un autre jour.

Devant chez Heather, Nigel resta dans la voiture pendant que Foster et le gamin remontaient l'allée qui menait à la maison. Foster fut de retour moins d'une minute plus tard. “Heather vous passe le bonjour, marmonna-t-il en s’installant.

— Vraiment ?”, demanda Nigel en essayant de feindre la décontraction.

Un sourire passa rapidement sur le visage de Foster. “Allez, au cimetière !”, ordonna-t-il en mettant le moteur en route.

Le cimetière se trouvait de l’autre côté de Londres, à une heure de trajet. La ville était noyée sous la pluie, les trottoirs trempés renvoyaient la lumière floue et orangée des lampadaires. Pendant que les essuie-glaces exécutaient leur danse hypnotique, Nigel observait la faune des citadins qui entraient et sortaient des pubs, des boutiques et des maisons, vêtus pour affronter les éléments, ou qui se tenaient assis, le visage impassible, dans des bus les menant Dieu sait où. Par moments, il apercevait de jeunes amoureux qui riaient ou des gamins en train de jouer, des éclairs de lumière et de joie au milieu de la nuit hostile. Il y avait quelque chose dans les dimanches qu’il ne parvenait pas à supporter, une mélancolie, des regrets. Il éprouvait la même chose chaque semaine depuis qu’il était enfant. Toutes ses idées noires, ses erreurs passées, ses angoisses semblaient revenir le hanter ces soirs-là en particulier. Même s’il n’avait pas, comme la plupart des gens, à se lever pour aller trimer dans un bureau le jour suivant, le blues du dimanche soir ne l’avait jamais quitté.

Foster rompit le silence aux alentours de King’s Cross.

“Que savez-vous des mormons ?”, demanda-t-il.

Nigel en savait plus que la moyenne. “Sans eux, il y aurait très peu d’archives à consulter pour les généalogistes. Ils possèdent probablement la plus importante source d'archives, particulièrement en termes de collecte, d'assemblage et de mise à disposition en ligne."

Foster lui parla de sa visite le matin même au temple mormon. Du baptême des morts. "Foutrement bizarre, si vous voulez mon avis, ajouta-t-il. On dirait un kidnapping spirituel."

Nigel voyait ce qu'il voulait dire, mais il savait aussi que cela n'était pas aussi simple. "À leur décharge, il faut dire que les mormons considèrent les morts comme des êtres libres – comme nous, ils ont la possibilité d'accepter ou de rejeter la religion", expliqua-t-il.

Foster émit un petit rire ironique et murmura une injure à l'attention du conducteur qui les précédait. "Comment cela fonctionne-t-il pour les personnes ayant fait quelque chose de terrible ? Les meurtriers, les violeurs – est-ce que ces gens peuvent recevoir la parole du Christ après leur mort ?"

Nigel hocha la tête. À ce qu'il savait, c'était possible. "Cela a provoqué des protestations, notamment chez les juifs qui ont été particulièrement hostiles au fait que leurs morts puissent ainsi être récupérés. Les mormons ont déclaré qu'ils avaient cessé les baptêmes par procuration pour les défunts juifs qui n'étaient pas des ancêtres directs de mormons vivants.

— Seigneur, soupira Foster en secouant la tête. Vous voyez, pour moi, les morts sont morts. Ils sont partis, laissons-les en paix. Il faut les enterrer, pas se les approprier. Tout cela n'est que de la charlatanerie. Ne vous méprenez pas ; je pense cela de toutes les religions. Mais, au moins, la chrétienté traditionnelle est fondée sur des siècles d'acquis moraux et ses valeurs sont celles sur lesquelles ont été fondées nos sociétés. Pour moi, le mormonisme est un mensonge qu'un type a monté de toutes pièces et dans lequel il a entraîné un tas de gogos."

Nigel n'était pas un expert en matière de mormonisme. "Peut-être bien. Ils ont leurs bizarreries, je vous l'accorde. Mais, d'un point de vue purement égoïste, je suis ravi qu'ils aient de telles croyances. Je me fiche de savoir pourquoi ils ont rassemblé toutes ces archives. Nous sommes juste contents qu'ils l'aient fait et qu'ils nous laissent y accéder. D'ailleurs, pourquoi pensez-vous que toute cette histoire a un rapport avec le mormonisme ?

— Celui qui a fait subir un lavage de cerveau à Leonie Stamey avait quelque chose à voir avec la foi mormone. Cela me semble évident. Gary Stamey, le gamin que nous venons de déposer chez Heather, se souvient que sa sœur possédait un livre où il était question d'un garçon prénommé Joe qui avait découvert un trésor enterré. L'Église mormone a été fondée par un escroc appelé Joseph Smith qui fut guidé par un ange jusqu'à un endroit où il déterra des tablettes en or portant des écritures. De façon assez pratique, il se trouve qu'il a aussi déniché des lunettes spéciales qui lui ont permis de déchiffrer et de retranscrire ces tablettes. Carrément loufoque, si vous voulez mon avis. Mais bon, y a-t-il une religion qui résiste à l'analyse scientifique ?

"Si nous partons du principe que l'homme qui a rendu visite à Leonie Stamey est, d'une manière ou d'une autre, responsable de sa disparition, qui est elle-même liée à l'enlèvement de Naomi Buckingham et à l'assassinat de sa mère, il y a alors de fortes chances pour que ce soit la même personne et qu'elle soit liée de près ou de loin à la religion mormone. J'ai adressé une demande écrite à cette Église afin de savoir s'ils possèdent des renseignements sur un missionnaire qui aurait œuvré dans le quartier où vivait Leonie et sur ceux qui travaillent à proximité de Kensal Rise."

Il s'arrêta pour injurier un autre conducteur, en ajoutant cette fois un coup de klaxon rageur, puis revint au sujet. "Je pense que cette personne – ou ces personnes, ou qui que ce soit – va essayer de s'en prendre à Gary. Je suis d'ailleurs convaincu qu'ils ont déjà essayé. Leonie a écrit qu'elle le retrouverait au royaume céleste. Cela ne peut arriver que s'il est mort, à moins qu'elle ne revienne pour le convertir dans cette vie. On est entré chez moi par effraction hier. Une équipe s'y trouve en ce moment même pour y relever les empreintes, mais je doute qu'elle découvre quoi que ce soit. Je suis prêt à parier qu'il s'agissait du tueur."

Une pensée, une intuition flottait dans l'esprit de Nigel depuis qu'il avait vu la photographie de Sarah Rowley parmi les paroissiennes et lu l'oraison funèbre du prêtre. Elle mit un certain temps à se préciser et, soudain, cela le frappa comme si l'on venait de lui planter une aiguille dans le flanc.

Des membres d'une secte de l'autre côté de l'océan.

"Écoutez, dit-il. Sarah Rowley fuyait une sorte de secte, vraisemblablement située aux États-Unis." Quel autre pays de langue anglaise se trouve de l'autre côté de l'océan ? Cela colle avec les souvenirs de Margaret Howell. "Les chrétiens traditionnels pensaient, et beaucoup le pensent encore, que les saints des derniers jours n'étaient rien d'autre qu'une secte. Il pourrait s'agir des mormons. Je vérifierai cela demain."

Ils se garèrent à côté du cimetière d'East Ham.

"Oublions ça jusqu'à demain matin", conclut Foster. À l'idée de ce qui les attendait derrière les portes sombres du cimetière, Nigel sentit son cœur battre la chamade. "Vérifions d'abord s'il y a quelque chose d'enterré avec elle et si cela peut nous être utile.

La nuit était douce mais Nigel ne pouvait s'empêcher de frissonner bien qu'il ait enfilé une chemise, un pull en laine, une peau de mouton, une écharpe et un pardessus Crombie élimé. La pluie s'était atténuée, mais une odeur de terre humide et détrempée flottait dans l'air. Foster et Nigel traversèrent le cimetière jusqu'à la sépulture de Sarah Rowley. La tombe était envahie de lichen et de mauvaises herbes, simplement signalée par une stèle à demi inclinée, comme si le sol tentait patiemment de l'éjecter. Ou alors, Sarah Rowley cherche à sortir de là avant que nous ne la déterrions, songea Nigel, d'humeur macabre. Son estomac s'agitait. Un mélange d'excitation et d'angoisse que l'attitude déterminée de Foster n'atténuait pas, bien au contraire. Il n'osait imaginer ce que pourrait être la réaction de l'inspecteur s'ils découvraient que le cercueil était vide.

Une simple lampe à arc éclairait la scène. Une pelleteuse compacte était garée sur le côté de la tombe, attendant que minuit sonne. Le conducteur avait l'air à la fois ennuyé et excédé, tirant fréquemment et dédaigneusement sur sa cigarette. À ses côtés se tenait un jeune homme, mal rasé, l'air tout autant blasé et dont le rôle n'était pas très clair.

"J'imaginais que nous serions plus nombreux", fit Nigel en essayant de se rouler une cigarette malgré les tremblements qui agitaient ses mains.

Foster le regarda tandis qu'il la glissait entre ses lèvres.

Il fit mine de lui en proposer une, ce que Foster refusa avec force.

"Pas pour tout l'or du monde", répliqua-t-il. Il observa l'équipe réduite qui s'apprêtait à œuvrer. "Si tout cela avait un caractère officiel, nous serions plus nombreux. Mais ce n'est pas le cas. Ces deux types travaillent pour une société qui réalise ce genre de travail pour nous. Là, je les paie de ma poche. Je vous serais reconnaissant de le garder pour vous." Foster jeta un coup d'œil à sa montre et s'éloigna pour parler au conducteur de la pelleteuse.

Nigel aspira une longue bouffée de sa cigarette et agita la tête. Peut-être valait-il mieux que certains secrets restent enfouis, se dit-il. Puis il pensa à Naomi Buckingham, captive, seule et pétrifiée de peur, ou bien morte, abandonnée dans un fossé quelconque. Sois un peu moins délicat, se sermonna-t-il. Le fait que Foster opère ainsi en douce n'aidait toutefois pas à calmer le bouillonnement de ses tripes. Il souhaitait ardemment qu'ils trouvent une piste dans cette tombe. Il frissonna de nouveau. Foster revint vers lui.

"Nous avons de la chance qu'elle soit enterrée en terre consacrée. Dans le coin là-bas, là où se trouvent les mécréants, les cercueils sont empilés les uns sur les autres. On se serait amusés si elle s'était trouvée complètement en dessous." Il renifla et frappa ses paumes l'une contre l'autre. "Bon, voici comment cela va se passer. Mickey dans la pelleteuse va retirer la terre jusqu'à la bonne profondeur. Ensuite, vous allez sauter dans le trou avec une bêche.

— Quoi ?"

Foster sourit. “Ça réveille, hein? Si l’un de ces cadavres sortait de terre, je suis sûr qu’il serait moins raide que vous. Non, sérieusement. Une fois que le cercueil sera visible, le jeune Jim ira vérifier qu’il s’agit du bon, en espérant que la plaque soit encore dessus et lisible. Il ouvrira le couvercle et nous devrons nous tenir prêts. Méfiez-vous, parce que cela va puer un peu. Un maximum, en fait. Il y a quatre-vingt-dix ans de décomposition là-dedans, et les gaz qui vont avec, alors il faut se tenir sur ses gardes. Une fois que le couvercle sera ouvert et que les gaz se seront échappés, nous descendrons voir si nous trouvons quelque chose. J’ai apporté une pince coupante pour ouvrir la boîte si besoin.”

Nigel tira la dernière bouffée de sa cigarette avant qu’elle ne lui brûle les doigts. “Est-ce qu’il y aura des restes du corps?”, demanda-t-il en projetant son mégot au loin d’une pichenette.

Foster leva ses larges épaules et les laissa retomber. “Ça dépend. Si le croque-mort a bien fait son boulot, il devrait y en avoir pas mal. Mais de toute façon, on ne va pas tarder à le savoir, n’est-ce pas?”

Nigel sentit que son malaise l’amusait. Foster consulta sa montre. Nigel fit de même avec la sienne. Il était minuit. Ils laissèrent passer quelques secondes puis Foster agita la main au-dessus de sa tête et le moteur de la pelleteuse se mit en branle. Foster fit signe à Nigel de rester à côté de lui, le long de la tombe.

Le sol humide céda sans difficulté et la mâchoire de la machine commença à retirer de grosses mottes. Le conducteur travaillait vite et déposait les morceaux de terre sur le côté avant d’en attaquer un autre. À chaque morsure, la poitrine de Nigel se serrait un peu plus et le souffle lui manquait. Le trou devenait plus large, plus profond et le bras de la pelleteuse disparaissait un peu plus à chaque fois qu'il plongeait dans le sol. Le type mal rasé qui se tenait sur le bord de la tombe se pencha en avant et leva le bras. Il fit quelques gestes à l'attention du conducteur qui ne voyait pas l'intérieur de l'excavation et se mit alors à manier la mâchoire de la pelleteuse avec un soin quasi chirurgical. Un grattement par ici, une poignée de terre par là. Cinq minutes plus tard, l'assistant leva la main pour lui faire signe d'arrêter et le moteur se tut. Aux oreilles de Nigel, le silence qui suivit sembla profond et menaçant.

L'assistant regarda Foster, fit un signe de tête en direction du trou, attrapa une bêche et sauta. Foster et Nigel s'approchèrent du bord pour observer la scène. Ils virent un simple cercueil en acajou, usé et couvert de boue mais en bon état, le couvercle encore en place. La pelleteuse avait taillé une bande de terre sur le côté du cercueil sur laquelle se tenait le jeune homme, le regard levé vers eux. Foster fit le tour et descendit dans le trou. Nigel, le cœur battant à tout rompre, la bouche sèche comme une pierre, la gorge serrée par la peur, le suivit et manqua de glisser. Il parvint à se rétablir et posa le pied sur la bande de terre. Il ne prêta pas attention à la couche de boue qui couvrait l'avant de ses vêtements. Il se retourna en essayant de trouver une position stable. On ne percevait que l'odeur entêtante de la terre humide.

Il y avait une plaque en laiton sur le couvercle du cercueil. L'assistant s'accroupit et, de sa main gantée, il balaya délicatement la crasse qui la masquait. À leur tour, Foster et Nigel s'accroupirent. Ils étaient si proches l'un de l'autre que Nigel perçut l'odeur d'humidité qui émanait du manteau trempé de Foster. L'assistant avait fini de nettoyer la plaque. L'inscription était nette :

Sarah Rowley
1872 – 1913

Nigel tenta de s'humecter la bouche mais ne parvint à émettre qu'un claquement sec. L'humeur badine dont Foster avait fait preuve jusque-là semblait s'être évaporée.

"Nous savons déjà que c'est elle, dit-il doucement. Vas-y, Jimbo. À toi de jouer."

Il se redressa et, d'un geste du bras, éloigna Nigel du bord de la bande de terre. Il plaqua sa main sur son nez et Nigel en fit autant.

"J'aurais dû apporter des masques", grimaça-t-il, la voix assourdie.

Nigel sentit les premiers mouvements de son estomac, signe qu'il allait certainement être malade. Il écarta la main de sa bouche et profita de ce que l'air était encore respirable pour s'en remplir les poumons.

Armé d'un pied-de-biche, Jim fit céder le couvercle à plusieurs endroits. Un léger craquement se faisait entendre à chaque traction. Il travaillait vite et proprement. Cela dura une minute pendant laquelle Nigel ne savait pas s'il devait l'observer ou regarder en l'air. Soudain, Jim s'arrêta et se détourna ; une seconde plus tard, Nigel comprit pourquoi. Une odeur âcre et étouffante envahit l'air. Il ferma les yeux et se concentra pour ne pas vomir. Près d'un siècle de décomposition venait d'être libéré dans l'atmosphère. La tête lui tournait et il ne savait plus très bien si c'était à cause de la puanteur ou de la peur.

Jim fit un signe de tête à l'attention de Foster.

"Il va enlever le couvercle, expliqua-t-il à Nigel. Ne la regardez pas, regardez autour d'elle et tâchez de voir s'il y a quelque chose à l'intérieur. Si c'est le cas, on le sort."

Incapable de décoller sa langue de son palais, Nigel hocha la tête sans émettre le moindre son. Foster fit signe à Jim d'ouvrir le cercueil.

Nigel parvint à rester calme. Il devait se concentrer sur ce qui se trouvait à côté du corps, pas sur le corps lui-même. Il avait une tâche à accomplir. Si seulement il avait eu un peu d'eau pour s'humidifier les lèvres. Jim s'agenouilla et, lentement, fit glisser le couvercle sur le côté. Puis, il s'écarta.

Elle était là. Tout ce qui restait de sa dépouille était un squelette. Ses orbites vides braquées vers le ciel, la position de sa mâchoire dessinait cette grimace crispée commune à tous les squelettes, ses mains croisées devant elle comme elles devaient l'être le jour où l'on ferma son cercueil. Elle semblait petite, de la taille d'une adolescente. Quelques lambeaux de tissu d'une couleur indéfinissable étaient accrochés aux os. Nigel resta subjugué pendant quelques secondes, perdu dans ses pensées, toute peur envolée.

La voix de Foster le fit sortir de sa bulle. "Regardez", dit-il simplement.

Nigel regarda dans la direction pointée par Foster. À côté des ossements du pied droit se trouvait une boîte argentée, à peine plus grande qu'une boîte à chaussures. Elle était en métal, munie d'un cadenas Yale rouillé, ce qui se faisait de mieux à l'époque, se dit Nigel. Elle s'était vraiment donné du mal pour que son secret soit tenu à l'abri des regards indiscrets et ils s'apprêtaient à le violer.

Foster se pencha et ramassa la boîte. "Ça m'a l'air vide", fit-il en la soupesant d'une main. Il la déposa en haut du trou et se hissa à l'extérieur. Nigel le suivit. Foster se dirigea ensuite vers la pelleteuse et posa la boîte sur le marchepied. Il tira de toutes ses forces sur le cadenas, mais il n'était pas suffisamment rouillé pour céder.

"Tenez-moi ça", intima-t-il à Nigel, l'air résolu.

La boîte était froide et humide. Nigel sentit son cœur recommencer à battre la chamade. Il ne parvenait pas à empêcher ses mains de trembler. Foster sortit sa pince coupante. Nigel se mit à espérer que Foster ne tremble pas autant que lui, sans quoi il allait y laisser des doigts.

"Tenez-la fermement", ordonna Foster. Nigel appuya sur la boîte de tout son poids. Foster plaça les mâchoires de la pince autour du cadenas, le coupa et remit la pince dans sa poche.

"C'est bon, vous pouvez la lâcher maintenant", dit-il à Nigel qui serrait toujours la boîte de toutes ses forces.

"Oh, pardon.

— À vous, ajouta Foster avec impatience. C'est vous l'expert pour faire parler les vieux machins. Ouvrez-la."

Nigel sortit de sa poche une paire de gants en coton blanc immaculés. Il en avait tout un tas chez lui pour manipuler les objets et les documents anciens mais, à la vérité, il les oubliait tout le temps et se retrouvait obligé d'en emprunter là où il travaillait. Il les enfila.

“Soulevez le couvercle, s’il vous plaît”, demanda-t-il à Foster dans un chuchotement rauque, la bouche desséchée par l’excitation.

Foster s’exécuta.

La boîte était vide.

C’est l’impression que l’on avait au premier coup d’œil. Le fond était tapissé de papier jauni. Nigel le saisit avec précaution, le sentant se froisser légèrement entre ses doigts. Il n’y avait rien dessus. Puis, il regarda en dessous, tout au fond de la boîte.

Malgré la quasi-obscurité qui régnait dans le cimetière, il aperçut une photographie. En noir et blanc. Foster alluma sa lampe torche tout en veillant à ne pas braquer le faisceau directement sur l’image. Nigel vit alors de quoi il s’agissait et son sang se figea.

Une rangée de cadavres horriblement calcinés, plus d’une douzaine, certains minuscules, des enfants à l’évidence, allongés les uns à côté des autres devant des ruines carbonisées.

Pendant que Nigel continuait à scruter la photographie, Foster referma la boîte et la remit à sa place dans le cercueil. Nigel l’entendit ensuite passer un coup de fil au pasteur pour le prévenir qu’il pouvait à présent venir et effectuer les rites funéraires requis par le diocèse avant que Mickey et Jim ne rebouchent la tombe.

Nigel ne pouvait détacher ses yeux de cette scène épouvantable. Les rictus de douleur, les corps tordus par la souffrance et l’agonie, les mains tendues en avant, suppliantes. Qui étaient ces gens ? pensa-t-il.

Le secret avait été mis au jour. Il fallait maintenant le décrypter.

19

L'image des corps noircis ne cessa de hanter les quelques minutes de sommeil que Nigel parvint à voler cette nuit-là. Il abandonna tout espoir de se reposer peu après six heures, moins de trois heures après s'être couché, et se prépara un thé tandis que la photographie défilait encore et encore dans son esprit. Douze corps au total, dont au moins cinq enfants, disposés en rang, prêts à être enterrés, supposa-t-il. À une extrémité se tenait un homme, le visage las et tanné, appuyé sur une bêche. Sarah Rowley avait fait en sorte que personne ne voie cette image, ni même ne connaisse son existence.

Pendant une heure, peut-être plus, il fut incapable de faire quoi que ce soit. Dehors, le vent hurlait. À la radio, la disparition de Naomi ne faisait plus l'ouverture des journaux. À la place, les reporters ânonnaient sur un ton dramatique les dégâts que subissaient les villes côtières frappées par la tempête, prophétisant avec délectation inondations et chaos, tandis que d'autres annonçaient avec gravité les annulations prévues dans les transports le lundi matin pour les banlieusards.

La sonnerie du téléphone le ramena à la réalité. Chris Westerberg. Il avait les résultats du test de généalogie biogéographique pratiqué sur l'ADN de Katie Drake.

"Putain de temps pourri, hein ?", constata l'Irlandais après qu'ils se furent salués. Nigel approuva. "J'ai passé les résultats en revue pour toi.

— Vraiment ? Alors ?

— Six pour cent de ses gènes sont amérindiens. Étant donné son âge, et si l'on se base sur la règle des trente ans pour chaque génération, je pense que l'on peut dire avec certitude qu'un ancêtre maternel amérindien est entré dans la lignée vers 1850-1860. Elle a dû épouser un Anglo-Saxon blanc aux alentours de cette période. J'espère que ça te sera utile."

Nigel s'habilla en vitesse, enfilant le pantalon taché de boue de son expédition de la veille, et se précipita dans la rue, indifférent aux éléments. En chemin, il appela Foster qui arrivait tout juste au travail. Il lui fit part de ce que Westerberg lui avait expliqué : la mère de Sarah Rowley était une Amérindienne qui avait épousé un Blanc vers le milieu du XIXe siècle. Bien qu'il fût pratiquement impossible d'identifier tous les mariages entre une Amérindienne et un colon à cette époque, si l'homme qu'elle avait épousé était un mormon, et si elle avait adopté sa religion – qui plus est à une époque où celle-ci était encore jeune – il y avait une chance pour qu'il puisse identifier suffisamment de candidates possibles, déterminer combien d'enfants elles avaient eus et si l'une d'entre elles avait mis une fille au monde au moment de la naissance de Sarah.

"Mais, vous avez dit qu'ils avaient certainement changé de nom, répliqua Foster.

— C'est vrai. Leur nom de famille certainement. Leur prénom ? Peut-être pas. Il n'y a rien de sûr, mais cela me permettra peut-être de retrouver des traces écrites et de découvrir ce qui s'est passé aux États-Unis en 1890 et ce qui les a obligés à fuir." Il marqua une pause. "Et je pense que la raison de leur départ est liée aux cadavres carbonisés de la photographie.

— Allez-y", conclut Foster.

Nigel s'était souvent demandé combien d'individus avaient vécu et étaient morts depuis que le premier homme s'était mis debout, des milliers et des milliers d'années auparavant. Il avait trouvé quelques estimations : la plus courante et la plus raisonnable plaçait le chiffre entre soixante-dix et cent vingt milliards. Les créationnistes – qui pensent que la race humaine est née dans le jardin d'Éden avec Adam et Ève il y a six mille ans et sont persuadés que le Déluge a effacé toute trace de l'humanité d'alors pour ne laisser que Noé et sa famille quelques milliers d'années avant la naissance du Christ – sont plus restrictifs et leurs estimations tournent autour des cinquante milliards. Parmi ces milliards de morts, très peu ont laissé une trace de leur existence. Seuls ceux nés après 1500 ou 1600 sont susceptibles d'avoir été enregistrés d'une façon ou d'une autre lors de leur passage sur terre, ce qui signifie qu'aux yeux de l'Église mormone, il existe des dizaines de milliards "d'âmes perdues", inaptes à recevoir l'Évangile car on ne connaîtra jamais leurs noms et elles ne pourront jamais être baptisées par procuration.

Cependant, comme le savait Nigel, il y avait des milliards d'hommes, de femmes et d'enfants dont le bref passage sur cette planète avait été enregistré. C'est à l'accomplissement de cette tâche, au salut de ces âmes, que les vastes ressources de l'Église mormone étaient consacrées. Ses missionnaires et ses représentants avaient sillonné le globe pour recenser et recopier les six ou sept milliards de noms rassemblés dans les archives et les dépôts de tous les pays. Plus d'un milliard et demi de ces noms avaient été patiemment recueillis, rouleau de microfilm après l'autre, puis mis à l'abri d'une montagne de granit à proximité de Salt Lake City : un registre des morts.

Ces noms étaient consultables grâce à une base de données accessible sur Internet. Mais Nigel savait que cela ne suffirait pas. La recherche n'était possible que par le nom et il n'en avait aucun. La seule solution était de se rendre au centre de généalogie de Hyde Park, le bâtiment moderne et discret construit à côté du temple où Foster s'était rendu la veille. Il avait besoin de plus d'informations pour cibler sa recherche et le centre de généalogie, géré par les saints des derniers jours, lui semblait être le meilleur et le plus rapide moyen d'y parvenir.

C'était un lundi et il y avait assez peu de monde dans le centre. Il trouva un ordinateur libre et afficha le recensement fédéral des États-Unis de 1860, le premier à contenir les informations biographiques qu'il recherchait. Un rapide survol de l'histoire des mormons lui apprit qu'ils avaient effectué leur périple vers l'ouest jusqu'à Salt Lake City à cette période, pour échapper aux persécutions dont ils étaient victimes dans d'autres régions des États-Unis où ils étaient considérés comme une secte inquiétante. Il concentra sa recherche sur l'Utah. Il savait que les recenseurs avaient noté si la personne était blanche, noire ou mulâtre. Il savait aussi qu'ils avaient relevé les autres origines ethniques. Il tapa “Indien” dans le champ de recherches et appuya sur la touche entrée.

112 résultats.

Il parcourut la liste du regard. La plupart des noms étaient ceux d’enfants, très peu étaient âgés de plus de dix-huit ans et il y en avait rarement plus d’un par foyer. Tous avaient pris le nom du chef de famille, ce qui laissait penser qu’il s’agissait de servantes ou de garçons de ferme pour les mâles. Toutefois, une poignée de femmes indiennes avaient été mariées à des Blancs et plusieurs d’entre elles s’étaient installées à Green River. Une autre recherche sur Internet lui apprit qu’il s’agissait d’un comptoir commercial et d’un point de passage sur une rivière par lequel les mormons avaient transité lors de leur longue marche vers l’ouest jusqu’à leur refuge dans le désert.

Nigel nota tous les noms des femmes, ceux de leurs maris et de leurs enfants si elles étaient mariées. Il passa au recensement de 1870. Il ajouta quelques informations aux familles déjà identifiées et trouva d’autres patronymes de femmes potentiellement intéressantes. Leur nombre avait augmenté principalement en raison de l’implantation d’un camp indien à Corn Creek dont le chef, nommé Kanosh, vivait dans le Tipi numéro 1. Son épouse, dans la colonne indiquant sa relation avec le chef, était inscrite en tant que “Squaw 1”.

Il passa au recensement de 1880. Le nombre de femmes amérindiennes avait encore augmenté. Le nom figurant en tête de la liste accrocha son regard. Temperance. Utah. Annaleah Walker. Il cliqua sur le lien pour afficher une copie de la page originale du recensement. Annaleah avait vingt-quatre ans. Son occupation était “tenir la maison”. En dépit de son âge, elle avait déjà trois enfants : John, sept ans, Nathaniel, cinq ans, et Sarah, quatre ans. Lorsqu'il lut le dernier prénom, les battements de son cœur s'accélérèrent. Était-ce possible ? Dans ce cas, Sarah était âgée de quinze ans au moment de son mariage et avait menti sur son âge. C'était une possibilité. Il continua à creuser.

Le lien d'Annaleah avec le chef de famille stipulait "épouse". Mais il n'était nulle part fait mention de l'époux. Sur la même page, un peu plus bas, se trouvait une autre famille portant le même nom : Clara Walker, vingt ans, une épouse, elle aussi en charge de la maison, avec un enfant et une servante. Des sœurs ? Des veuves ? Le recensement le précisait-il à coup sûr ? Dans la maison voisine se trouvait une autre famille, cette fois avec un chef de famille, son épouse et de nombreux enfants. Nigel cliqua sur le lien de retour à la page précédente.

Tout devint clair. Il y avait un homme, Orson Walker, âgé de cinquante-deux ans. Annaleah était la sixième de ses sept épouses. Il avait vingt-cinq enfants et certainement d'autres à venir, quatre de ses épouses ayant moins de trente ans. Bouche bée, Nigel consulta les pages suivantes. Le même schéma se répétait dans toute la ville de Temperance. Un homme, entre quarante et soixante-dix ans, vivant dans une maison avec plusieurs épouses et une nichée de gamins. Temperance ? Il y avait en tout cas une activité pour laquelle ses habitants n'en faisaient pas preuve, se dit Nigel.

Il passa l'ensemble de la ville en revue. Elle comptait environ cinq cents personnes. Beaucoup de femmes, des tas d'enfants, un certain nombre d'hommes ayant dépassé la quarantaine. Il en dénombra en revanche assez peu âgés de trente à quarante ans. Il compta quelques couples mariés de manière conventionnelle, mais ils étaient minoritaires. Dans la dernière maison de Temperance, une autre ferme, il trouva un autre nom. Horton Taylor, âgé de six ans. Il avait trois sœurs et un frère, et son père, John, n'avait qu'une seule épouse, Nancy. Il revint à la page où était mentionnée Sarah. Était-ce ou non une coïncidence ? Horton avait-il, lui aussi, menti sur son âge ?

Il passa au recensement de 1890. Comme il s'y attendait, il ne trouva ni Sarah ni Horton. Tout s'emboîtait. À la mi-juin, ils se trouvaient tous les deux à Londres. Le clan Walker, comme le reste de Temperance, semblait affaibli et dispersé. Orson Walker s'y trouvait, mais à une nouvelle adresse et accompagné d'une seule épouse. Deux des autres épouses, parmi lesquelles Annaleah, vivaient à une autre adresse, avec leurs enfants. Les autres étaient partis. Il savait pourquoi : c'est en 1890 que les mormons avaient officiellement renoncé à la polygamie. La hiérarchie avait déclaré qu'il s'agissait de la volonté de Dieu, même s'il s'agissait de celle du gouvernement des États-Unis qui avait menacé de mettre l'Église hors-la-loi si elle n'abolissait pas immédiatement cette pratique. Apparemment, les effets avaient été rapides. Le clan Walker n'était pas le seul à être devenu plus diffus. Le clan Taylor avait purement et simplement disparu et Nigel ne les retrouva dans aucune autre ville.

Il sortit et se roula une cigarette. Il fumait, pensif, essayant de déterminer vers où orienter ses recherches. Il les avait trouvés, il en était sûr. Une mère indienne. Les mêmes prénoms, ni l'un ni l'autre n'apparaissant sur le recensement de 1890 ni sur le territoire de l'Utah ni dans aucun autre État. Les âges ne correspondaient pas, mais ils avaient certainement menti à ce sujet. Il secoua la tête, épaté par la volonté de ces deux adolescents et le périple qu'ils avaient entrepris.

Il retourna dans le centre et se remit à éplucher les recensements. Après 1890, il ne trouva plus trace d'Annaleah ou des membres de sa famille, vieux ou jeunes, à Temperance, en Utah ou ailleurs aux États-Unis. Même chose en 1910 et pour les deux recensements suivants – la famille avait disparu des archives. Il entra les noms de Sarah et de Horton dans le moteur de recherche des familles. Comme il s'y attendait, seules leurs naissances étaient enregistrées.

Il demanda au guichet s'il existait d'autres archives. Il y avait une base de données des pionniers mormons, ceux qui avaient effectué le trajet à travers les terres hostiles, vers l'Utah, entre 1846 et 1868, ou qui avaient quitté les côtes européennes pour rejoindre cette nouvelle foi. Il entra le nom d'Orson Walker dans le champ de recherche. Il s'y trouvait, né à Hartford, Washington, New York, en 1828. Il cliqua sur le nom et, immédiatement, une page d'information biographique s'afficha. Il était le fils de Jared Walker et Charity Wheeler – cette dernière mourut peu de temps après la naissance d'Orson et ne fut baptisée qu'en 1963, cent trente-cinq ans après sa mort. Orson devint mormon en même temps que son père, en 1839, et fut "doté" – une sorte de cérémonie initiatique – six ans plus tard à Nauvoo. La date de sa mort n'était pas mentionnée.

Nigel fit défiler la page. Chacune des sept épouses d'Orson y figurait, la date de leur mariage assortie de la date à laquelle ils furent "scellés", unis l'un à l'autre et à leurs enfants pour l'éternité. Les mariages qui n'étaient pas "scellés" étaient dissous après la mort.

Annaleah s'y trouvait. Elle avait eu sept enfants. Elle était née en 1856. Les noms de ses parents étaient indiqués comme étant inconnus et il en était de même pour la date de sa mort. Pour Sarah, il n'y avait que sa date de naissance : 1876. Il y avait plus d'informations sur ses frères et sœurs, et plus particulièrement la date de leur mort.

À l'exception de John, l'aîné, tous étaient morts le même jour : le 22 septembre 1890.

Nigel crut tout d'abord à une erreur dans la base de données, la même date entrée plusieurs fois par erreur. Il examina les informations relatives aux six autres épouses et aux trente et un enfants d'Orson Walker, dont le dernier était né en 1889. Sur les trente-neuf membres de la famille, dix-huit étaient morts ce jour d'automne. Il interrogea les employés du centre mais on lui assura que la base de données était exacte. Que s'était-il passé ? Il lui fallait fouiller dans les journaux.

Chaque numéro du *Logan Leader* (qui devint l'*Utah Journal*, puis le *Logan Journal* et enfin simplement *The Journal* en 1892) entre 1879 et 1898 avait été photographié et mis en ligne. Une fois encore, l'énergie et la puissance de travail que les saints des derniers jours déployaient pour rendre autant de documents historiques accessibles le stupéfiaient. La mémoire de la nation était préservée et mise à la disposition du plus grand nombre. Quelles que soient leurs motivations, Nigel ne pouvait qu'applaudir les résultats.

Il alla directement au 22 septembre 1890. À cette période, le journal était passé d'hebdomadaire à bihebdomadaire. Nigel se rendit sur la page et fit défiler les mois de juillet et d'août. Il retrouva les éditions du 17 septembre et du 20 septembre.

Celle du mercredi 24 était manquante. L'édition suivante également. Il en fit la remarque au personnel. Deux ou trois personnes le rejoignirent devant l'écran et cherchèrent avec lui. Ils firent quelques grimaces, se grattèrent le crâne, l'air perplexe. Personne ne parvenait à expliquer cette absence. Nigel sortit. Le jour commençait déjà à décliner. Il appela Donna Faugenot à Salt Lake City, une généalogiste qu'il n'avait jamais rencontrée mais avec laquelle il avait souvent collaboré. Elle l'avait aidé dans ses recherches aux États-Unis et il en avait fait de même pour elle. Il lui demanda si elle savait dans quelles autres bases de données il pouvait trouver le *Logan Leader*. Elle l'ignorait. Savait-elle s'il était possible d'avoir accès aux originaux ? Comme lui, Donna était une solitaire, mais elle possédait un vaste réseau de contacts et de chercheurs dans tous les États-Unis. "Je vais voir ce que je peux faire", répondit-elle. Nigel revint à l'intérieur, parcourut d'autres registres et bases de données, mais sans succès. Tandis qu'il fumait une autre cigarette – la nuit était maintenant complètement tombée – il reçut un appel des États-Unis.

Donna avait une voix éraillée par la fumée et des tournures de phrases sans fioritures qu'il trouvait particulièrement séduisantes. Ajoutées à son nom français, il s'était fait d'elle l'image d'une blonde fumant cigarette sur cigarette, au franc-parler, mais néanmoins lascive. Peut-être aurait-il un jour l'occasion de la rencontrer.

"Bonté divine, Nigel", commença-t-elle avec un sifflement dans la voix. "Qu'y a-t-il donc dans ces fichus articles de journaux ?"

Il eut un rire hésitant. "Je n'en ai aucune idée. Pourquoi ?

— Pourquoi ? Mais parce qu'ils sont enfermés dans l'endroit le plus secret et le plus inaccessible après la tombe de Lincoln, voilà pourquoi.

— Vraiment ?

— Tu parles. D'après ce que tu m'as dit, j'en ai déduit qu'il s'agissait d'un truc en rapport avec les mormons. J'ai donc appelé la bibliothèque de Salt Lake City. Ils ont vérifié et m'ont immédiatement rappelée. Non, je ne peux pas les voir. J'ai donc téléphoné à l'un de mes informateurs dans cette même bibliothèque. Il m'a expliqué que les originaux de ces journaux ne sont pas entreposés à l'endroit habituel. Ils se trouvent dans une chambre forte où l'Église conserve toutes les choses qu'elle ne veut pas laisser voir au monde extérieur."

Nigel était sidéré. "Et alors, quelles sont mes options ?"

Pendant un instant, Donna resta silencieuse. "Je suppose que je peux envoyer quelqu'un dans le comté de Logan pour fouiner, poser quelques questions. Mais pour ce qui est de mettre la main sur ces journaux, à moins que tu n'aies une demande officielle à présenter, et elle a intérêt à être sacrément officielle, tu as à peu près autant de chances de les consulter que j'en ai de passer au Grand Ole Opry*.

— Eh bien, je travaille pour la police de Londres et ces journaux pourraient nous aider à sauver la vie d'une jeune fille de quatorze ans et à capturer un assassin."

Il y eut un blanc. "Tu plaisantes, là ?

* Plus ancien programme radio de country music diffusé aux États-Unis.

— Je suis on ne peut plus sérieux.

— Alors, tu as intérêt à ramener ton petit cul d'Angliche à Salt Lake City." Un autre blanc. "Et je ferais mieux de me mettre à la country music."

20

Susie Danson buvait son café tout en parcourant les journaux étalés devant elle sur le bureau de Foster. Elle avait consacré quelques heures à l'étude des photographies de la scène de crime et des rapports d'autopsie que Dave Alvin avait envoyés, tandis que Foster la mettait au courant de la piste mormone.

"Il semblerait que j'ai eu tort de penser que tout cela était exclusivement lié à une attirance sexuelle pour Naomi", dit-elle en saisissant les photographies des corps de Martin Stamey et de son fils, exécutés. "Toute cette histoire paraît bien plus complexe.

— C'était la meilleure hypothèse étant donné les informations dont nous disposions sur le moment", répondit Foster.

Susie haussa les épaules. "Je suppose." Elle but une autre gorgée de café. "Si ces deux cas sont liés, ce qui est loin d'être sûr, je pense que nous pouvons dire que la position des corps est significative. Trois des cadavres – Katie, Martin et son fils – ont été traînés hors de la maison, jusque dans le jardin. Ce n'est pas rien, et cela implique une grosse prise de risques. Le tueur n'a pu faire cela que parce c'était nécessaire. Parce que cela faisait partie d'un plan." Susie se pencha en avant, elle était lancée. Foster aurait pu écouter le son de sa voix toute la journée – claire, douce, chaque mot parfaitement articulé. Si elle avait été la voix *off* d'une publicité, il aurait acheté le produit sans même réfléchir. Son timbre rendait ce qu'elle disait encore plus convaincant.

"Les trois victimes étaient dehors, face contre terre. Cela pourrait signifier que le tueur n'appréciait pas le spectacle de ce qu'il avait fait, la mort sur leurs visages. Peut-être avait-il honte. Ou...", elle s'interrompit.

"Ou quoi ?

— Peut-être le fait qu'ils soient allongés face contre terre était-il nécessaire pour qu'il puisse accomplir ce qu'il avait à faire. Dans le cas de Katie Drake, il lui a tranché la gorge après l'avoir tuée et transportée dans le jardin. Concernant les Stamey, il les a abattus dans leur lit, les a conduits dehors où il leur a de nouveau tiré dessus. Il savait que le père et son fils étaient déjà morts lorsqu'il les a traînés à l'extérieur. Mais il a choisi de les blesser encore plus. Ce n'était pas de la colère ou de l'acharnement, c'était délibéré. Cela ne lui suffisait pas que ces personnes soient mortes. Il fallait qu'il y ait un châtiment supplémentaire." Elle le regarda. "La mère, Carol, est laissée dans la maison. Elle n'est pas une descendante directe du couple dont vous m'avez parlé, ceux qui sont arrivés en 1891 ?

— Non. Elle s'est mariée avec quelqu'un de la lignée."

Susie hocha la tête. "C'est significatif. Toutefois, la mère de Leonie, Gillian, est morte d'une overdose d'héroïne, n'est-ce pas ?"

Foster acquiesça. "Je pense qu'il y a toutes les chances pour que le tueur lui ait donné la dose ou l'héroïne. Elle était d'une trop bonne qualité par rapport à ce qu'elle prenait habituellement. Il devait savoir qu'avec la quantité qu'elle s'envoyait en temps normal un produit d'une telle pureté la tuerait.

— Ça ne colle pas avec ces blessures, cet aspect rituel.

— C'était il y a trois ans. Peut-être est-il devenu plus ambitieux depuis.

— Il y a une hiérarchie à l'œuvre. Ce n'est pas assez que les descendants directs meurent. Ils subissent un autre supplice.

— Vous pensez que le tueur s'attendait à ce que la fille Stamey soit là ?

— C'est justement là que cela devient intéressant. D'instinct, je dirais qu'il savait qu'elle serait absente. Il ne souhaitait pas qu'elle soit là. Elle a onze ans ?

— Oui.

— Naomi en a quatorze. L'autre jeune fille disparue dont vous m'avez parlé, Leonie, avait quatorze ans elle aussi. Elles ont disparu le jour de leur anniversaire. L'âge a une importance capitale pour lui. Cette jeune fille n'a pas encore l'âge requis. Si vous ne l'arrêtez pas, il reviendra la chercher. Ces jeunes filles ont une fonction à remplir. La pureté, peut-être la virginité. Les femmes doivent mourir. Les hommes également. Ce garçon de onze ans que vous protégez est certainement une cible. Mais le tueur a besoin des filles. Il peut les utiliser." Elle enleva une poussière imaginaire de ses cuisses. "Je préfère ne pas imaginer à quoi. Une chose encore : il avance selon un plan.

— Un arbre généalogique, je suppose.

— Oui, à l'évidence. Il a une liste de victimes. Mais il y a autre chose."

Foster opina. Il lui montra la photographie retrouvée dans la tombe de Sarah Rowley et expliqua à Susie d'où elle venait.

Elle fit une grimace, mais resta silencieuse.

“Vous pensez que cela a un rapport? lui demanda-t-il.

— Peut-être. Les corps sont allongés, mais pour un enterrement. Il se peut qu'il y ait un lien. Cela pourrait être la raison de ses agissements. Qu'est-ce que c'est?

— C'est bien le problème. Nous n'en savons rien.” Foster posa la photographie sur la table. “Et maintenant, quel est votre avis sur le tueur? Ses caractéristiques personnelles, ses motivations...

— Si tout ceci est lié, il est plus vigoureux que je ne le pensais. Plus athlétique. Il est déterminé. Je m'en tiens à ce que j'ai dit sur le fait qu'il est charmeur, sociable. Encore plus s'il est parvenu à convaincre Leonie de partir. Il possède du charisme, un tempérament irrésistible, persuasif, mais je retire mes propos sur ses antécédents possibles avec d'autres filles. Cela va au-delà de l'assouvissement de pulsions avec des jeunes femmes de son choix.”

Son analyse confirmait les soupçons de Foster.

“Je voudrais ajouter quelque chose.

— Quoi?

— Je pense qu'il n'agit pas seul.

— Il a un complice?

— Je n'ai pas dit cela. Si l'on considère sa manière d'opérer, son efficacité, je pense que quelqu'un l'aide d'une manière ou d'une autre.

— Qui?

— Ça, c'est à vous de le trouver.

— Vous m'accompagneriez pour raconter tout cela à Harris?”, demanda-t-il légèrement suppliant.

Susie consulta sa montre. “Je suis censée être ailleurs depuis déjà vingt minutes. Vous ne pouvez pas lui exposer mon raisonnement tout seul ? J’enverrai un rapport.

— Nous n’avons pas le temps. Cela serait plus efficace si vous veniez avec moi.

— Pourquoi ?” Elle n’attendit pas sa réponse, mais vit un sourire amusé passer sur son visage, le temps d’un éclair. “Parce que nous sortons ensemble ?”

Jusqu’à ce qu’elle prononce cette phrase, en employant le présent et non le passé, une part de lui-même espérait encore que ce vendredi avait été leur seul et unique rendez-vous et que cela avait été un désastre.

“Oui, répondit-il. Je ne suis pas précisément en odeur de sainteté en ce moment.

— C’est ce que j’ai entendu dire. Il faut que vous preniez soin de vous. Vous avez traversé une épreuve terrible et vous devez reprendre lentement, même si cela ne vous enchante pas.

— Harris vous fait des confidences sur l’oreiller, c’est ça ?

— Vous devriez songer à vous comporter en adulte, Grant”, lâcha-t-elle sèchement.

Il leva la main en signe d’excuse. “Désolé. Ma remarque était déplacée. Mais cela n’enlève rien au fait que j’ai besoin de vous pour le convaincre que cette affaire est plus complexe qu’il ne le pense. Il se peut que Naomi soit toujours vivante, mais elle est peut-être en train de subir des sévices épouvantables en ce moment même. Une autre jeune fille a peut-être été enlevée et maltraitée. Une autre encore se trouve sous la protection de la police et pourrait être en danger.

Un garçon de onze ans est lui bel et bien en danger et risque d'être tué."

Susie le regarda pendant quelques secondes, sourcils froncés, puis soupira. "OK, dit-elle. Allons-y.

— Merci.

— Il n'y a vraiment pas de quoi." Elle entreprit de ramasser ses documents puis le regarda, un sourire moqueur aux lèvres et les yeux pétillants. "Alors, comme ça, vous êtes jaloux ?"

Au moment où Foster s'apprêtait à quitter son bureau en compagnie de Susie, son téléphone sonna. Barnes. En dépit du bruit de la circulation et du vent qui rendaient la communication difficile, Foster écouta attentivement Nigel lui raconter les journaux manquants, la chambre forte et son accès restreint. Il savait que même si la réponse qu'ils cherchaient ne s'y trouvait pas, il s'agissait de leur meilleure piste. Une fois qu'il eut raccroché, il partit, encore plus remonté, avec Susie à ses côtés, en direction du bureau de Harris.

Harris suintait la frustration. Même la présence de Susie ne parut pas l'apaiser. Il prenait sans cesse de profondes inspirations tout en se massant la nuque ou en tirant dessus, comme pour se soulager. Le manque de sommeil et l'absence de progrès dans la recherche de Naomi l'affectaient profondément. On attendait des individus dans la position de Harris qu'ils obtiennent des résultats – et il n'avait rien.

"Dites-moi que vous avez fait une découverte majeure, Grant, soupira-t-il. Dieu sait que nous en avons besoin."

Il est à point, songea Foster. Il lui raconta l'histoire de la piste mormone. Malgré la fatigue, Harris parvenait encore à donner à son visage un air de totale incrédulité.

“Que je comprenne bien, dit-il lentement. Katie Drake, et avec elle de vagues membres de sa famille résidant dans l’Essex, se font assassiner parce qu’ils ont – ou plutôt l’un de leurs ancêtres – brisé je ne sais quelle règle mormone ?

— C’est à peu près ça, répondit Foster.

— Et vous pensez que cela peut avoir un lien avec le fait que si ces gens sont morts, on peut alors en faire des mormons ?”

Foster hocha la tête. “En les baptisant par procuration.”

Harris se passa les mains sur le visage, tendant la peau. “Et un garçon de onze ans qui a dormi chez vous pourrait être la prochaine victime ?”

Foster opina du chef.

“Et Naomi ? Si le tueur accomplit une espèce de revanche religieuse, pourquoi l’a-t-il épargnée ? Ne veulent-ils pas la convertir ? Pourquoi la kidnapper au lieu de la tuer sur-le-champ ? Même chose pour cette autre fille dont vous dites qu’elle a disparu. Si elle a envoyé des lettres à son frère, cela indique qu’elle est toujours vivante.”

Susie exposa sa théorie selon laquelle les jeunes filles servaient un but précis. Peut-être était-ce seulement dû à son mauvais esprit, mais Foster eut l’impression qu’il prenait ce qu’elle disait plus au sérieux. Harris écouta attentivement. Lorsqu’elle eut fini, Foster reprit la parole.

“Nous savons que les victimes ont en commun deux ancêtres qui ont débarqué des États-Unis en 1890 et que ces ancêtres fuyaient quelque chose. Quelque chose d'atroce. Nous avons retrouvé une photographie qui appartenait à Sarah Rowley sur laquelle on voit une rangée de cadavres carbonisés, tués dans un incendie. Nous ignorons ce que cela signifie mais il se pourrait qu'il y ait un lien entre les meurtres et le fait que dix-huit des ancêtres de Sarah Rowley soient morts le même jour, en 1890. Il faut que nous creusions dans cette direction. Ces deux personnes pourraient avoir été impliquées là-dedans et on le fait payer à leurs descendants." Il marqua une pause. "Et la réponse à ces questions se trouve peut-être dans la chambre forte de la plus importante bibliothèque de généalogie de Salt Lake City."

Le visage de Harris se creusa. "Ça nous fait une belle jambe." Il capta l'intensité du regard de Foster et comprit immédiatement où il voulait en venir. "Vous souhaitez que je vous envoie là-bas ?"

Foster secoua la tête. "Non, pas moi. Nigel Barnes. Nous l'envoyons avec en poche une demande officielle de notre part pour pouvoir accéder à l'information. Cela risque de déboucher sur d'autres recherches. Il est plus qualifié que moi pour ce genre de tâche.

— Ça ne m'enchante pas d'envoyer un civil dans la nature, livré à lui-même, Grant.

— Faites-le accompagner par un flic."

Harris inspira longuement. Il resta silencieux pendant une minute, se grattant la nuque, les yeux collés au mur. Il se tourna vers Foster. "D'accord, dit-il en opinant de la tête. Qu'ils partent dès ce soir. Il me faut quelque chose, n'importe quoi, pour relancer cette histoire et nous aider à la retrouver. J'irais jusqu'à dire que même si elle est morte, nous aurons au moins un corps comme preuve et comme point de départ. Qui voyez-vous pour accompagner Barnes ?

— J'ai ma petite idée." Il se dirigea vers la porte.

"Grant ?

— Quoi ?"

Une autre inspiration, encore plus profonde. "Oubliez le plan d'action. Travaillez aussi tard et aussi longtemps qu'il le faut."

Un jeune inspecteur, l'air blasé et passablement dégoûté, raccompagna Gary dans le bureau de Foster. Ils venaient de passer deux heures à la cantine puis devant la télévision et il était évident que ni l'un ni l'autre n'avait apprécié l'expérience. Le jeune flic, désireux de s'en aller et de reprendre son travail, poussa Gary dans le bureau comme un paquet de linge sale. Foster lui demanda cependant de les attendre devant sa porte. Il aurait besoin de lui dans une seconde. Gary, fidèle à lui-même, affichait un air renfrogné.

"Quel bouffon ce mec", grogna-t-il.

Foster ignora sa remarque. "Écoute, je vais être très occupé. Je me suis organisé pour que tu sois temporairement installé dans un endroit où l'on prendra soin de toi. Et, ce qui est encore plus important, où tu seras en sécurité. Un policier se tiendra sur place vingt-quatre heures sur vingt-quatre et sept jours sur sept. Tu n'auras pas trop la possibilité de sortir, ce qui est dommage, mais tu auras le satellite, des ordinateurs, des consoles, cela devrait compenser largement. Ça ne durera pas longtemps.

— Je n'irai pas", refusa le garçon, la mâchoire en avant.

Foster soupira. “Pourquoi ?”

Gary ne répondit pas.

“Écoute, je te donne ma parole. Tu seras en sécurité. Bien plus en sécurité que n’importe où ailleurs. Plus que chez moi. Plus que dans la rue. Je ne te dirais pas d’y aller si je n’étais pas sûr à cent pour cent qu’il ne t’arrivera rien.”

Par la fenêtre, Gary regardait les arbres qui ployaient, comme soumis, sous les bourrasques de vent. Foster avait l’impression qu’il allait pleurer.

“Tu auras une Xbox, une Wii, un ordinateur avec Internet, tous les films imaginables en DVD, des plats à se faire livrer à la demande. En fait, plus j’y pense, plus je me dis que moi aussi j’aimerais y aller.”

Le garçon tourna ses grands yeux marron et tristes vers lui. “Alors, pourquoi vous venez pas ?”

Ce n’est qu’à cet instant que Foster comprit la réticence du garçon. Pendant quelques secondes, il resta sans voix. Pas de remarque ou de réponse piquante. Rien. C’était nouveau pour lui. Il réfléchit un instant tout en se caressant le menton.

“Je ne viens pas, Gary, parce que je dois trouver l’homme qui a enlevé ta sœur et la jeune fille disparue la semaine dernière, l’assassin de ta tante, de ton oncle et de ton cousin, l’homme qui t’a suivi”, finit-il par répondre. “Et ce n’est pas facile si tu es dans les parages.” La tristesse qu’il lisait sur le visage de l’enfant s’accentua. “Ce n’est pas parce que je ne veux pas te garder avec moi, mais je ne peux pas te trimballer partout. Tu ne serais pas en sécurité si tu restais avec moi. Crois-moi.”

Gary continua à la dévisager, clignant à peine des yeux, mais il commençait à céder.

“En fait, si je sais que tu n’es pas en danger, cela me permettra d’essayer d’attraper ce taré en ayant l’esprit tranquille. Tu comprends ?”

Gary hocha la tête et essaya même de sourire.

“Vas-y doucement. Tu vas te faire des rides.” Il s’avança et lui ébouriffa les cheveux. Gary se laissa faire.

Il y a moins d’une semaine, il m’aurait planté ses dents dans la main, songea Foster. Il sourit. Puis, il appela Barnes pour lui dire d’emballer sa brosse à dents.

21

Le hall principal était envahi par la foule – des hommes et des femmes de toutes tailles, formes, origines et âges. Nigel les reconnut immédiatement. Des généalogistes amateurs. Il y avait quelque chose dans leur attitude calme et discrète, une très légère excitation dans le chuchotement des conversations. Beaucoup d'entre eux avaient traversé plusieurs États et parcouru des milliers de kilomètres pour se retrouver là, attendant d'être pris en charge par un guide ou effectuant leur pèlerinage personnel dans l'immense bibliothèque de l'Église des saints des derniers jours, au centre-ville de Salt Lake City. Tous étaient à la recherche d'indices et de réponses sur leur passé et leurs origines. D'une certaine façon, il les enviait. L'expérience américaine était liée à l'immigration. Beaucoup allaient y trouver des histoires d'ancêtres ayant traversé les océans, à leurs risques et périls, à la recherche d'une nouvelle vie, fuyant les persécutions ou les privations, repartant de zéro. Des histoires moins courantes au Royaume-Uni.

Il se tenait sur le côté, l'air hagard, presque indifférent. Il n'était jamais allé au-delà des frontières de l'Europe et les effets du décalage horaire étaient nouveaux pour lui. Il sentait l'adrénaline qui parcourait ses membres. La sensation d'être sur le point de découvrir quelque chose d'important l'aidait à tenir le choc après avoir perdu une nuit de sommeil. Ils avaient décollé de Heathrow la veille et atterri à Chicago vers minuit. Les seuls sièges encore libres se trouvaient en classe économique et ils avaient dû patienter pendant six heures à l'aéroport O'Hare avant de prendre, à l'aube, leur correspondance pour la capitale mormone. L'avion avait survolé les montagnes Rocheuses avant d'entamer sa descente au-dessus des sommets neigeux qui scintillaient sous le soleil d'hiver.

Sa peau déshydratée était tendue comme celle d'un tambour et il avait l'impression que sa tête était à moitié pleine d'eau. Il se sentait désincarné, comme si un acteur avait pris sa place et qu'il contemplait la scène. Un peu moins de seize heures auparavant, il se trouvait dans une rame de métro bondée qui traversait Londres en brinquebalant. Et il était maintenant six fuseaux horaires plus à l'ouest, l'heure du petit-déjeuner aux États-Unis, dans une ville dont il ne savait rien si ce n'était son importance comme centre de l'Église mormone.

Heather le rejoignit après avoir passé un appel au Royaume-Uni, apportant avec elle une bouffée de l'air froid et vif de l'extérieur. Elle s'était douchée à l'hôtel impersonnel où ils avaient déposé leurs bagages, et ses cheveux étaient encore humides.

"J'aurais besoin de respirer un air aussi pur plus souvent, constata-t-elle. C'est un baume pour les poumons comparé à Londres. On a l'impression de respirer pour la première fois." Elle regarda sa montre. "Le fax a été envoyé. À quelle heure retrouvons-nous ta petite amie ?"

Nigel avait proposé que Donna Faugenot les rejoigne. Elle avait des relations et connaissait mieux que lui les documents qui se trouvaient là. Elle pourrait leur être utile. Il ignora la pique.

“À dix heures. Dans la cafétéria.” Il sortit un plan de sa poche. “C’est à cet étage, quelque part.”

Cinq niveaux, près de deux mille visiteurs par jour, plus de six cents millions de noms dans sa base de données et deux millions et demi de rouleaux de microfilms – Nigel devait bien admettre qu’en comparaison les archives nationales de Kew étaient dépassées, et de loin, par la bibliothèque des saints des derniers jours. On était mardi et la bibliothèque était ouverte jusqu’à neuf heures du soir. Malgré cela, alors qu’il était encore tôt, les lieux étaient combles. Ils traversèrent la foule grouillante en direction de la cafétéria, un cagibi sans un souffle d’air qui aurait fait passer la cantine du Family Records Centre pour la salle à manger du Dorchester.

Il n’y avait dedans qu’une seule personne, assise à lire le journal tout en buvant de l’eau. C’était une femme blonde, vêtue d’un jean, d’une paire de baskets et d’une veste noire à fermeture Éclair, très maquillée et franchement attirante.

“Donna ?”, interrogea timidement Nigel.

La femme leva les yeux et afficha un sourire éclatant. Elle se leva. Elle était grande, certainement de la même taille que lui. “Nigel !”, s’exclama-t-elle. “Nigel Barnes !” Il sourit et s’apprêta à lui tendre la main lorsqu’elle le prit dans ses bras et lui planta un baiser sur la joue droite. “Ça me fait plaisir de te rencontrer.” Elle l’examina des pieds à la tête. “J’adore ta veste. Très professionnel”, ajouta-t-elle en hochant la tête.

“Merci, répondit Nigel. C’est également un plaisir de te connaître.

— C’est génial de pouvoir enfin mettre un visage sur ta voix.” Elle afficha à nouveau son sourire étincelant. “Tu es aussi mignon que ton accent. Comment s’est passé le vol ?

— Euh, long.” Il se tourna vers Heather qui se tenait en retrait, son sourire impénétrable habituel aux lèvres. “Je te présente l’inspecteur Heather Jenkins.”

Elles se serrèrent la main et échangèrent les politesses d’usage.

“Merci de bien vouloir nous aider, ajouta Nigel. Tu n’étais vraiment pas…

— Ce n’est rien”, protesta-t-elle en agitant la main. La généalogiste se pencha en avant, l’air conspirateur. “Cela me fait toujours plaisir de servir de guide dans l’empire du mal”, chuchota-t-elle.

Nigel sourit. Les tentacules de l’Église mormone s’étendaient dans tous les lieux et domaines de la généalogie – bibliothèques, sites Internet, publications. Aucun autre groupe ne pouvait prétendre rivaliser. Mais aucune autre Église n’avait fait de l’étude de la généalogie l’un des piliers de sa religion.

“Soyons discrets, chéri. Les murs ont des oreilles, reprit-elle en faisant un clin d’œil. Bref, quel est votre plan ?

— Nous allons vérifier s’ils ont bien reçu la demande et voir s’ils nous remettent les documents. On vous retrouve ici plus tard ?”, demanda Heather.

Donna haussa les épaules. “Ça me va, je serai à cet étage. Vous n’aurez qu’à me héler – discrètement, bien sûr.”

Ils s’éloignèrent.

“Une femme fascinante”, constata Heather, tandis qu’ils se dirigeaient vers l’accueil des fonds spéciaux.

“Je me demande à quelle heure elle est obligée de se lever le matin pour se tartiner le visage à ce point.”

Ils atteignirent le deuxième niveau, bien moins peuplé que celui qu’ils venaient de quitter. L’accueil des fonds spéciaux se trouvait dans l’angle opposé. Il était tenu par un homme d’une quarantaine d’années, nerveux, le cheveu rare, avec sur le nez une paire de lunettes noires à monture épaisse. D’après son badge, il s’appelait Edward. Heather se présenta. “Un fax au sujet de notre demande d’information a dû vous être envoyé en prévision de notre arrivée”, ajouta-t-elle.

L’homme semblait perplexe. “Je vous demande une seconde”, annonça-t-il avant de disparaître derrière une porte. Une minute après, il réapparut, une feuille de papier à la main. “J’ai votre demande.

— Parfait”, approuva Heather.

Il plissa le front. “Mais, il y a un problème. En fait, il y en a même deux. Dans l’état actuel des choses, vous ne pouvez accéder à cette information.”

Nigel sentit Heather se raidir.

“En l’état actuel ?

— Pour accéder aux fonds spéciaux et à cette information, il vous faut une recommandation à l’usage du temple des saints des derniers jours en bonne et due forme.

— Comment peut-on en obtenir une ?

— L’un de vous est-il membre de l’Église des saints des derniers jours ?

— Non”, répondit Heather en réprimant un ricanement.

“Alors, pour faire court, vous ne pourrez pas obtenir de recommandation et accéder aux fonds spéciaux.

— Vous ne pouvez pas simplement apporter les documents ici ?" Nigel sentait que la patience de Heather, entamée par leur nuit blanche, était à bout.

"Non, il faut que vous accédiez aux fonds spéciaux."

Heather se pencha en avant et prit appui sur le guichet. "Puis-je vous expliquer quelque chose ? Les documents que nous souhaitons consulter pourraient nous être d'une aide précieuse dans le cadre d'une enquête pour meurtre. Nous sommes venus spécialement du Royaume-Uni parce que l'on nous a dit que ces documents nous seraient remis sur demande spéciale. Nous avons fait cette demande. Et maintenant, vous nous annoncez, après que nous ayons fait tout ce chemin, que ces documents dont nous avons besoin, qui pourraient nous aider à arrêter un tueur, sont en fait inaccessibles parce que nous ne sommes pas membres de l'Église des saints des derniers jours ?

— Je comprends la difficulté de votre situation, et vous avez ma sympathie. Ce n'est pas de mon ressort et…

— Laissez-moi deviner, l'interrompit Heather. Vous ne faites que suivre les ordres ?

— Eh bien, oui…

— Écoutez, je comprends cela. Puis-je parler à un responsable ? J'ai fait le voyage depuis l'Angleterre et je n'irai nulle part tant que je n'aurai pas vu ces documents."

Edward hocha la tête. "Je vais voir si je trouve quelqu'un de disponible. Ne bougez pas." Il repartit derrière sa porte.

Heather pivota sur elle-même, elle fulminait. "Putain, je n'y crois pas", fulmina-t-elle en secouant la tête. Nigel ne savait pas quoi dire. Il réfléchissait déjà aux autres moyens qui leur permettraient de mettre la main sur ces journaux. Mais il n'en trouva aucun.

"Et Blousey Brown* en bas, elle pourrait nous aider?

— Qui?

— À ton avis? Le pot de peinture. Ton amie, Donna.

— Je ne sais pas, dit-il. Ça m'étonnerait.

— Va la chercher et demande-lui si elle est membre de l'Église. Essaie de savoir si elle connaît quelqu'un qui en fait partie et qui pourrait détenir une de ces foutues recommandations."

Nigel se traîna jusqu'en bas des escaliers et tomba immédiatement sur Donna qui discutait à côté d'une interminable rangée de lecteurs de microfilms. Elle le vit approcher, donna une tape amicale sur l'épaule de son interlocuteur et mit son sourire en position "éblouissement total". Elle respirait le bien-être et la santé. À côté d'elle, fripé par une journée de voyage, dans les mêmes vêtements depuis qu'il avait quitté Londres, Nigel se sentait minable et négligé.

"Tu ne peux pas te passer de moi, hein?

— Non, et en vérité, nous avons besoin de ton aide. Ils refusent de nous laisser accéder aux documents sans un truc appelé une recommandation à l'usage du temple.

— Pour les fonds spéciaux? Ce que tu cherches s'y trouve? Je ne le savais pas. Je pensais qu'ils t'apporteraient les documents au guichet pour que tu les récupères." Son sourire s'évanouit. "Tu en es sûr?

* Personnage du film *Bugsy Malone* d'Alan Parker.

— Le type qui s'en occupe vient d'expliquer à ma collègue qu'il lui faut une recommandation à l'usage du temple pour voir les documents."

Elle laissa échapper un petit sifflement et plissa le front. "C'est étrange. Ils ne devraient pas se trouver là-dedans.

— Pourquoi ?

— Les fonds spéciaux ne sont accessibles qu'aux mormons. Les membres de l'Église y accèdent pour rechercher leurs ancêtres décédés membres des saints des derniers jours, le baptême des morts, les cérémonies de scellement, ce genre de choses. Pas des articles de journaux. C'est étrange.

— Connais-tu quelqu'un qui aurait une recommandation ?

— Bien sûr. Moi."

Nigel n'en croyait pas ses oreilles. Pendant quelques secondes, les mots lui manquèrent.

Donna sentit son incrédulité. "J'en déduis que tu n'imaginais pas que je sois une mormone."

Non, se dit-il, tu n'as pas cessé de me draguer depuis que je suis arrivé. Tu es maquillée. Séduisante. Je pensais que tous ces artifices étaient incompatibles avec le mormonisme. "Je n'avais pas pensé…", bégaya-t-il.

Elle leva la main. "C'est sûr. Nous avons un problème d'image. Mais, je te le garantis, les femmes mormones ne sont pas toutes des femmes au foyer ennuyeuses et habillées comme des poupées. Je pense que certains hommes mormons souhaiteraient que ce soit le cas, mais il y a encore de l'espace pour laisser sa personnalité s'exprimer." Elle se cala les mains sur les hanches. "Pas beaucoup, cependant.

Particulièrement si tu es une mère seule qui travaille, divorcée par-dessus le marché. Enfin, bref. Conduis-moi là où se trouve ton amie."

Ils retournèrent au deuxième étage. Heather était en grande conversation avec un autre homme, vêtu d'un costume, respirant plus l'autorité que le précédent. Son visage affichait l'air affecté et mièvre de celui qui essaie d'être compréhensif tout en restant intraitable. Il jeta un regard en coin vers Nigel et Donna qui s'approchaient et un vent de panique sembla souffler sous son crâne. Arrivé à une certaine distance, Nigel commença à percevoir la diatribe de Heather.

"Vous faites obstacle à une enquête de police. Cela pourrait provoquer la mort de plusieurs personnes. L'Église mormone tient-elle à avoir du sang sur les mains ?".

"Grands dieux, non, répliqua Donna. Nous en avons déjà assez comme cela."

Heather fronça les sourcils et lança un regard interrogateur à Donna. Ce "nous" et la révélation qu'elle était mormone semblait, comme dans le cas de Nigel, être une grosse surprise pour elle.

Donna n'y prêta pas attention et se concentra sur l'homme en costume. "Todd.

— Donna." Son air paniqué s'aggrava.

"Ces gens sont nos invités. Ils ont fait un long voyage. Ils travaillent sur quelque chose de très important, comme te l'a déjà expliqué madame l'inspecteur. Tu veux bien leur faciliter la tâche ?"

Il haussa les épaules. "Donna, ce n'est pas moi qui établis les règles. Il leur faut une recommandation.

— J'en ai une, répondit-elle. Je travaille pour ces gens. Pas vrai ?" Elle se tourna vers Heather.

— C'est exact", approuva Heather en hochant la tête.

"Alors, bouge-toi et prépare ce dont ils ont besoin.

— OK", soupira-t-il. Et il s'éloigna en traînant des pieds.

"Merci beaucoup", dit Heather. Nigel vit qu'elle était profondément sincère.

"Ce n'est rien. J'ai une ado de quinze ans. Je ne voudrais pas qu'une bureaucratie religieuse pointilleuse empêche de la retrouver. De plus, je suis intriguée. Qu'est-ce que tout cela a donc à voir avec l'Église mormone ?"

Heather s'appuya contre une table. "Qu'est-ce que vous avez voulu dire quand vous avez déclaré que l'Église mormone avait suffisamment de sang sur les mains ?"

Donna sourit. "L'Église à laquelle j'appartiens a été fondée à l'époque de l'Ouest sauvage. C'était une contrée sans foi ni loi et les fondateurs faisaient ce qu'ils pouvaient pour survivre et prospérer, dont certaines choses inavouables. Les dirigeants actuels de l'Église ne veulent pas l'admettre. Je ne les suis pas. Je suis une généalogiste, comme Nigel. J'accepte le passé et ses imperfections au lieu d'essayer de le rendre acceptable. J'imagine que les articles de journaux que vous recherchez doivent dépeindre l'Église sous un jour peu flatteur et que quelqu'un a fait de son mieux pour les rendre inaccessibles."

Todd revint, non sans une certaine appréhension. Même sa moustache semblait vouloir s'excuser. Il joignit les mains avec lenteur et prit une profonde inspiration. "Il subsiste un problème.

— Comment cela se fait-il que je ne sois pas surprise ?", soupira Donna d'une voix traînante.

"Et quel est-il ?", demanda Heather en essayant, sans succès, de masquer son impatience.

"Les documents que vous voulez consulter ne se trouvent pas à la bibliothèque."

Il y eut un moment de silence pendant lequel ils assimilèrent l'information.

"Où sont-ils, alors ?", finit par demander Heather.

"Seuls les originaux sont disponibles.

— Cela n'a jamais été copié sur microfilms ?", questionna Donna.

Todd secoua la tête.

"Ils ne se trouvent donc même pas dans la chambre forte de la montagne de granit ?"

À nouveau, Todd secoua la tête.

"Mais on nous a dit que ces documents étaient entre les mains de l'Église des saints des derniers jours, reprit Heather, confuse. C'est pour cela que nous sommes ici.

— J'imagine que l'Église en a des copies, dit Todd.

— Dans ce cas, où sont-elles ?

— Je crains que cette information ne soit confidentielle."

Nigel ne parvint pas à retenir sa colère plus longtemps. "Un journal est quelque chose de public, cracha-t-il. Vous ne pouvez pas le confisquer, réécrire l'histoire, à moins que vous soyez un putain de stalinien."

Todd encaissa l'insulte sans rien dire et le regarda d'un air impassible.

Cela ne fit qu'accroître la rage de Nigel. "C'est de la censure. Pure et simple. Je croyais que nous étions au pays de la liberté ? À moins que cela ne s'applique pas à l'Église mormone ?"

Todd continuait de fixer Nigel, attendant qu'il finisse. Il flotta un silence gêné. Il se redressa comme pour se grandir. "Je suis désolé. Si vous avez des réclamations à formuler, vous devez vous adresser aux autorités de l'Église."

Il tourna les talons et partit se réfugier dans son bureau.

Ils étaient installés dans un café à deux pâtés de maisons de la bibliothèque. Nigel sentait que les effets de la nuit blanche lui tombaient dessus de tout leur poids. Il avait l'impression d'avoir coiffé un chapeau de plomb et comptait sur le café pour l'aider à tenir. Heather fulminait. Une jeune fille avait disparu, ils avaient traversé la moitié du globe pour étudier une piste qui pourrait aider à la retrouver et ils se heurtaient aux pratiques clandestines de l'Église des saints des derniers jours. Donna sentait leur rancœur.

"Mon Église se fait une idée assez nulle de ce qui fonde de bonnes relations publiques", commença-t-elle avant de souffler doucement entre ses lèvres rubis sur son déca au lait, créant une série de rides sur la surface mousseuse. "C'est une éternelle source de frustration pour ceux qui, comme moi, croient en l'ouverture et en l'honnêteté. Mais la hiérarchie a une attitude paranoïaque vis-à-vis de notre passé.

— Pourquoi ?", l'interrogea Nigel. Il ne voyait pas quelle était l'utilité de dissimuler ainsi des documents qui faisaient partie des archives publiques.

"Notre religion est récente. L'Église mormone a été fondée presque au même moment que l'état civil, ce qui signifie qu'il existe des tas de documents que les gens peuvent consulter et que certains d'entre eux peuvent être employés pour mettre en doute l'histoire officielle de l'Église. Et puis, certains journaux publient des choses gênantes. Je ne crois pas que Jésus ou Mahomet aient eu à se soucier de la presse. Des histoires que l'on ignore peuvent être révélées et inciter les gens à remettre en cause la version des événements communément admise. Et plutôt que de dire, « Eh merde, allez-y, balancez – de toute façon, nous y croyons, nous pensons que c'est une religion qui en vaut la peine, et c'est ce que pensent dix millions de nouveaux fidèles chaque année partout dans le monde », on préfère tout planquer, mettre la main sur tout ce qui critique de près ou de loin l'Église et le cacher. C'est contre-productif puisque, de toute façon, ces documents, ces archives, finissent toujours par ressurgir sous une forme ou une autre. Nigel et moi, nous savons que l'on ne peut pas faire disparaître le passé. Il finit toujours par transpirer, comme du sang à travers du sable.

— Cent fois d'accord, approuva Nigel. On ne peut pas nier le passé.

— Dans ce cas, ajouta Heather ragaillardie, il doit bien exister un endroit où trouver ces articles de journaux.

— C'est certain, admit Donna. Mais le temps vous manque. À moins que…

— À moins que quoi ?

— Je pense que nous pouvons tenter une chose, étant donné l'urgence de votre mission.

— Laquelle ?

— Faire une grande balade en voiture."

Elle fut réveillée par le bruit d'un caillou lancé contre sa fenêtre. Le reste de la nuit allait se dérouler comme un rêve avant de tourner au cauchemar…

Comme il s'agissait de la nuit précédant le mariage, elle avait eu le privilège de dormir seule dans un lit plutôt qu'avec ses sœurs. Elle n'arrivait pas à faire autre chose que de regarder fixement le plafond. Elle aurait préféré l'enchevêtrement des membres et les soupirs habituels des autres au son de ses propres sanglots. Elle était toutefois assoupie lorsque le caillou heurta le carreau.

Elle sut instantanément que c'était lui. Son cœur, serré par la peur, se mit à battre plus fort sous l'effet de l'excitation.

Elle alla jusqu'à la fenêtre. Une lune gibbeuse éclairait le ciel. Elle maudit la nuit d'être si claire. Elle ne le vit pas à l'extérieur. Il devait être caché derrière la grange, comme d'habitude. Elle enfila une robe, attrapa le sac qu'elle avait préparé en prévision de sa venue, avec un portrait d'elle, de sa mère, de ses frères et sœurs, et quelques objets qui pourraient lui être utiles. Elle laça ses bottines, ouvrit la fenêtre et balaya la pièce du regard. Elle s'efforça de ne pas penser aux moments qu'elle y avait partagés avec ses sœurs, se glissa à l'extérieur et descendit le long de la façade de la maison, comme à l'accoutumée.

Elle le trouva derrière la grange, la mâchoire serrée et volontaire. Son regard plongea dans le sien.

"Dieu merci, tu es venue, soupira-t-il.

— Tu as pu penser que je ne viendrais pas ?"

Il haussa les épaules. "Je n'étais sûr de rien. Tu aurais pu renoncer à laisser les tiens derrière toi.

— Je ne me suis jamais posé la question", répondit-elle. Il s'approcha d'elle et la prit dans ses bras. Ils restèrent ainsi un long moment, serrés l'un contre l'autre.

"Où allons-nous ?", chuchota-t-elle lorsqu'ils se séparèrent.

"Loin d'ici. Un cheval nous attend près du bois. Nous chevaucherons aussi loin que possible. Vers l'est, vers la côte. Et nous quitterons cette terre arriérée parce que ton père et tes frères vont se lancer à notre poursuite.

— Où irons-nous ?

— En Angleterre. Il y a de l'argent à se faire là-bas pour ceux à qui le travail ne fait pas peur. Viens." Il saisit son sac, le mit à l'épaule et lui prit la main.

L'Angleterre ? se dit-elle. C'était au bout du monde. Ceux qu'elle connaissait et qui venaient de là-bas étaient partis après avoir entendu l'appel de Dieu. Ils faisaient rarement de ce pays un portrait flatteur, même si Sarah suspectait que leur dénigrement était aussi un moyen de justifier leur décision. De toute façon, si telle était sa volonté...

"Restez où vous êtes." La voix venait de derrière eux. Une voix qu'elle connaissait. Alfred, le plus âgé de ses demi-frères. Méchant, idiot et agressif. La

dernière personne sur laquelle elle aurait souhaité tomber.

Horton fit lentement demi-tour pour lui faire face et serra un peu plus la main de Sarah. Elle vit passer un éclair de haine dans son regard. Elle essaya de sourire à Alfred, même si son cœur était en train de se briser. Le visage d'Alfred affichait ce sourire méprisant qui ne le quittait jamais. Cette fois-ci cependant, ses yeux habituellement éteints pétillaient de triomphe. Il la regarda. Il avait entre les mains un fusil qu'il tenait braqué sur eux.

"Je savais que vous alliez essayer de vous enfuir. Père aussi. Désolé, Sarah, mais vous n'avez aucune chance. Je patrouille autour de cette aile de la maison. Orson junior patrouille là-bas et le devant est surveillé par Robert." Il regarda Horton. "Tu as choisi la mauvaise famille pour avoir des embrouilles, mon garçon."

Horton serrait sa main si fort qu'elle aurait presque crié de douleur. Qu'allait-il faire ? Elle ne voulait pas qu'il lui arrive du mal.

"Alfred, je vais retourner dans la maison. Tu peux me conduire à Père. Fais ce que tu souhaites. Mais je t'en supplie, laisse partir Horton. C'était mon idée, il...

— Tais-toi, Sarah !", aboya Horton avec sévérité.

Alfred plissa les yeux, un sourire apparut au coin de sa bouche. "Tu veux jouer au héros, hein, mon petit bonhomme ?" Il regarda Sarah. "Désolé, mais ce n'est pas à moi de décider ce qui va arriver à ce moins que rien. C'est aux aînés et à Père d'en juger. Si ça ne tenait qu'à moi, je le ferais pendre à l'arbre le plus proche pour son insolence, ce porc ignoble et sans..."

Horton avait progressivement relâché son emprise sur la main de Sarah. Il sortit un pistolet de sa poche et un coup de feu retentit dans la nuit. Alfred lâcha son arme, son visage bovin pétrifié par la surprise. Un gargouillis sortait de sa gorge. La balle lui avait transpercé le cœur. Sans un mot, il tomba à leurs pieds, mort.

"Cours !", lui ordonna Horton et elle le suivit. La tête lui tournait. Elle regarda derrière elle, espérant que tout ceci n'était qu'une farce. Alfred allait se relever et leur mettre une trempe en bonne brute qu'il était. Mais non. Son corps restait affalé sur le côté de la grange. "Contente-toi de courir", l'exhorta à nouveau Horton, le pistolet encore dans la main. Sarah heurta une pierre et tomba face contre terre.

Elle sentit le bras de Horton l'entourer pour la relever lorsqu'un claquement se fit entendre suivi d'un sifflement au-dessus de leurs têtes. Quelqu'un leur tirait dessus. Elle entendit Horton grommeler quelque chose puis des voix en provenance de la maison. Une fois remise debout, elle jeta un coup d'œil derrière elle et aperçut Orson junior et Robert. Un autre coup de feu. Plus près cette fois. Horton jura plus fort. Ma propre famille essaie de me tuer, pensa-t-elle.

Horton la conduisait par la main, essayant d'accélérer et de s'éloigner du centre du champ où ils étaient trop exposés, en direction d'une des haies latérales. Il se retourna et fit feu par-dessus son épaule, sans viser, plus pour leur rappeler que lui aussi était armé. En réponse, un autre sifflement vint soulever le sol devant eux. Par bonheur, ils étaient tous de piètres tireurs.

Le ciel semblait plus lumineux, ses sens étaient affûtés par la peur et l'excitation. Elle se trouvait à peine à quelques centaines de mètres de sa chambre, mais elle avait déjà l'impression d'avoir franchi déserts et montagnes. Il n'y avait pas de retour possible. Elle se jeta dans la haie à ses côtés, les ronces agrippaient leurs vêtements comme des poings minuscules.

Ils émergèrent de l'autre côté. Le cheval était là. Horton monta en selle et la hissa derrière lui. Après quoi il enfonça ses talons dans les flancs de l'animal qui partit au galop. En un instant, ils avaient disparu dans la nuit.

Pas une fois elle ne regarda en arrière.

22

Tandis qu'ils s'éloignaient de la ville, Nigel, partagé entre émerveillement et perplexité, observait le décor qui défilait, centre commercial après centre commercial, vastes boulevards anonymes jalonnés d'enseignes vantant tout à tour Dieu et les fast-foods. Il fallut plusieurs kilomètres avant que les abords de la route ne soient dégagés et laissent apparaître un paysage sauvage et monotone, presque sans relief. Un rappel saisissant de l'espace rude et immense qu'avait été l'Utah avant que les mormons n'en fassent la conquête et le domptent.

Ils se dirigeaient vers Llewellyn, capitale du comté de Cache, la ville la plus proche de Temperance. Nigel se demandait qui avait bien pu être Llewellyn – un mormon gallois, probablement, qui avait quitté ses vallées ondoyantes pour s'installer dans la plaine élue par Dieu. Temperance n'était rien d'autre qu'un petit hameau où vivaient une centaine d'habitants. Llewellyn se trouvait à un peu plus de cent kilomètres au sud-ouest et possédait une bibliothèque, un hôtel et quelques endroits animés. Ils espéraient y avoir plus de chance.

Donna conduisait, secouant régulièrement la tête en repensant au moment où, s'en remettant à sa virilité, elle avait proposé à Nigel de conduire et avait découvert qu'il n'avait pas de permis. "Tu ne tiendrais pas cinq minutes aux États-Unis", avait-elle expliqué, les yeux ronds de surprise. "Les transports en commun sont faits pour les pauvres et nous ne marchons tout simplement jamais."

Il sourit, appuya sa tête contre la vitre et regarda le paysage, fasciné par ses dimensions et son homogénéité. Religieusement, culturellement et géographiquement, il avait l'impression d'avoir changé de planète. Son corps réclamait du repos et du sommeil mais son esprit était en éveil, avide d'en savoir plus. À commencer par ce qu'il pourrait tirer de Donna.

Il se tourna vers elle. "Excuse-moi de te poser la question, et ne te gêne pas pour me dire si cela ne me regarde pas, mais comment se fait-il que tu sois encore une fidèle de l'Église alors que tu doutes de son approche, de la manière dont elle dissimule son histoire, et que tu es…

— Divorcée et mère célibataire ?

— Eh bien, oui", ajouta-t-il, légèrement interloqué par sa franchise mais reconnaissant de ne pas avoir à se perdre dans des euphémismes polis et maladroits. "Après tout, sa doctrine est fondée sur la famille et son côté sacré, non ?

— Entre autres choses, ouais." Elle haussa les épaules. "C'est mon Église. J'ai grandi en son sein. J'ai quelques problèmes avec certaines de ses doctrines et de ses conventions, mais trouve-moi un chrétien qui approuve tout ce qui est écrit dans la Bible. Et il y a un sacré paquet de chrétiens qui ont un problème avec certaines positions de leur Église. La vérité, c'est que je n'ai pas épousé l'homme qu'il fallait et c'est pour ça que n'a pas fonctionné. À mon avis, si je dois sceller mon union avec un homme pour l'éternité, ce qui est tout de même assez long, le moins que je puisse faire, c'est de m'assurer que ce n'est pas un enfoiré. Je ne vais pas brûler en enfer à cause de cela. Mais je ferai bien plus attention la prochaine fois. En revanche, je crois fermement aux dogmes fondamentaux de mon Église. On a notre lot de crétins et d'imbéciles, comme dans chaque Église – et même comme dans toutes les religions – mais cela ne va pas m'empêcher de vivre ma foi. Et ma foi ne me quitte pas. Tant qu'elle sera là, je serai une sainte des derniers jours. Le jour où je la perdrai, je me soûlerai au bourbon et je coucherai avec n'importe quel mec canon et bien moulé dans son jean, comme vous autres, païens. Pas vrai, Heather ?"

Il y eut un silence. Elle regarda dans le rétroviseur central. Heather dormait profondément.

"Peut-être pas alors, continua-t-elle. Quoique, il se peut que Heather ne soit pas le genre de fille sensible aux jeans Lee Cooper." Elle regarda Nigel du coin de l'œil avec un air malicieux. "Peut-être préfère-t-elle ses petits Anglais dans leurs costumes étriqués, je ne sais pas, en tweed ou autre chose ?"

Nigel ne répondit pas et résista à l'envie de baisser les yeux vers sa veste à chevrons.

Donna eut un rire léger mais diabolique. Elle se pencha vers lui. "J'ai remarqué la manière dont tu la regardes, chuchota-t-elle. Est-ce un amour sans retour, Nigel ? Ou s'agit-il d'une histoire ancienne ?"

Nigel s'éclaircit la gorge. "En fait, je préférerais ne pas en parler", dit-il.

Elle hocha la tête. "OK, je vois. Je devine qu'il y a déjà un indice dans ta réponse, mais je sais que les

Anglais n'aiment pas parler de ces sujets-là. Elle est plutôt jolie, en tout cas.

— Oui, approuva Nigel. Oui, elle l'est."

De nouveau son rire diabolique. "Tu lui as fait part de tes sentiments ?"

Nigel jeta un œil dans le miroir latéral. Heather dormait encore. "C'est compliqué, marmonna-t-il.

— De mon point de vue, ce n'est pas compliqué. Tu lui dis ce que tu ressens et comme cela vous saurez à quoi vous en tenir.

— Peut-être bien que je l'ai déjà fait et que je n'ai pas apprécié ce qui s'est passé ensuite. Tu connais l'expression « Chat échaudé craint l'eau froide » ? Eh bien, elle serait tout à fait adaptée à la situation."

Donna l'observa, l'air attendri. "Quelquefois, cela vaut le coup de s'accrocher, chéri. Je n'en sais pas long sur le sujet, mais les gens apprécient d'avoir quelqu'un qui les aime pour ce qu'ils sont. Mon ex-mari n'avait d'amour que pour lui-même. Moi, je cherche quelqu'un qui m'aimera que je sois joyeuse ou triste, grosse ou maigre, maquillée ou pas, tout le bataclan. De manière générale, quelqu'un qui me considérera comme le centre du monde. Comporte-toi comme ça avec Heather, et peut-être qu'elle se rendra compte de sa chance. Quand même, quand je te regarde, je me dis qu'elle est folle. Si tu connaissais la doctrine et les conventions et que tu avais une recommandation à l'usage du temple, j'essaierais de sceller une union avec toi pour l'éternité." Elle lui serra la cuisse pour appuyer son propos.

Ils passèrent les limites de Llewellyn en début de soirée. Le crépuscule qui tombait empêchait de bien voir, mais Nigel s'imagina qu'il ne devait pas rater grand-chose. Il se trompait : tandis qu'ils pénétraient plus avant dans la ville, Donna lui indiqua sur une colline en surplomb l'ombre du temple des saints des derniers jours qui se détachait sur un fond de ciel rouge sang. Ils roulèrent jusqu'au centre-ville, traversèrent le quartier ancien et remontèrent la grande rue, croisèrent des boutiques et quelques immeubles de bureaux pour enfin atteindre la bibliothèque. Lorsque la voiture s'arrêta, Heather se réveilla en sursaut.

"J'ai dormi tout le temps ? murmura-t-elle sur un ton d'excuse.

— Comme une bûche", répondit Donna.

La bibliothèque faisait partie du complexe administratif du comté, un ancien grand magasin constitué de plusieurs bâtiments reliés et remodelés au fur et à mesure des décennies. La bibliothèque occupait le rez-de-chaussée et donnait l'impression d'être à l'étroit dans un si petit espace, même s'il y avait encore peu de personnes présentes à cette heure du jour. Sans perdre un instant, Donna se rendit à l'accueil et demanda des exemplaires du *Logan Leader*. Ils furent dirigés vers la collection de journaux sur microfilms de la bibliothèque.

Ils y trouvèrent le *Logan Leader*, mais le problème fut le même qu'à Salt Lake City – les numéros qu'ils cherchaient étaient, ici aussi, manquants. Nigel revint à l'accueil pour questionner la jeune fille discrète qui s'y trouvait.

"Possédez-vous les originaux ?", demanda-t-il.

Elle secoua la tête, l'air embêté. "Nous avons fait don de la plus grande partie de nos documents à l'Église, répondit-elle. Cela inclut les journaux."

Il jura. “Vous avez quelque chose sur l’histoire locale ?”

Elle lui indiqua quelques études historiques, mais la plupart ne traitaient que de l’histoire des pionniers et de leurs luttes héroïques contre la nature, la maladie et les apostats. Il revint au comptoir.

“Est-ce que vous avez quelque chose, quoi que ce soit, à propos d’un endroit nommé Temperance ?”

Elle sembla interloquée. “Temperance ? Pourquoi ? Non, je ne crois pas. S’il s’agit d’une recherche en généalogie, nous avons la base des données familiales…

— Non, répliqua Nigel. Pas vraiment.” Il décida d’être honnête. “J’essaie de trouver des informations sur un incident survenu à Temperance en 1890. Une catastrophe apparemment, au cours de laquelle sont mortes de nombreuses personnes…”

Mais, au regard vide de la jeune fille, il comprit que c’était inutile. À l’évidence, elle ne savait pas de quoi il parlait.

“Je suis désolée, monsieur, dit-elle. Avez-vous consulté les articles de journaux à propos de la région ? Nous les avons tous sur microfilms.”

Non, pas tous, pensa-t-il, mais il ne voulait pas perdre son temps à lui expliquer l’histoire des exemplaires manquants. “Merci”, fit-il, et il partit à la recherche de Donna. Il la trouva occupée à passer en revue une autre section de mémoires et d’ouvrages sur l’histoire locale, sans plus de succès.

“Cela ne sert à rien”, soupira Nigel d’un air las.

Le regard résigné de Donna lui donna raison.

“Vous cherchez des informations sur Temperance ?”

La voix venait de derrière eux. Ils pivotèrent en même temps. Une femme d’une quarantaine d’années, avec des verres de lunettes en cul de bouteille et un visage amical leur souriait.

“C’est exact, acquiesça Donna. Pourquoi ? Vous pourriez nous aider ?”

Elle regarda par-dessus son épaule. “Ça va peut-être m’attirer des ennuis, mais je connais quelqu’un qui le pourrait. Ça ne vous dérange pas d’aller dans un bar ?”

Nigel la regarda comme si elle était folle. Que voulait-elle dire ?

Donna se mit à rire. “Ils sont anglais. Je ne pense pas que cela les dérange. Quel bar ?

— Oh, il n’y en a qu’un à Llewellyn. Chez Hooky’s, à côté de la rue principale. Le type que vous cherchez s’appelle Pettibone. Josiah Pettibone.

— Merci, dit Donna.

“Une dernière chose, ajouta la femme. Ce n’est pas moi qui vous envoie.”

*

Une demi-heure plus tard, ils avaient trouvé Hooky’s, un tripot en sous-sol planqué dans une ruelle ne menant nulle part. Le dernier bâtiment sur la gauche, juste avant que le bitume ne s’arrête. Nigel sentit l’appréhension de Donna et hésita une fois en haut des marches. “Ça a l’air plutôt sympa ici”, constata-t-il d’un ton moqueur.

Heather passa devant. “Un bar est un bar, dit-elle brusquement. J’en sais quelque chose, j’ai fait mes classes dans les pubs du Nord.”

Elle emprunta les escaliers et franchit la porte. Donna et Nigel la suivirent.

S’il n’était pas rutilant, le bar était en tout cas propre et lumineux. Une radio ou un juke-box jouait de la country en sourdine. Deux clients solitaires levèrent la tête pour jauger les nouveaux arrivants. C'est donc ici que les apostats du coin célèbrent leur liberté de se ruiner le foie, pensa Nigel. Ils s'approchèrent du bar. Heather s'assit et commanda une bière. Nigel fit de même et Donna se contenta d'un Coca sans sucre. Heather paya, sans oublier d'ajouter un pourboire, un usage que Nigel ne parvenait pas à comprendre.

Ils burent en silence pendant quelques instants.

"Josiah Pettibone est-il là ?", demanda Heather.

Le barman plissa les yeux. "Pas encore. Mais il ne va pas tarder." Il marqua une pause. "Vous venez d'Australie ?

— D'Angleterre, répondit-elle.

— Une sacrée trotte pour venir trouver un type comme Josiah.

— Je compte sur lui pour nous aider."

Le barman sourit de toutes ses dents. "Si Josiah est la solution à votre problème, je préfère ne pas savoir de quoi il s'agit."

Heather sourit et haussa les épaules. Le barman disparut de l'autre côté du bar. Heather se tourna vers Donna. "Donna, vous pouvez rentrer à Salt Lake City, nous n'avons pas de raison de vous retenir. On va attendre ce type, prendre une chambre d'hôtel et nous louerons une voiture demain matin pour rentrer. Je conduirai.

— Il n'y a pas de problème, protesta-t-elle. Je peux rester.

— Vous êtes sûre ? Et vos enfants ?

— Ils sont chez ma sœur et son mari.

— Ça ne lui pose pas de problème de les garder ?

— Non. Elle a déjà neuf mômes. Ce n'est pas d'en avoir deux de plus qui va la gêner. En revanche, on ferait mieux de trouver un hôtel.

— Eh bien, si vous le dites."

Donna demanda au barman s'il connaissait un endroit où prendre une chambre puis elle sortit pour téléphoner. Heather se tourna vers Nigel qui s'autorisa une deuxième bière. "J'ai appelé Foster pendant que tu te trouvais à la bibliothèque avec Donna. Ils n'ont rien de nouveau à Londres. Comme de notre côté, ajouta-t-elle.

— Il paraît que vous me cherchez."

Le nouveau venu était un petit homme vêtu d'un jean et d'une veste de cow-boy en daim élimée, avec une moustache tombante et des cheveux longs et mal peignés. On aurait dit un rescapé des années 1960, si ce n'est qu'il devait plutôt s'agir de l'époque de sa naissance.

Heather prit la parole. "Oui monsieur, c'est le cas, répondit-elle poliment. Puis-je vous offrir un verre ?

— Ça dépend de ce que vous me voulez. J'entends à votre accent que vous n'êtes pas du coin.

— En effet." Heather sortit sa plaque. "Police de Londres. Je puis vous assurer que nous ne sommes pas là pour vous créer des ennuis. Nous espérons en revanche que vous pourrez nous aider dans une affaire concernant quelqu'un qui en a.

— Là, vous commencez à m'intriguer." Il fit un geste à l'attention du barman. "Comme d'habitude, Jim, s'il te plaît." Le barman attrapa une bière et remplit un petit verre avec du whisky. Il posa le tout sur le comptoir. Pettibone siffla le whisky d'une traite, prit une gorgée de bière et gloussa de plaisir. "Je n'ai jamais bu un verre sur le compte de la police anglaise jusqu'à aujourd'hui. C'est pas mauvais. Bon, en quoi puis-je vous être utile, moi qui ne suis jamais allé plus loin que l'Ohio ?

— Nous recherchons des informations sur Temperance.

— Plutôt ironique, vu là où vous vous trouvez." Il avala une autre gorgée de bière. Il avait le regard triste et tourmenté des gros buveurs.

Heather sourit. "Vous êtes du coin ?"

Il secoua la tête en finissant d'avaler sa bière. "Non.

— Ah", dit Heather. Elle se tourna vers Nigel en fronçant les sourcils.

Donna revint et Heather la présenta à leur interlocuteur.

"Vous n'êtes pas anglaise.

— Non, en effet.

— Vous êtes de l'Église ?"

Elle fit oui de la tête. "Cela pose un problème ? Je peux m'en aller."

La colère s'empara du visage de Pettibone. Il continua à la dévisager. "Non", dit-il finalement, et la colère s'envola. "J'aime bien votre tête. Ce qui est déjà bien plus que ce que je pourrais dire de la plupart de ces cohortes de bâtards de saints des derniers jours.

— Eh bien, merci", dit-elle avec ironie tout en esquissant une révérence.

Pettibone prit une autre gorgée de bière.

"Nous sommes désolés, reprit Heather. Nous pensions que vous auriez pu nous aider en nous informant sur Temperance et son passé.

— Que voulez-vous savoir ? Je ne suis pas de là-bas, je n'y suis jamais allé, mais putain, je connais son passé par cœur.

— Quelque chose a eu lieu là-bas, enchaîna Nigel. En 1890, des gens sont morts. Les journaux de l'époque sont impossibles à trouver. Nous n'avons aucun moyen de savoir ce qui s'est passé. Êtes-vous au courant ?

Pettibone avait l'air de s'amuser. "Si je suis au courant ?" énonça-t-il lentement, avec emphase. Il finit sa bouteille et la regarda.

"Une autre, s'il vous plaît, demanda Heather au barman.

— Une autre quoi ?

— Une autre tournée, s'il vous plaît", précisa Heather. "La même chose."

Pettibone sécha le verre de whisky et fit une petite grimace. Ses joues avaient repris des couleurs. Nigel en déduisit qu'il y avait une relation directe entre son teint et la quantité d'alcool qu'il ingurgitait. Il inspira profondément. "Bon, alors, qu'est-ce que c'est que ce bordel ? Deux flics anglais, une chercheuse mormone, quelqu'un qui a des ennuis. J'aimerais en savoir un peu plus, sauf votre respect."

Nigel croisa le regard de Heather qui lui fit un signe de tête. Il glissa la main dans sa sacoche et en sortit une copie de l'image retrouvée dans la boîte en fer à côté du corps de Sarah Rowley. Il la posa sur le bar devant Pettibone. Celui-ci plissa les yeux, se concentra puis recula d'horreur.

"Putain de merde, où avez-vous trouvé ça ? s'exclama-t-il les yeux écarquillés.

— Vous savez ce que c'est ?

— Si je sais ce que c'est ?" Il se pencha en avant. "Le vieux type là" – son doigt se planta sur un homme barbu à l'air endeuillé de près de soixante-dix ans, une pelle à la main – “c’est mon arrière-arrière-arrière-grand-père.” Il regarda de nouveau la photographie, secoua la tête. “Je n’avais jamais vu ça auparavant.

— Si vous n’avez jamais vu cette photographie avant, comment savez-vous qu’il s’agit de votre arrière-arrière-arrière-grand-père ? l’interrogea Heather.

— J’ai vu d’autres photographies. Mon aïeul avait un air bien particulier, on le reconnaît facilement.” Il se pencha encore, posa sa tête sur ses mains, scruta la photographie et laissa échapper un sifflement discret. “Il a dû y passer quelques jours après que ce cliché ait été pris, parce qu’on m’a toujours raconté qu’il était mort moins d’une semaine après le feu. Son cœur a lâché.

— Savez-vous ce qui s’est passé ?”, insista Heather.

Pettibone renifla. “Il y a eu un incendie, raconta-t-il. Un sacré incendie. Le ranch appartenait à un homme qui s’appelait Orson P. Walker. Sa fille avait été promise en mariage à mon ancêtre, Hesker. Un vieux bâtard avide qui avait déjà sept femmes mais, vous savez, il s’était dit qu’il pouvait bien en avoir une de plus. En tout cas, la petite, ça ne l’enchantait pas – et qui le lui reprocherait ? Il avait soixante-sept ans. Elle était amoureuse d’un jeune garçon. Alors, les choses ont mal tourné. Une nuit, le garçon est venu la chercher et ils ont essayé de s’enfuir. Des coups de feu ont été tirés. La grange s’est enflammée, puis le bâtiment à côté et celui encore à côté. Les femmes et les enfants dormaient. Orson avait plusieurs épouses et un sacré paquet de gamins. Beaucoup sont morts dans leurs lits. On n’a pas eu le temps de les sauver. Ce sont leurs corps qui sont alignés là. Mon aïeul faisait partie de ceux qui furent chargés de les enterrer.” Son regard revint sur la photographie et il secoua la tête. “C’était vrai. J’avais fini par me dire que c’était une légende. Mais à l’évidence, ce n’est pas le cas.

— Combien sont morts ? demanda Heather.

— Une vingtaine environ. Ils ont organisé une battue pour débusquer la jeune fille et le garçon. Mais ils ne les ont jamais retrouvés. Heureusement pour eux. Ils auraient été mis en pièces.”

Toute l’histoire collait avec ce que Nigel avait découvert dans le recensement.

“Cette image a été retrouvée dans la tombe de Sarah Rowley, née Walker”, lui apprit Nigel.

Pettibone le regarda comme s’il s’agissait d’une blague. “Vous avez fouillé la tombe de Sarah Walker ?”, dit-il l’air incrédule.

“Ils se sont enfuis vers l’Angleterre. Ils ont changé de nom et ont commencé une nouvelle vie, expliqua Nigel.

— Mais quelqu’un s’en prend à leurs descendants. Nous pensons qu’il s’agit d’une vengeance pour ce qui s’est passé en 1890. Pour l’incendie, ajouta Heather.

— Alors, ils ont fini par les retrouver, dit Pettibone. Après tout ce temps, ils ont ce qu’ils voulaient.” Il but une gorgée de bière.

“De quoi parlez-vous ? demanda Nigel.

— De la rédemption par le sang.”

23

Autour de quelques verres de plus, le visage illuminé par les lumières du bar et la bière, Pettibone leur expliqua. La rédemption par le sang était une vieille croyance mormone dont l'Église s'était écartée lorsqu'elle cherchait à se faire accepter par le plus grand nombre. Cette croyance voulait que certains péchés soient à ce point ignobles, impardonnables, que le pardon du Christ n'était pas suffisant pour garantir le salut de l'âme et que le pécheur ne pouvait expier qu'en versant son sang sur le sol, dans la mort. Le meurtre était l'un de ces péchés.

Heather fit part de sa surprise quant à la violence des débuts de l'Église. Pettibone haussa un sourcil, l'air ironique. “L'histoire mormone est imprégnée de sang”, répliqua-t-il sèchement.

“Mais dorénavant, l'Église n'y croit plus ? demanda Heather.

— Non, elle n'y croit plus”, ajouta Donna sans avoir l'air convaincue. “On dit même que l'Église n'a jamais pratiqué la rédemption par le sang.

— Ce sont des conneries, bien sûr”, intervint Pettibone en s'essuyant la bouche. “Et là d'où je viens, ça continue.

— Et d'où venez-vous ?”, lui demanda Heather.

Il sourit. “D’un trou paumé à quelques centaines de kilomètres au nord-ouest, appelé Liberty City. Mais le nom ne doit pas vous abuser.”

Donna manqua de s’étouffer. “Vous êtes membre de la VEL ?

— J’étais un membre”, corrigea Pettibone. “Je ne m’y suis pas frotté depuis plus de vingt-trois ans, et je n’ai pas l’intention de replonger.

— Qu’est-ce que la VEL, exactement ?” demanda Heather.

Pettibone regarda Donna. “Vous d’abord, beauté, dit-il. Je veux entendre ça.”

Un demi-sourire se dessina sur les lèvres de Donna. “La Véritable Église de la Liberté. Il s’agit d’un groupe fondamentaliste mormon. L’un des nombreux à s’être séparé de l’Église en raison de désaccords sur les croyances élémentaires. Ce n’est pas l’un des groupes les plus importants. Mais l’un des plus secrets. C’est tout ce que je sais. À vous.”

Pettibone se racla la gorge. “Il a été fondé en 1891 par Orson Walker junior. Il proclamait qu’Orson était le prophète et légitimait l’Église en se fondant sur le fait qu’Orson senior – qui mourut lui aussi peu de temps après l’incendie – avait reçu la Parole directement du Seigneur, que les fidèles de l’Église principale étaient des apostats, et que lui et les siens devaient fonder une Église selon les révélations et les enseignements de Joseph Smith, de Brigham Young, de John Taylor, et de personne d’autre.

— C’est-à-dire tous les présidents, jusqu’à Wilford Woodruff qui introduisit le manifeste bannissant la polygamie ? ironisa Donna

— C'est exactement ça. Mes petits copains apprécient la polygamie." Il prit une gorgée de bière. "Orson junior a déclaré que le feu était l'œuvre de Dieu, qu'il s'agissait de la manifestation de Son courroux contre son père qui n'avait pas su faire sécession et fonder sa propre Église. C'est ainsi que le clan Walker, ou tout au moins ce qu'il en restait, les Pettibone et quelques autres familles sont partis en direction des collines et de la frontière entre l'Utah et l'Idaho où ils vivent depuis lors, loin du regard indiscret de l'Église et de l'État.

— Ils pratiquent la polygamie ? demanda Nigel.

— Plutôt deux fois qu'une. C'est encore la vieille école là-bas.

— Mais pourquoi n'ont-ils pas été arrêtés ou dissous ?"

Pettibone secoua la tête. "Disons que le siège de Waco – vous vous souvenez de cette histoire à l'issue de laquelle plus de quatre-vingts fidèles de David Koresh sont morts – a un peu refroidi tout le monde. Si vous vous rendez là-bas les armes à la main, les gens risquent de réagir assez violemment. Je pense que les autorités s'en fichent. La communauté doit à peine dépasser le millier de membres. Ils sont assez autonomes et n'embêtent personne. Pas jusqu'à maintenant en tout cas. Mais ceux qui ont la malchance de naître et d'être élevés là souffrent, eux.

— Vous en êtes parti ? questionna Donna.

— On peut dire ça comme ça, dit-il en gloussant. En fait, on m'a demandé de partir. Je suis ce que vous pourriez appeler un « enfant perdu ».

— Qu'est-ce que vous voulez dire ?" Heather attrapa son carnet et commença à noter ce que disait Pettibone.

“Eh bien, vous avez été adolescente, vous aussi. Laissez-moi vous poser une question : si vous aviez le choix entre épouser quelqu’un ayant à peu près votre âge et devenir la sixième femme d’un homme de cinquante-sept ans, que choisiriez-vous ?

— Vous vous moquez de moi ? bredouilla Heather.

— Vous m’avez compris. Malheureusement, les idées des hommes de cinquante-sept ans pèsent plus que celles de garçons et de filles qui en ont quinze. J’écoutais du rock, c’était mon crime.” Il dessina des guillemets avec ses doigts lorsqu’il prononça le mot “crime”. “Mais la vraie raison, c’est que j’étais allé me promener avec une fille de quatorze ans qui avait été désignée pour devenir l’épouse de quelqu’un de plus âgé et puissant que moi. Ils ne veulent pas que vous posiez la main sur ce qui leur revient de droit. On m’a ordonné de faire mes bagages et de quitter la ville aussi vite que possible. Sans quoi…

— Sans quoi ? insista Nigel.

— Je ne suis pas resté pour le savoir. Pour être honnête, je rêvais de quitter cet endroit. Ma famille me manque, c’est sûr, même si certains d’entre eux étaient complètement tarés. C’est ce qui arrive quand la quantité de gènes est limitée. Mais il n’y a pas grand-chose d’autre qui me manque.

— Cela a dû être difficile de vous adapter après avoir vécu dans une communauté aussi fermée”, poursuivit Nigel.

Il haussa les épaules. “Llewellyn, ce n’est pas non plus New York. Il y a eu des moments assez difficiles. Mais j’ai fait mon trou. Ce bar, un boulot, quelques amis, et aucun dieu d’aucune sorte. Et si votre amie mormone veut bien m'excuser, je pense que la religion, c'est de la merde."

Donna se redressa. "Allez-y. Faites comme si je n'étais pas là.

— Vous avez expliqué qu'une jeune fille de quatorze ans avait été désignée pour devenir une épouse, reprit Heather.

— En effet. C'est ce qui se passe quand les hommes de Liberty considèrent qu'elles sont mûres pour être cueillies et mariées.

— Nous sommes à la recherche d'une adolescente kidnappée à son quatorzième anniversaire et dont la mère a été assassinée. Elle a été tuée chez elle, mais on a traîné son corps derrière sa maison et on lui a tranché la gorge.

— Pour moi, ça ressemble à la rédemption par le sang. Je suppose que vous allez m'annoncer qu'elles étaient toutes les deux des descendantes de Sarah Walker et de Horton Taylor ?

— Exactement.

— Seigneur", gémit-il après quelques secondes de silence.

"Vous avez entendu parler d'eux ? lui demanda Heather.

— Si j'en ai entendu parler ? À Liberty, ces deux-là font jeu égal avec le diable. Leur péché odieux, à force d'être rabâché, est inscrit dans les cœurs et les esprits de chaque habitant de Liberty. Selon la légende, la première révélation qu'a eue Orson junior était de transformer le serment de vengeance qui faisait partie de la cérémonie de dotation du temple en un texte sacré appelant à venger la mort de son père et de sa famille de génération en génération." Il s'arrêta, comme pour réprimer un renvoi. “En d’autres termes, tuez les enfoirés qui ont fait cela, amen.

— Il faut que vous nous conduisiez là-bas, demanda Heather.

— Désolé, m’dame, mais tout l’or du monde ne me fera pas retourner à Liberty.

— Une gamine de quatorze ans a disparu. Vous êtes la seule personne que nous connaissions qui puisse se rendre dans cette ville et apprendre où nous pourrions la trouver.”

Il secoua la tête. “Ils me descendraient parce que je suis apostat. Le mormonisme, et les fondamentalistes tout particulièrement, ont des manières assez « Vieux Testament ». La dissidence n’est pas tolérée. Les dissidents encore moins.” Il finit sa bière. “Et vous pensez que je vais découvrir quoi, hein ? Je doute fort que cela ait quoi que ce soit à voir avec quelqu’un de Liberty. Ils ne sont déjà pas nombreux à s’éloigner de plus de dix kilomètres de leur maison. Alors, comment pensez-vous qu’ils soient allés à Londres pour y faire ce que vous dites ?

— Sarah et Horton y sont bien parvenus, eux.”

Il acquiesça comme pour dire “touché”. “Je ne le sens pas. Je suis désolé. J’aimerais vous aider. Demandez-moi n’importe quoi d’autre, je ferai de mon mieux pour vous filer un coup de main. Mais si je retourne à Liberty, je signe mon arrêt de mort.”

Heather sembla battre en retraite. Un long silence s’installa. Elle secoua la tête. “Bon, j’irai là-bas demain à la première heure.

— Bonne chance, dit Pettibone. N’oubliez pas vos lunettes de soleil.” Nigel lui lança un regard interrogateur. “Vous verrez”, ajouta-t-il, l’air énigmatique, tout en riant dans sa barbe.

Si les habitants quittaient rarement la ville, Nigel se demandait s'ils avaient accès à des documents leur permettant d'effectuer des recherches généalogiques, de retracer la lignée tranchée par Sarah et Horton. Il ne voyait pas bien comment, étant donné les difficultés qu'il avait lui-même rencontrées avec les multiples outils à sa disposition – toutefois, et cela faisait une différence, il avait démarré à l'aveugle.

"Savez-vous si la VEL a accès à des ordinateurs, des ouvrages de référence, ce genre de choses ? demanda-t-il.

— La télévision n'était même pas autorisée lorsque je m'y trouvais. Mais peut-être qu'elle l'est à présent. Ils ont un site Web. Je l'ai vu." Il secoua la tête avec tristesse, mais il traînait encore sur son visage cet air ironique qui accompagnait chacun de ses gestes et de ses paroles.

"Ils ont un site Web ?" Nigel était surpris.

Pettibone fit oui de la tête, le regard amusé par la réaction incrédule de Nigel. "Je sais. C'est barge, hein ?

— Presque tous ces groupes en ont un, confirma Donna d'une voix traînante. Faites des recherches, vous verrez. Ils sont concurrents. Ils bannissent la télévision et les ordinateurs parce qu'ils ne veulent pas que leurs fidèles se détournent du droit chemin, mais ils ont besoin de faire connaître leur culte pour que celui qui se trouve un peu plus bas sur la route ne leur pique pas des recrues – s'ils ne se développent pas, ils peuvent stagner et mourir. L'Église fondamentaliste de Jésus-Christ des saints des derniers jours, le Clan Kingston. Tous, même les plus petits ou les plus rétrogrades, ont leur propre site Web. La VEL a peut-être démarré avec peu de fidèles, mais on estime qu'elle rassemble aujourd'hui environ deux mille membres et, comme le mormonisme dans son ensemble, elle se développe.

— Je pensais que ces groupes avaient un caractère plutôt endogame, expliqua Nigel. Qu'il fallait être né en leur sein.

— Non, votre amie a raison, expliqua Pettibone. Ils veulent du sang neuf. De préférence des femmes – toutefois cela leur va si vous êtes déjà marié mais que cela ne vous dérange pas de partager votre épouse. Ou votre fille, en l'occurrence. Vous avez juste à vous installer dans le trou du cul du monde pour vous engager.

— Il y a une chose que je ne comprends pas, intervint Heather. L'incendie, je suis d'accord, est capital dans l'esprit des fidèles de la VEL. C'est ce qui les a conduits à fonder leur Église. Mais je ne saisis pas pourquoi l'Église principale en a gommé toute référence. Pourquoi réécrire l'histoire quand la mauvaise image qu'elle donne ne vous concerne pas directement ?

— C'est typiquement mon Église, confirma Donna. Ces groupes dissidents sont les brebis galeuses de la famille. Alors, vous préférez vous conduire comme si vous ne les connaissiez pas lorsqu'ils ont des ennuis ou qu'ils commettent des actes qui vous font honte. Vous agissez carrément comme s'ils n'existaient pas. L'Église essaie de s'en écarter le plus possible, de se comporter comme s'il ne s'agissait même pas de mormons – débarrassez-vous de l'information et les gens ne pourront pas suivre les traces. La seule chose que vous ne pouvez pas empêcher, c'est qu'elle soit transmise par le bouche à oreille."

24

Foster était assis à son bureau. Il rongeait son frein, à court d'inspiration comme le reste de l'équipe, lorsque son téléphone se mit à sonner. C'était Heather. Les mots trouvaient à peine le temps de sortir de sa bouche tant elle était pressée de lui passer l'information. La rédemption par le sang, ne cessait-elle de répéter, au comble de l'excitation. La rédemption par le sang.

Foster parvint à la calmer et lui demanda de lui expliquer de quoi il s'agissait. Elle lui raconta ce qu'elle venait d'apprendre de la bouche de Josiah Pettibone, à propos de la secte dissidente qui était née des cendres de la tragédie de 1890, et de ses enseignements.

"Il faut que vous y alliez, dit-il. Rassemblez le plus d'informations possible."

Étant donné l'heure tardive aux États-Unis, elle lui répondit qu'elle avait prévu de s'y rendre à l'aube le lendemain. "Ils sont plutôt coupés du monde", expliqua-t-elle.

"Eh bien, faites attention à vous. Je vais parler à Harris pour voir si nous pouvons mettre en place une liaison avec les autorités américaines. Peut-être en aurons-nous besoin." Il resta silencieux quelques secondes. "Vous pensez que Naomi se trouve là-bas ?

— J'en doute. Comment serait-ce possible ? À moins qu'on ne soit parvenu à changer son apparence et à lui trouver une nouvelle identité en une semaine. À moins que quelqu'un l'ait emmenée là-bas à la rame."

Elle avait raison. Il était plus probable qu'un ancien membre de la VEL, ou quelqu'un cherchant à fonder une nouvelle branche, accomplisse la rédemption en leur nom. Heather pensait la même chose.

"Ils vivent peut-être entre eux, mais ils disposent d'un site Web. Il se peut qu'ils aient des contacts avec le monde extérieur. Vous pourriez y jeter un coup d'œil et en faire part aux Américains – voir s'il y a eu un trafic particulier sur leur site récemment ?"

Foster prit quelques notes. Après qu'il lui eut souhaité bonne chance et recommandé, une fois encore, d'être prudente, Heather raccrocha. Aucun d'eux ne savait sur quoi elle risquait de tomber en se rendant à Liberty City. Il activa son ordinateur et se mit en quête du site de la Véritable Église de la Liberté. Il le trouva immédiatement.

La mise en page était simple et il n'y avait pas le thème de *Délivrance* en fond sonore. La page d'accueil était rudimentaire : quelques photographies de la ville et des collines qui l'entouraient. Il lut un bref historique de l'Église et trouva une série de liens. L'un d'eux mettait en avant la différence de l'Église avec le courant principal du mormonisme. Le suivant pointait vers une liste des révélations propres à la VEL. On y retrouvait Orson Walker senior, Orson junior et deux de leurs successeurs. La plupart d'entre elles semblaient servir à justifier sa position de seule véritable Église et à condamner l'Église traditionnelle et ses fidèles comme apostats. La première révélation d'Orson junior, de juin 1891, *Doctrine et convention 143*, lui attira l'œil :

Révélation donnée au cinquième prophète et quatrième président de l'Église, Orson Walker junior, concernant le serment de vengeance, qui n'était qu'une partie de la cérémonie de dotation du temple, mais qui, après la mort de son père et des membres de sa famille dans un grave incendie, devint, selon la volonté du Seigneur, un texte sacré.

1 – Je le dis ainsi : vous devrez chercher et ne jamais cesser de chercher à venger le sang de nos prophètes en cette nation, notamment celui de mon serviteur, Orson P. Walker, et vous enseignerez cela à vos enfants et aux enfants de vos enfants et ce jusqu'à la quatrième génération.
2 – Si vous le croyez, qu'il en soit ainsi. Amen.

Il la relut, encore et encore. Le mobile était là.

Harris accepta de contacter le Home Office pour obtenir la permission d'impliquer le FBI, mais prévint Foster que cela risquait de prendre un certain temps et qu'il n'était pas très enthousiaste à l'idée que, dans l'intervalle, Heather aille fouiner au sein de cette communauté isolée. Il lui recommanda la patience. Foster savait qu'il n'avait aucun moyen d'empêcher Heather d'agir comme elle le voulait et garda donc le conseil pour lui.

En fin de journée, il décida de rendre visite à Gary qui se trouvait encore en lieu sûr. Il pensait que cela ne ferait pas de mal au gamin de voir un visage connu. Il était onze heures du soir passées lorsqu'il se gara devant une maison individuelle cachée derrière quelques arbres, à la périphérie d'un village à côté de l'autoroute M4, à une quinzaine de kilomètres de Londres. Les lumières à l'intérieur de la maison semblaient éteintes. Il s'attendait à ce que Gary soit encore debout. Il vérifia l'adresse qu'on lui avait donnée. Il se trouvait au bon endroit. Peut-être le garçon avait-il fini par s'ennuyer et était parti se coucher.

Il sortit de sa voiture qu'il avait à moitié garée sur le trottoir. Le coin n'était éclairé que par un seul lampadaire. La maison la plus proche était deux cents mètres plus bas sur la route, une autre maison individuelle. Quelques voitures passèrent, puis ce fut le silence. C'était calme, isolé, retiré. Parfait.

Il se dirigea vers la maison qui semblait être simple mais spacieuse, avec deux chambres à l'étage et deux pièces au rez-de-chaussée. Bucolique et accueillant, se dit-il. À des années-lumière de ce à quoi était habitué Gary. Une Ford Scorpio était garée dans la petite allée de gravier devant la maison. Les feux avant et arrière clignotaient. L'alarme avait dû se déclencher et le son s'était coupé. Le vent probablement. Mais pourquoi n'étaient-ils pas sortis pour l'éteindre ?

Foster trouva la sonnette, mais rien ne se passa lorsqu'il appuya sur le bouton. Il frappa donc doucement. Pas de réponse. Il réessaya, plus fort cette fois. Pas de réponse. Étrange. Il était convenu que l'un des deux policiers devait rester éveillé. Il alla jusqu'à la fenêtre de la façade, mais les rideaux étaient tirés et, sans lumière, il était impossible de discerner quoi que ce soit. Il leva ensuite les yeux vers la fenêtre à l'étage. Les rideaux étaient ouverts. Il retourna à la porte et, cette fois, tambourina dessus. Pas de réponse. Un vague sentiment d'inquiétude commença à s'installer dans son esprit.

Cela ne servait à rien d'appeler le quartier général pour vérifier si l'adresse avait été changée – ou s'ils s'étaient installés ailleurs pour une raison ou une autre – parce qu'il n'y aurait personne pour lui répondre. Il se cala les mains sur les hanches et prit quelques secondes pour réfléchir. Il soupira et repartit vers sa voiture. Il y grimpa mais en ressortit immédiatement. Il ne pourrait de toute façon pas dormir tant qu'il ne saurait pas ce qui se passait là-dedans.

Il emprunta à nouveau l'allée jusqu'à la porte d'entrée. Lentement, il essaya de bouger la poignée. Elle tourna. Il poussa la porte. Elle se bloqua au bout de quelques centimètres. Quelque chose gênait. Quelque chose de lourd. Comme il ne pouvait pas encore passer la tête dans l'entrebâillement pour voir de quoi il s'agissait, il redonna une poussée et gagna quelques centimètres. Il parvint à glisser la tête. Le couloir était sombre mais il put voir l'obstacle.

C'était un corps et le sol en dessous était couvert de sang.

Sans plus réfléchir, Foster poussa la porte de toutes ses forces malgré la douleur qui lui brûlait la clavicule. Il parvint à entrer sans marcher sur le corps. C'était un homme. Grand, épais, dégarni. Il avait pris une balle dans le front. On lui avait tiré dessus au moment où il avait ouvert la porte. L'odeur de la cordite flottait encore dans l'air. C'était récent.

Foster progressa dans le couloir, le souffle court, la panique au ventre. Il tourna dans le salon. Il était vide. Une console de jeu traînait au milieu du plancher, les fils hérissés et emmêlés. Il vérifia la cuisine. Il y faisait sombre et Foster alluma la lumière. Un bar bloquait la vue mais il vit une paire de baskets dépasser de l'extrémité du meuble. Le sang répandu au sol lui indiqua que la personne ne se cachait pas. Il contourna le meuble et découvrit le corps d'une jeune femme couchée à terre, sur le ventre. Morte, à l'évidence. Il leva les yeux. Il y avait une alarme sur le mur. Étant donné qu'il n'y avait personne sur les lieux, cela signifiait que le tueur avait réussi à abattre la jeune femme avant qu'elle ne la déclenche.

Il fit demi-tour et grimpa les escaliers à toute vitesse. Ils craquèrent à chaque marche. La première pièce, une salle de bains où gouttait un robinet, était vide. À côté se trouvait une chambre à coucher double. Le lit était encore fait, avec une valise vide posée dessus. L'autre chambre, pour une personne, était vide également. Une volée de marches menait à un grenier aménagé. Foster resta immobile, reprenant son souffle. De là-haut lui parvenaient des voix étouffées, quelques rires. Une télévision. Il monta lentement, espérant contre toute attente que Gary s'y trouve, vautré, en train de regarder une émission, inconscient du carnage qui avait eu lieu en bas.

La porte était entrouverte. Il la poussa et découvrit une petite pièce dont la moitié était sous la pente du toit, ce qui lui donnait un air de repaire. Il repéra un lit dont les draps étaient froissés. Vide. À sa droite se trouvaient un petit placard et une télévision qui diffusait le sketch comique dont il avait entendu les voix. Il l'éteignit et balaya la pièce du regard, examinant le sol et les draps. Rien. Pas de sang. Puis la peur lui tomba dessus, comme un coup de poing dans le bas du dos.

L'inspecteur redescendit les deux escaliers en courant, ignorant les douleurs de protestation de son corps et ses poumons qui le brûlaient, passa devant les deux corps sans même les regarder. La porte de derrière était déverrouillée. Il l'ouvrit et se précipita dans le grand jardin sombre cerné de haies où il fut accueilli par une pluie légère qui lui mouilla le visage. Il dévala quelques marches de pierre et se dirigea droit vers le centre de la pelouse où il s'attendait à trouver le corps de Gary. Il n'y avait rien. Il se plia en deux, la poitrine en feu, essayant de respirer normalement. Il se redressa. C'était certainement une erreur. Le corps de Gary devait être par là, son sang en train d'imprégner le sol humide. Il fit le tour des haies, fouilla chaque buisson, chaque recoin. Le crachin trempait son crâne.

Il hurla le prénom du garçon. Puis une fois encore, du fond de ses tripes.

Mais il n'était nulle part.

Mort ou vif, il avait disparu.

25

Heather et Nigel laissèrent Donna et Pettibone à Llewellyn, louèrent une voiture et partirent avant le lever du soleil. L'air était frais et pur. Nigel descendit la vitre et s'emplit les poumons jusqu'à ce que Heather essayant, le nez collé au pare-brise, de s'habituer à conduire du mauvais côté de la route, lui demande de bien vouloir refermer avant qu'elle ne souffre d'hypothermie. Pendant qu'ils s'éloignaient du bourg en direction des plaines, le soleil, d'un rouge délavé, apparut derrière la silhouette des montagnes, révélant l'étendue du paysage, vierge de toute présence, humaine ou animale.

Après trois heures de trajet durant lesquelles ils ne croisèrent qu'une voiture et une station-service, ils entamèrent l'ascension d'une colline. Une fois parvenus sur l'autre versant, ils aperçurent, au loin, une petite ville sans charme, la première depuis plus de cinquante kilomètres. Nigel consulta la carte. C'était Liberty. Ça devait être Liberty – il n'y avait pas d'autre ville à trente kilomètres à la ronde. Il sentit son estomac se contracter. Ce n'était pas tous les jours qu'on allait visiter une ville peuplée de fondamentalistes qui avaient décidé de s'isoler du monde civilisé. Il ne savait pas à quoi s'attendre et se demandait s'il s'agissait d'une si bonne idée. Leur plan consistait à se faire passer pour d'innocents touristes, quelque peu égarés, effectuant un voyage en voiture et cherchant éventuellement un endroit pour séjourner. Ils espéraient qu'il y aurait au moins une personne qui accepterait de leur parler sans qu'ils éveillent ses soupçons.

"Tu penses que c'est une bonne idée ?", demanda-t-il à Heather pendant que la voiture descendait la colline. Le ciel était dégagé de tout nuage et le soleil se levait face à eux.

"Nous n'en avons pas de meilleure. Pourquoi ? Tu te dégonfles ?

— Non, mentit-il.

— Nous allons nous contenter de poser quelques questions, le plus aimablement du monde. Considère cela comme un voyage d'étude sur l'histoire locale. Tu m'as dit un jour que rien ne valait le terrain, se rendre sur place, poser des questions. Dis-toi que tu fais des recherches." Elle sourit.

Cela le rassura un peu, mais l'angoisse lui tenait toujours les tripes.

Il n'y avait pas de panneau à l'entrée de la ville. Elle était juste posée là, comme tombée du ciel, entièrement construite, sans crier gare. L'instant d'avant, vous étiez dans la plaine sauvage, et soudain, quelques maisons formaient une rue, puis apparaissaient d'autres rues. Les maisons étaient de simples constructions à un étage avec, parfois, une voiture garée devant, à la grande surprise de Nigel. Toutes les maisons étaient peintes en blanc. Tout était blanc – les palissades, les portes. Il s'attendait à quelque chose de plus rustique. Devant une ou deux maisons, il vit un drapeau américain flottant mollement sur sa hampe, ce qui contredisait l'idée d'un mouvement séparatiste.

"Il faut que l'on trouve une boutique, ou un genre de café", dit Heather qui roulait au pas. "Il faut trouver des gens.

— Voilà quelqu'un", murmura Nigel. Une femme se tenait devant sa maison et lavait le pas de sa porte. Elle s'arrêta au passage de leur voiture et les dévisagea. Nigel l'observa dans le rétroviseur intérieur après qu'ils l'eurent dépassée. Elle les regardait encore. Il comprit que la route qui menait en ville, cabossée et creusée de nids-de-poule, était peu empruntée et rarement entretenue. Il vit les premiers signes d'appréhension sur le visage de Heather.

La ville était propre et en ordre, organisée en un quadrillage presque parfait. Nigel s'était attendu à trouver des cabanes en planches avec des toits de tôle ondulée, des gamins pieds nus en train de jouer dans le caniveau tandis que des chiens de prairie rôdaient à la recherche de restes de nourriture. En fait, et même si son expérience des petites villes américaines était plus que limitée, Liberty ne semblait pas très différente de Llewellyn. Juste plus petite.

Heather continuait à avancer vers le centre, à travers des rues toutes semblables, le long de maisons blanches bâties sur le même modèle ce qui rendait presque impossible une quelconque tentative de trouver des points de repère. Au bout d'un moment, elle tourna sur une petite place agrémentée d'une fontaine centrale, et dominée par un grand bâtiment que Nigel pensa être la mairie ou un autre édifice municipal. La pièce maîtresse du décor était un temple immense, éblouissant, qui surplombait toute la place.

Une statue, posée sur le toit, représentait un chérubin soufflant dans une trompette. Il était blanc, comme le reste de la ville, mais semblait irradier.

Heather trouva une place parmi quelques autres voitures sur une petite aire de stationnement. Nigel regarda sa montre – neuf heures. Il balaya la place du regard. Une célébration semblait avoir eu lieu. Des petits drapeaux blancs étaient alignés d'un côté de la place et de l'autre se trouvaient un petit chapiteau et quelques stands.

Nigel ne remarqua pas que Heather avait fait passer un anneau en argent de l'annulaire de sa main droite à celui de sa main gauche. Elle examina la place : pas plus d'une douzaine de bâtiments. L'éclat du soleil venait éclabousser les murs parfaitement blancs et Nigel ne pouvait s'empêcher de plisser les yeux. Il comprenait maintenant ce que Pettibone voulait dire lorsqu'il leur avait conseillé de prendre leurs lunettes de soleil. De toute façon, il n'en avait pas.

Heather chaussa les siennes avant de humer l'air. "Ça sent le pain", dit-elle. En effet, il aperçut à un angle de la place ce qui semblait être une boulangerie. Les talons de Heather résonnaient bruyamment sur la place et Nigel eut l'impression que des dizaines de regards étaient braqués sur eux, depuis chaque fenêtre donnant sur la place. Il leva les yeux, mais la clarté l'empêchait de voir. Ils ne virent personne. Cela ressemblait au lendemain de l'Apocalypse.

Une enseigne peinte au-dessus de la porte indiquait "Les boulangers de Liberty". Le parfum était alléchant. Des miches étaient empilées dans la vitrine. Un homme et une femme se trouvaient derrière le comptoir, coiffés de chapeaux blancs. La boutique était vide.

De la farine flottait dans l'air. Armée de son seul culot, Heather entra, suivie de Nigel, content de pouvoir se reposer les yeux.

"Bonjour."

L'homme ne broncha pas. Les lèvres de la femme formèrent un rictus censé ressembler à un sourire. "Bonjour", dit-elle. Un silence étrange s'installa. "Puis-je vous être utile ?" demanda la femme au bout d'un instant, son sourire crispé toujours accroché aux lèvres.

"Nous sommes perdus, expliqua Heather. Nous espérons que vous pourrez nous aider.

— Vous n'avez pas l'accent d'ici", reprit la femme, toujours souriante. Ses yeux grands ouverts semblaient ne jamais ciller.

"Non, nous voyageons en voiture et nous avons dû faire une halte…

— Il n'y a pas grand-chose à voir par ici", lança l'homme sans presque bouger un muscle.

"… sur notre trajet vers l'Oregon. Le pays du pinot noir."

La femme ne cessait de sourire. "J'adore votre accent.

— Merci. Nous sommes anglais. Mon époux ici présent est un grand amateur de vin."

Nigel acquiesça avec empressement tout en se demandant intérieurement pourquoi elle racontait cela.

"Eh bien, vous n'en trouverez pas ici", répondit la femme avec un ton légèrement désapprobateur. "Nous sommes une ville sobre."

Heather leva la main. "Cela peut attendre l'Oregon. Nous cherchons juste un endroit pour nous laver et nous reposer pendant une journée avant de reprendre la route. Nous avons fait la bêtise de rouler de nuit et nous avons mal évalué la distance.

— Une mauvaise évaluation, pour sûr", intervint l'homme sans même se retourner. "La route pour l'Oregon est à quatre-vingts kilomètres d'ici, au nord. Vous en êtes bien loin."

Heather regarda Nigel. "Tu vois, je t'avais bien dit que tu avais pris le mauvais tournant", lui reprocha-t-elle. J'en fais trop, pensa-t-elle après coup. Elle secoua la tête. "Y a-t-il un endroit en ville où nous pourrions nous poser ? Voire nous faire aider pour trouver le bon chemin ? Dieu sait si nous en avons besoin."

Toujours avec un sourire immuable, la femme fit non de la tête. "Je crains que non. Nous n'avons que très peu de possibilités d'hébergement pour les visiteurs. Mais vous trouverez un motel à neuf ou dix kilomètres en dehors de la ville, en direction de l'autoroute."

Nigel l'avait vu en arrivant. Petit et sinistre. Ce n'était pas le Bates Motel, mais il n'était pas très séduisant.

"OK, dit Heather. Y a-t-il un café ou quelque chose de ce genre ? Nous mourons de faim."

La femme continuait à la fixer du regard en souriant. L'homme était redevenu silencieux. "Il y a un snack", finit-elle par dire. "Suivez la route à gauche, vous ne pouvez pas le rater, juste à côté de la place. Je vous recommande l'omelette.

— Merci beaucoup, répondit Heather. Je me fierai à votre conseil. Et quand nous aurons fini, nous reviendrons vous acheter du pain. Il sent tellement bon."

La femme hocha la tête, son sourire plaqué s'était élargi. "Bonne journée."

Ils sortirent, de nouveau aveuglés par la lumière. Nigel et Heather pressentaient l'un et l'autre que, rapidement, les réseaux de la ville allaient colporter la nouvelle que des touristes anglais, alcooliques et égarés avaient atterri là. Ils suivirent les indications de la boulangère et arrivèrent à un snack appelé Orson's. À l'intérieur se trouvaient quelques chaises et banquettes de cuir fatiguées et – chose rare – des clients. Ils entrèrent et se dirigèrent droit vers une table à côté de la vitrine. Les convives qui prenaient leur petit-déjeuner les suivirent du regard. L'air était chargé d'odeurs de friture. Une serveuse apparut et balança deux menus sur la table. Les noms des plats étaient tapés à la machine, sans fioritures, sur des pages glissées sous plastique pour les protéger des taches. Nigel jeta un coup d'œil autour d'eux. Ils étaient toujours le centre d'intérêt.

"Puis-je avoir une omelette aux champignons et du jus d'orange ?" demanda immédiatement Heather.

L'espace d'une seconde Nigel fut décontenancé, pas seulement pas la faculté d'adaptation de Heather au mode de vie américain, mais il n'avait tout simplement pas eu le temps de consulter le menu. "La même chose", ajouta-t-il.

Celle-ci partit sans dire un mot. Nigel continuait à observer. Les habitués se concentrèrent à nouveau sur leurs assiettes, à part quelques-uns qui continuaient à les dévisager.

Une fille blonde, jeune et mignonne, s'approcha d'eux, un pot de café à la main. Ses cheveux étaient attachés en arrière et mettaient en valeur son visage agréable. Elle souriait de toutes ses dents. Le contenu du pot n'était pas du café. Il était vert.

"De la tisane ? proposa-t-elle avec hésitation.

— Oui, merci", répondit Heather avec entrain en tendant sa tasse.

La jeune femme était sur le point de la servir mais elle s'arrêta brusquement. Elle regarda Heather, l'air choqué.

"Oui, nous ne sommes pas d'ici", ajouta Heather comme pour s'expliquer. "Nous sommes anglais."

La jeune fille continuait de la dévisager. Puis, d'une main tremblante, elle finit par la servir. Ensuite, sans un mot ni même en proposer à Nigel, elle tourna les talons et regagna rapidement le comptoir.

"Maintenant, je sais quel effet cela doit faire d'être un petit homme vert", dit Heather avant de prendre une gorgée de tisane et de grimacer. "Hmm. Pas terrible, ce truc."

Nigel vit la fille disparaître en cuisine. Elle ne réapparut pas. Quelques minutes plus tard, la serveuse plus âgée qui avait pris les commandes revint avec leurs plats qu'elle disposa sur la table. Cela sentait bon et avait l'air appétissant, mais il n'avait pas très faim. Il fit un effort poli avant de se rendre compte qu'il était affamé et que la nourriture était succulente. La serveuse sembla se détendre en les voyant manger. Elle revint lorsqu'ils eurent fini.

"Eh bien, vous aviez faim" fit-elle doucement avec un petit sourire. Nigel ne put s'empêcher de voir la situation avec cynisme. Elle commence par nous traiter comme des cinglés, songea-t-il, et maintenant elle veut son pourboire.

"Cela m'a l'air d'être plutôt calme en ville", dit Heather.

La femme hocha la tête. "C'est habituel. La ville est très paisible. Aujourd'hui tout particulièrement car c'est férié depuis hier à Liberty.

— Y a-t-il des choses à voir en ville ?

— Que voulez-vous dire ? demanda-t-elle l'air inquiet.

— Des lieux touristiques. Nous nous sommes un peu perdus. Mais vu que nous sommes ici, nous nous demandions s'il y avait des monuments historiques, par exemple."

La serveuse semblait décontenancée. "Non, je ne crois pas qu'il y en ait", reprit-elle avec un petit rire nerveux. "Le temple, peut-être, mais..."

Un homme à l'imposante stature apparut derrière son épaule. Elle cessa immédiatement de parler. Il portait un tablier. Ce doit être le cuistot, pensa Nigel.

"Puis-je vous aider ?", demanda-t-il tout en regardant Nigel droit dans les yeux et en calant ses mains sur ses hanches. Il avait des doigts gros comme des saucisses et respirait bruyamment par la bouche.

La serveuse n'acheva pas sa phrase. Elle leur adressa un sourire tendu et débarrassa la table avant de rejoindre prestement son poste.

"Votre serveuse nous fournissait déjà une aide précieuse", répondit Heather.

Au son de sa voix, Nigel sut qu'elle était irritée. L'homme fit comme si elle n'existait pas et continua à dévisager froidement Nigel.

Il savait qu'il devait parler avant que Heather ne perde son calme. "Nous sommes un peu perdus et nous sollicitions quelques conseils sur les choses à faire à Liberty, expliqua-t-il simplement.

— Le mieux que vous ayez à faire, c'est de remonter dans votre voiture et de quitter la ville", répliqua le cuistot en se frottant le menton. "Ici, il n'y a rien pour vous.

— Oh, dit Nigel. Très bien.

— Et cessez de distraire mon personnel, ajouta-t-il. Les repas sont offerts par la maison. Partez maintenant.” Il s’essuya les mains sur son tablier, braqua une dernière fois ses yeux dans ceux de Nigel et retourna dans sa cuisine.

Ils se levèrent et sortirent sans prononcer un mot. Nigel essaya d’adresser un sourire à la serveuse, mais elle détourna les yeux. Personne ne parla. Une fois dehors, noyés par la lumière, ils échangèrent un regard.

“À quoi d’autre pouvions-nous nous attendre ? dit Nigel.

— Il doit bien y avoir quelqu’un dans ce bled qui ne souffre pas d’une méfiance maladive vis-à-vis des étrangers. La serveuse a parlé du temple, avant que King Kong ne débarque. Allons-y. Il y aura peut-être un prêtre ou un pasteur à qui nous pourrons parler. Un homme d’église sera peut-être moins sectaire.”

Nigel nourrissait de sérieux doutes. Pour commencer, il n’était pas sûr qu’il y ait dans la foi mormone, fondamentaliste ou non, des gens faisant office de pasteurs. Heather, elle, semblait sûre d’elle. Il reconnut le trait saillant de sa mâchoire alors qu’elle traversait la place en direction du temple.

Le porche était soutenu par trois piliers blancs. De part et d’autre de l’édifice, se dressaient des tours lisses et cylindriques, surmontées de tourelles et percées de fenêtres cintrées. Une volée de marches en demi-cercle menait à une porte à double battant entrouverte. Sans prendre la peine de frapper ou de demander s’il y avait quelqu’un, Heather franchit l’entrée et se retrouva dans un vestibule sombre et frais.

Il leur fallut quelques secondes pour que leur vue s'ajuste après la vive lumière de l'extérieur. Le temple était silencieux. Devant eux se dressait un mur avec des arches à chaque extrémité. À gauche et à droite, des portes, toutes verrouillées.

Heather regarda Nigel et haussa les épaules. "Il y a peut-être un bureau où nous trouverons quelqu'un", suggéra-t-elle.

Ils passèrent sous l'une des arches menant au corps principal du temple. Devant eux s'étendaient plusieurs rangées de bancs et un sol couvert de moquette. Ils virent très peu d'ornements religieux, si ce n'est une inscription sur le mur du fond déclarant "Le Seigneur a vu notre sacrifice" et une seule croix. Ils regardèrent autour d'eux mais n'aperçurent personne. Sur leur gauche, dans un coin, se trouvait une porte que Heather tenta d'ouvrir, sans succès.

"Attends-moi ici", ordonna Heather. Elle se dirigea vers l'avant où se trouvaient d'autres portes.

Nigel sentit un frisson lui parcourir l'échine. Le fait que le temple soit ouvert mais tout aussi désert que le reste de la ville le mettait mal à l'aise. Il jeta quelques coups d'œil alentour et vit, derrière lui, une petite table, couverte d'un linge blanc, sur laquelle se trouvaient deux livres. Au-dessus était suspendu un panneau d'affichage où figurait la liste des événements à venir et d'autres choses plus obscures liées à la vie de la communauté. Nigel les passa en revue – elles allaient du plus sérieux, un anniversaire commémorant la fondation de la ville, au plus trivial, une annonce pour une activité de crochet pour les dames. Rien qui ne se distinguait des activités quotidiennes d'une petite communauté religieuse au sein de n'importe quelle religion.

Il examina ensuite les ouvrages posés sur la table. Le premier, le plus petit, était le *Livre de Mormon*. Le second était plus grand, épais et relié comme un registre. Il l'ouvrit. Rédigé à la main, il répertoriait les cérémonies se tenant dans l'Église. Baptêmes, mariages, scellements, dotations, sur au moins trois ou quatre ans. Il feuilleta les pages jusqu'à trouver la plus récente, un peu avant la fin du registre. Il la survola distraitement, se demandant comment les membres de l'Église s'y prenaient pour archiver ces informations pour les générations futures. Il resta bloqué sur la dernière entrée.

Il la relut pour être sûr. Il eut l'impression que son estomac faisait du trampoline. "Heather, appela-t-il. Heather !"

Quelque part, une porte claqua violemment. Elle fut à ses côtés en quelques secondes. "Qu'y a-t-il ?"

Il lui désigna la mention, la date inscrite à l'américaine. "Ordonnance du temple. Baptême par procuration. Catherine Mary Pratt n. 1969, d. 2008. Baptême 11.4.2008. Dotation 11.4.2008."

"Katie Drake, dit-elle. C'était hier." Nigel pointa les noms inscrits en dessous. Martin Stamey. Celui de son fils juste après.

"Puis-je vous aider ?" La voix était douce et patiente.

Ils se retournèrent d'un bond. Celui qui s'était adressé à eux était un petit homme aux cheveux bruns impeccablement coiffés, la tête penchée sur le côté. Tous deux restèrent sans voix.

"Puis-je voir votre recommandation à l'usage du temple ?"

Ils se regardèrent, effarés.

"Ce temple est réservé exclusivement aux membres de l'Église. Les personnes sans recommandation n'ont pas l'autorisation d'entrer. Les punitions peuvent être sévères…

— Nous allions partir", répondit Heather.

L'homme les regarda partir. Ils débouchèrent à l'extérieur avec empressement et se dirigèrent vers la voiture, à demi aveuglés par la lumière. Nigel regarda en arrière. L'homme se tenait au sommet des marches et les observait. Deux véhicules, dont une camionnette déglinguée, déboulèrent à toute allure sur la place. Le rugissement des moteurs et le crissement des freins brisèrent le silence qui y régnait. Heather tâtonna quelques instants avant d'ouvrir la portière. Le petit homme dévala les marches et rejoignit les deux véhicules en faisant de grands gestes et en désignant Heather et Nigel du doigt.

Heather mit le contact – à leur grand soulagement, le moteur démarra instantanément – et quitta la place en fonçant droit devant elle.

Quelques minutes plus tard, ils sortaient de Liberty en trombe, sans personne à leurs trousses.

26

La planque, le “lieu sûr” – Foster ne parvenait pas à faire autre chose qu’à cracher ces mots avec dégoût à la lumière de leur absurdité – fourmillait d’activité. Tous ceux qui étaient présents veillaient toutefois à rester à distance respectable de l’inspecteur assis sur le canapé, une tasse de thé entre les mains, l’air sombre. Pour la première fois depuis des jours, un soleil pâle perçait timidement le ciel gris acier. Cela n’atténuait en rien la sensation d’impuissance de Foster. Il avait juré au gamin qu’il serait en sécurité. Il avait manqué à sa promesse. Maintenant, pour ce qu’il en savait, Gary était mort et le tueur avait achevé sa mission consistant à supprimer ou à kidnapper une lignée complète.

Foster, fatigué, secoua la tête et se frotta les yeux.

L’œuvre du Seigneur avait-elle été accomplie ?

Pourtant, tout ne lui semblait pas perdu. Foster ne comprenait pas pourquoi Gary n’avait pas été assassiné et traîné dans le jardin où son sang versé aurait racheté les fautes du passé. Il se raccrochait à l’idée que Gary était parvenu à s’enfuir.

Les grandes lignes de ce qui était survenu la veille commençaient à se dessiner. Gary était arrivé à la planque le lundi soir, accompagné des deux officiers chargés de le protéger pendant les prochaines quarante-huit heures. Ces officiers se nommaient Adrian Sullivan et Sylvia Tweedy – Foster avait récupéré leurs noms et prévenu lui-même leurs familles. Il se sentait responsable. Sullivan devait assurer les nuits, Tweedy les journées, chacun dormant pendant que l'autre nourrissait, distrayait et surveillait Gary. Ils devaient être remplacés au bout de deux jours par deux autres officiers.

Selon l'estimation du légiste, Sullivan avait été tué peu après dix heures la veille, Tweedy quelques instants après. On avait réussi à lui faire ouvrir la porte par la ruse et il avait été aussitôt abattu. La policière n'était pas encore au lit et, après avoir vu son collègue mort, elle avait essayé d'atteindre le bouton d'alerte. Le tueur l'avait stoppée net de deux balles. Une dans le dos et l'autre en pleine tête.

C'était la fin de l'histoire qui laissait un soupçon d'espoir. Le tueur avait décidé de se débarrasser des deux gardes du corps de Gary, ce qui, s'il avait entendu le remue-ménage au rez-de-chaussée, avait laissé le temps au garçon de déguerpir, activité pour laquelle il était expert. Comment était-il sorti ? La fenêtre de sa chambre était ouverte. Foster pria pour qu'il se soit enfui par ce chemin et que ce ne soit pas le tueur qui l'ait emmené.

Une fois de plus, il réexamina toutes les possibilités. Il n'y avait que deux issues : soit Gary s'était enfui, soit il était entre les mains du tueur. Il pria pour que la première hypothèse soit la bonne. Il ne pourrait pas supporter l'idée que le gamin puisse être mort alors qu'ils étaient si près d'attraper le tueur. Assis sur le canapé, face au soleil levant, il se dit qu'il n'arrivait plus à supporter tout ça. Cet autre deuil, un de plus sur la liste, serait celui qui le pousserait hors de la police pour de bon. Son futur, ou l'espoir d'en avoir un, était intimement mêlé au sort de ce garçon.

Foster inspira puis expira bien à fond. Il n'y avait pas de signe d'effraction. Le ravisseur était entré par la porte de devant, comme un invité. Il vit une chaîne et un judas sur la porte. Dans ce genre d'endroit, les agents n'ouvraient pas à tous ceux qui se présentaient. Foster avait fini par comprendre ce qui s'était passé. Le tueur avait déclenché l'alarme de la voiture. C'était une nuit venteuse. Sullivan l'avait entendue, pensant certainement qu'elle avait été activée par une bourrasque, était sorti pour vérifier et avait été tué dès qu'il avait mis le nez dehors.

Comment l'assassin avait-il fait pour trouver Gary ?

Foster avait ressassé cette question toute la nuit. Gary était passé par un parking souterrain avant d'être conduit ici. Il n'avait pas mis un pied hors du commissariat central. Il n'y avait pas trente-six solutions. Le tueur avait suivi Gary jusqu'à la planque. Dieu seul savait comment.

Il devait penser à autre chose. Il était tard dans l'Utah, mais il pouvait encore se permettre d'appeler Heather pour obtenir des nouvelles. Elle semblait essoufflée, presque en colère. Il s'excusa pour l'heure tardive de son appel. Elle sembla se calmer.

“Je me demandais juste si vous aviez du nouveau”, commença-t-il.

Elle lui exposa leur incursion dans Liberty City et ce qu'ils avaient découvert dans le registre du temple. Les noms des morts, baptisés et convertis par procuration à la VEL. Foster était exténué et il lui fallut quelques instants pour saisir toute l'histoire.

“Tout va bien, sir?” s’enquit-elle après un long silence.

“Pas vraiment. Gary Stamey a disparu de la planque.

— Oh, mon Dieu.

— Ouais. Deux flics ont été abattus. Soit le tueur a assassiné Gary, soit le gamin a réussi à s’enfuir. Ce n’est pas très clair. Je fonde mes espoirs sur le fait que nous n’avons pas retrouvé son corps dans le jardin – mais qui sait?” Il soupira. Il préférait ne pas y penser. “Ainsi, quelqu’un à Liberty sait que Drake, Stamey et son fils sont morts. On peut partir du principe qu’ils doivent aussi savoir qui les a exécutés. Je vais en faire part à Harris mais je ne sais pas si les Ricains seront très chauds pour se rendre là-bas en force. Les gens du coin risquent de se serrer les coudes et de nier en bloc. Dans ce cas, on ne pourra pas faire grand-chose.

— Il y a quelque chose tout de même, reprit Heather. Le nom de la personne qui a été baptisée au nom des morts était Leonie Walker.

— Vous pensez que… ?

— Il peut s’agir d’une coïncidence.

— En effet. Où êtes-vous à présent?

— Dans un motel à une dizaine de kilomètres de Liberty. Nous réfléchissons à la suite. Nous ne pensons pas avoir été suivis. Je ne me sens pas d’y retourner sans renforts. C’est l’Amérique profonde ici. Ils sont certainement armés.

— Alors, vous restez où vous êtes, l’exhorta Foster. Harris ne voulait déjà pas que vous y alliez – quand il sera au courant, il va nous faire un caca nerveux. Au moins, vous en avez rapporté quelque chose. La confirmation qu’il y a un lien. Laissez-nous nous occuper de l'étape suivante. Restez tranquilles. Offrez-vous un hot-dog et un soda, ou ce que vous voulez."

Heather se mit à rire. "On a une chambre avec la télévision. Aucune distraction à des kilomètres à la ronde.

— Ça a l'air confortable. Occupez-vous l'un de l'autre."

Elle rit à nouveau. Lorsqu'elle s'arrêta, il y eut un silence, long et pesant. "Tout va bien se passer, sir. D'après l'expérience que l'on a de ce gamin, c'est qu'il sait comment s'évader et ne pas se faire prendre.

— J'espère que vous avez raison", conclut-il.

À l'extérieur, Foster entendait les aboiements des chiens policiers en provenance des champs derrière la maison. Peut-être allaient-ils retrouver le gosse, planqué dans un trou ou en haut d'un arbre. L'estomac serré, il se dit qu'ils pouvaient tout aussi bien tomber sur son cadavre. Il resta silencieux, essayant de jauger, selon l'excitation des animaux, si Gary avait été retrouvé.

"Il faut que j'y aille", dit-il en levant sa carcasse fatiguée. Il inspira profondément pour se redonner du courage.

Il alla jusque dans le jardin, passa un portillon qui menait vers un chêne solitaire aux branches nues, debout telle une sentinelle au sommet de la colline. L'air glacé transformait son souffle en volutes de buée. Des policiers en uniforme se rassemblaient et il pouvait entendre les aboiements contrariés de l'un des chiens. En s'approchant, il vit que l'un des policiers était penché en avant mais ne put apercevoir ce qu'il regardait car il se trouvait au-delà du sommet de la petite colline. Il se sentait nauséeux, vide et désespéré. Un autre policier vint s'accroupir.

Une policière postée à l'extérieur du portillon l'appela. "Regardez", dit-elle en pointant un doigt.

Foster suivit la direction qu'elle indiquait. Sur l'herbe jaunie se détachaient quelques traces de sang. Il resta silencieux et continua à avancer vers le groupe sur la colline. Il plongea ses mains dans ses poches pour que personne ne puisse voir à quel point elles tremblaient.

Une fois au sommet de la colline, il ferma les yeux et emplit ses poumons d'air avant de les rouvrir.

Ce n'était rien. Juste un chemin de terre.

Les deux policiers étaient encore accroupis. L'un d'eux s'aperçut de la présence de Foster.

"La piste s'arrête là", expliqua l'un d'eux. "Il y a des marques de pneus récentes. On pense qu'il s'agit d'une voiture."

Foster suivit du regard le trajet sinueux du chemin. Il partait vers l'est et s'éloignait de la maison en direction de la route principale.

"J'ai repéré des traces de sang là-bas. Envoyez la police scientifique. Je veux que vous me boucliez tout le champ et fassiez une recherche d'empreintes dans la foulée.

— Vous pensez qu'il s'agit de la voiture du tueur ?

— Oui. Il détient le gamin. S'il ne l'a pas tué sur place, c'est qu'il en a besoin pour quelque chose. Mais une fois qu'il aura obtenu ce qu'il veut, je sais qu'il le tuera. Il doit accomplir la rédemption." Il jeta des coups d'œil au champ, au ciel bleu pâle, à l'arbre nu. "Il faut que nous le retrouvions avant ce soir."

27

Leur chambre de motel faisait partie d'un ensemble de plain-pied en forme de U donnant sur un parking désert. Elle sentait les cigarettes et le sexe au rabais. Le tapis qui rendait l'âme avait dû voir les semelles de milliers de chaussures et les draps – enfin, bref, Nigel ne voulait même pas penser à ce qu'ils avaient vu. Il se demanda combien d'habitants de Liberty étaient venus chercher un furtif moment d'évasion dans ces chambres, loin du regard inquisiteur des aînés, avant de retourner la tête basse dans leur ville d'une blancheur virginale.

Apparemment, il n'y avait pas d'autres clients. Cela ne faisait qu'augmenter leur angoisse. Heather avait garé la voiture dans un coin à l'abri des regards. Elle avait tenté de cuisiner le réceptionniste au sujet de la VEL, mais la conversation n'était pas son fort. Il ne savait rien d'eux en dehors du fait qu'il s'agissait d'une bande de tarés. La seule chose à faire, c'était de rester planqués en attendant de nouvelles instructions. La chambre de Heather, légèrement moins sinistre que celle de Nigel, était devenue leur quartier général.

Elle avait essayé de joindre Foster pour lui faire part de ce qu'ils avaient découvert à Liberty, mais la ligne sonnait dans le vide. Heather était de plus en plus agitée et faisait les cent pas dans la chambre en essayant de trouver une idée pour la suite de leur enquête. Nigel partageait sa frustration, ce sentiment d'être si près du but et en même temps impuissant. Il avait récupéré un annuaire à la réception et proposé de voir qui possédait le téléphone à Liberty pour les appeler, essayer de leur soutirer des informations. Heather avait rejeté l'idée. Alors, il tuait le temps, assis devant la télévision, zappant d'une chaîne à l'autre. La perspective de faire la même chose chez lui l'aurait rebuté mais, plongé dans une autre culture, il trouva une échappatoire dans les bulletins locaux et la météo, les publicités pour les commerces du coin et tout un tas de programmes religieux. Heather était allongée sur son lit, un œil sur la télévision, l'autre sur son téléphone qui se rechargeait, posé sur une simple table en bois dans l'angle de la pièce. De temps à autre, Nigel sortait fumer une cigarette, regarder le soleil se coucher et écouter les voitures qui passaient sur la route, soulagé de voir leurs feux arrière s'éloigner avant de disparaître dans l'obscurité. Le ciel était complètement dégagé, la lune et les étoiles déjà visibles alors que le soleil n'avait pas encore complètement disparu. La nuit allait être froide.

Heather alla se doucher. Il lui proposa de se retirer dans sa chambre afin qu'elle dispose d'un peu d'intimité, mais elle lui répondit que ce n'était pas la peine. Lorsqu'elle émergea de la salle de bains envahie de vapeur, la nuit était tombée. Elle n'était vêtue que d'une serviette, ses cheveux mouillés cascadaient sur ses épaules. Nigel, allongé sur l'un des lits jumeaux, s'efforça de ne pas la regarder. Elle traversa la chambre, s'assit à la table et s'éventa le visage. “Au moins, il y a de l'eau chaude", sourit-elle. Nigel hocha la tête, les yeux braqués sur un match de basket-ball. La nuit promettait d'être frustrante, et à plus d'un titre.

Heather regarda le match pendant quelques instants puis, afin de mieux voir, elle vint s'asseoir au pied du lit où était installé Nigel. La rencontre touchait à sa fin et les deux équipes étaient à égalité. Son téléphone sonna. Elle répondit immédiatement. C'était Donna Faugenot qui voulait savoir comment s'était déroulée leur petite excursion. Heather la mit au courant puis raccrocha. "Je ne veux pas être impolie, expliqua-t-elle. Mais j'attends un appel d'Angleterre, je ne veux pas le manquer."

Elle tourna la tête vers Nigel.

Il n'était pas à son aise.

"Je crois que Donna en pince pour toi, dit-elle, amusée.

— Tu crois ? répondit-il, l'air faussement détaché.

— Oui. Une sacrée nana, cette Donna.

— Oui, n'est-ce pas ? Pas la sainte des derniers jours à laquelle on s'attendrait. Tu sais qu'elle est divorcée ?

— Je sais." Le sourire de Heather se crispa. "J'ai entendu votre conversation dans la voiture."

Nigel eut l'impression que son cœur venait de cesser de battre. "Vraiment ?" demanda-t-il, un nœud à l'estomac.

Elle acquiesça. "Hin, hin."

Il se redressa. "En entier ?

— La plus grande partie.

— Oh." Il ne savait pas quoi dire.

Elle se dandina pour remonter vers le haut du lit. Il sentit son shampooing, ses cheveux encore humides. Le sourire de Heather s'effaça. Elle le regarda avec insistance, ses yeux verts semblaient s'enflammer.

“Donna a raison”, reprit-elle, ses yeux plantés dans les siens. “Parfois, il faut s’accrocher.” Elle s’approcha encore. “Chéri.” Elle se remit à sourire.

Nigel se pencha vers elle, la tête lui tournait. Tout autour de lui disparut. Il n’avait que trop attendu dans cette chambre miteuse. Il la saisit par le bras et la tira vers lui. Lorsque leurs lèvres se rencontrèrent, il eut l’impression de prendre une décharge électrique. Il passa sa main derrière son crâne et appuya ses lèvres plus fermement contre les siennes. Les mains de Heather cherchaient les boutons de sa chemise. Il s’entendit gémir, des mois de désir retenus, et faillit éclater de rire. Il vit dans ses yeux une lueur d’amusement, juste avant qu’elle ne les referme. Il entreprit de défaire le nœud qui retenait sa serviette.

Le téléphone de Heather se mit à sonner.

Elle ouvrit instantanément les yeux. “C’est une blague ?”, dit-elle. Elle s’écarta de Nigel, se passa la main dans les cheveux et se mordit la lèvre inférieure. “Je ferais mieux de répondre”, chuchota-t-elle.

Nigel se leva d’un bond avec l’envie de coller son poing dans la figure de quiconque se trouvait à l’autre bout de la ligne. Sûrement le type de la réception. “Bonsoir, Grant”, l’entendit-il dire. Elle était irritée. Foster, pensa Nigel. Cela changeait tout. En tout cas, la magie s’était envolée. Et le bon moment qui devait suivre.

Il se rendit dans la salle de bains et s’aspergea le visage. Lorsqu’il revint, Heather avait achevé sa conversation. Elle semblait très inquiète.

“Il y a un problème ? demanda-t-il.

— Gary Stamey a disparu, répondit-elle. Il se trouvait dans une planque. Les flics qui le protégeaient ont été tués.

— Seigneur", murmura Nigel.

Ils se turent. Nigel ne savait que dire.

Le silence fut rompu par un coup frappé à la porte. Nigel lança un regard à Heather qui hocha la tête. Il avança vers la porte. Il y eut un autre coup, plus timide.

"Regarde de qui il s'agit avant d'ouvrir", chuchota Heather. Il colla un œil contre le judas.

Une jeune fille. Il ne la reconnut pas tout de suite. Puis, il réalisa qu'elle n'avait pas son uniforme. C'était la petite serveuse du snack. Il déverrouilla la porte et ouvrit.

"Salut", dit-il.

Elle semblait terrifiée et décollait à peine les yeux du sol, silencieuse. Heather se tenait à côté de Nigel. Elle jeta un coup d'œil par-dessus l'épaule de la fille vers le parking désert. "Entre, dit-elle en l'amenant à l'intérieur. Entre."

Elle avança en traînant des pieds, les yeux toujours braqués vers le sol. Comment est-elle arrivée jusqu'ici ? pensa Nigel. Il n'y a pas d'autre voiture sur le parking. Il n'était pas très rassuré, mais décida de se fier au jugement de Heather. Dès qu'elle fut dans la chambre, il referma la porte, remit la chaîne en place et tourna le verrou.

La fille se tenait devant eux, tremblante.

"Laissez-moi le temps de m'habiller", dit Heather. Elle se dirigea vers la salle de bains, attrapant ses vêtements au passage.

Nigel conduisit la jeune femme jusqu'à la table. Elle s'assit. Il resta debout, mal à l'aise, ne sachant quoi faire ou quoi dire.

Heather revint, habillée, les cheveux toujours humides. "Tu travailles au snack, n'est-ce pas ?" dit-elle doucement.

La serveuse hocha la tête.

“Comment es-tu venue jusqu’ici?

— J’ai marché”, murmura-t-elle. Son accent était étrange, mais familier. Presque dix kilomètres à pied. Rien d’étonnant à ce qu’elle grelotte, songea Nigel.

“Trouve-lui quelque chose de chaud”, demanda Heather.

Il prit des serviettes, son manteau et l’enveloppa avec. Il lui tendit ensuite une bouteille d’eau dont elle but une bonne gorgée.

“Merci, marmonna-t-elle.

— Comment t’appelles-tu?” l’interrogea Heather.

Pour la première fois, la fille leva les yeux. Elle regarda Heather, puis Nigel. “Leonie, dit-elle. Leonie Stamey.”

Son accent était une espèce d’hybride entre les voyelles de l’estuaire de l’Essex et les intonations du Midwest. Mais ses cadences étranges n’atténuaient en rien l’impact de ses paroles et sa peur ne masquait pas la sincérité de ses réponses. Heather s’assit face à elle sur l’un des lits et Nigel resta debout, appuyé contre le mur.

“Comment as-tu deviné qui nous étions?”, lui demanda Heather. Leonie ne répondit pas tout de suite et se contenta d’observer ses mains. Malgré son jeune âge, elle avait déjà le visage de quelqu’un qui en a trop vu.

“Quand ma mère était vivante, je voyais des policiers tout le temps. Quand je vous ai servis au snack et que j’ai entendu que vous aviez fouiné du côté du temple, j’ai su que c’était moi que vous cherchiez.

— Et tu es venue nous trouver?

— Je ne veux pas que les miens aient des problèmes.

— Les tiens ?
— Ma famille. À Liberty.”
Heather réfléchit. “Je vois. Et de qui s’agit-il ?”
Elle secoua la tête. “Ça, je ne vous le dirai pas. Demandez-moi ce que vous voulez sauf ça et après vous partez. Je suis venue justement pour que vous n’alliez pas fourrer votre nez partout en ville. Mais ne me demandez rien sur ma famille à Liberty.
— OK.”
Il y eut un long silence.
“Puis-je te demander comment tu es arrivée à Liberty ? Ce qui s’est passé après que tu aies disparu ?
— Je n’ai pas « disparu », dit-elle dédaigneusement. Je suis partie parce que je l’ai choisi. Ma mère, les drogues, finir comme elle… Je voulais un nouveau départ. Et il m’a aidé.
— Qui ça, « il » ?
— Je ne vous donnerai pas son nom.
— D’accord, acquiesça Heather. Il s’agit bien de l’homme qui venait chez toi. L’homme en costume qui parlait de Dieu.”
Elle plissa le front. “Comment savez-vous cela ?
— Gary nous l’a dit.”
Son visage se figea en entendant son nom. “Comment va-t-il ?”
Heather marqua une pause. “Leonie, il faut tout nous dire, vraiment tout.
— Il lui a fait du mal ? Je lui avais dit qu’il ne devait pas lui faire de mal.
— Qui est-il ?”
Elle ne répondit pas.
“Il faut que tu me racontes qui est ce type, Leonie. Est-il à Liberty ?”

Elle secoua la tête. “Non, jamais, sauf la fois où il m’a amenée ici.

— Il est anglais ?

— Oui. C’est un parent à moi. Pas comme un frère. Un parent éloigné. Il a été adopté quand il était petit.”

Anthony Chapman, pensa Nigel.

Leonie poursuivit. “Il n’a découvert le lien familial et les péchés de Sarah et Horton qu’une fois adulte. Il est entré en contact avec la Véritable Église de la Liberté il y a quelques années car il souhaitait venir s’installer ici. Les membres de l’Église lui ont alors expliqué qu’il pourrait mettre un terme pour leur compte à une affaire restée en suspens. Il a commencé par moi. Il m’a tout expliqué, l’Église, la famille, ce qui s’était passé à l’époque. Il m’a convertie. Cela me semblait bien mieux que la vie que je menais. Quand il m’a proposé de partir avec lui, j’ai sauté sur l’occasion.

— Tu es partie de ton plein gré ?

— Oui, oui. Nous avons passé quelques semaines chez lui. Il s’est bien occupé de moi. Il m’a obtenu une fausse identité, un nouveau passeport et nous sommes venus ici. C’était carrément étrange au début, mais je m’y suis bien faite. Il est parti pour achever sa mission. Je suis restée. Je me suis mariée.

— Mariée ?

— J’avais quatorze ans. C’est le moment où l’Église décrète que vous pouvez vous marier. C’est pour cela que j’ai été épargnée. Pour poursuivre la lignée. Les autres devaient mourir. Sauf Gary.

— Pourquoi sauf Gary ?

— Parce que je l’ai voulu.”

Nigel voyait que Heather était choquée par ce que Leonie lui disait, par son impassibilité. Encore jeune fille et déjà femme, mi-américaine, mi-anglaise de l'Essex, elle avait abandonné sa vie en Angleterre pour rejoindre une secte où les jeunes filles étaient forcées de se marier alors qu'elles étaient encore adolescentes, comme s'il s'agissait du chemin à suivre. Il vit aussi que Heather se demandait si elle devait lui dire la vérité à propos de la disparition de Gary.

"Une autre jeune fille a disparu. Et les gens que vous avez convertis par procuration lors de la cérémonie d'hier ont été assassinés.

— Oh, je suis au courant, dit-elle. Ils devaient mourir.

— Pardon ?"

Ses yeux se mirent à briller, illuminés par la ferveur. "Sarah et Horton Rowley ont péché contre cette Église et son prophète. Ils sont responsables de l'éclatement de la famille et de la mort de dix-huit âmes innocentes. Nous portons tous, moi y compris, le fardeau de ce péché et il doit être expié. L'Église a poursuivi et achève maintenant la rédemption.

— Leonie, Gary a disparu", lui annonça Heather avec calme.

Son visage se transforma, la foi céda la place à l'incrédulité. "J'ai dit qu'il devait être épargné. Qu'il nous rejoindrait un jour." La colère s'emparait d'elle. Elle commença à agiter la tête. "Vous mentez. C'est juste une ruse, pour me convaincre de partir avec vous." Son visage se crispa. "Espèce de sale pute."

La native de l'Essex venait de l'emporter sur la pieuse épouse de l'Utah.

"Leonie, répondit Heather avec fermeté. Nous ne sommes pas venus te chercher. Nous ne savions même pas que tu étais ici."

La colère se mua en étonnement. Ses yeux sautaient de l'un à l'autre. "Mais alors, pourquoi… ?

— Parce que des gens se font assassiner et qu'une adolescente de quatorze ans a disparu. Et maintenant, que tu le crois ou non, ton frère a disparu aussi. Et tu peux gober toutes les conneries que l'on t'a racontées, mais explique-moi tout de même pourquoi il serait épargné alors qu'un autre garçon, à peu près de son âge, a été abattu comme un chien et traîné dans le jardin avec ton oncle. Tu crois honnêtement qu'ils ne vont pas tuer Gary parce que tu l'as demandé ? Qu'ils vont renoncer à la chance de réunir la famille dans l'au-delà et d'expier ce qui s'est passé en 1890 pour satisfaire le caprice d'une gamine ? Tu t'es fait avoir, Leonie. Ouvre les yeux."

Nigel vit ses yeux se remplir de larmes mais elle conservait un air de défi.

"Il ne faut pas qu'il y ait d'autres morts, Leonie. Il faut que cela s'arrête et que cela s'arrête maintenant. Tu as laissé Gary se débrouiller seul. Maintenant, tu as une chance de nous aider à le retrouver. Comment s'appelait l'homme qui t'a aidée à venir ici ?"

Elle sanglota en silence pendant quelques secondes. "Dominic, dit-elle en reniflant. Je pensais rendre service à Gary. Il aurait eu une chouette famille d'adoption. Une maman et un papa qui l'aimeraient. Et peut-être un peu d'argent. Qu'il ait une chance. Je voulais retourner le chercher un jour. C'est vrai." Elle s'essuya les yeux.

"Qui est Dominic ? lui demanda Heather.

— Je ne sais pas. Je ne connais que son prénom.

— Tu ne connais pas son nom de famille ?

— Il ne me l'a jamais dit."

Heather lui demanda de le décrire. Début de la quarantaine, les cheveux noirs, bel homme, une voix distinguée, timide mais persuasif, les yeux bleus. Nigel prit tout en note même si cela ne servait pas à grand-chose sans nom de famille.

"Où vit-il ?

— Il avait un appartement à Plaistow, mais c'était temporaire. Il n'aimait pas le quartier. Il voulait trouver une maison à Bethnal Green. C'est de là que venait sa famille, même s'il n'y avait passé que peu de temps. Il m'a dit qu'il avait grandi ailleurs, près de Buckinghamshire.

— « Dans » le Buckinghamshire ? corrigea Heather.

— Ouais, c'est ça." Elle donna le nom de la rue dans Plaistow.

Heather lui demanda si elle savait quelque chose de personnel sur Dominic, en dehors de son adoption. Connaissait-elle le nom de la famille qui l'avait adopté ?

Elle fit non de la tête. "Il les détestait. D'après lui, il n'y avait que la sœur qui était gentille. Il m'a dit qu'ils possédaient de l'argent. Le père tenait une brasserie, quelque chose comme ça. C'est tout ce qu'il m'a dit. Désolée." Leonie était encore et avant tout une jeune fille de dix-sept ans, cela ne faisait aucun doute.

Nigel avait tout noté et établi un premier portrait généalogique de Dominic. Adopté par un riche brasseur de l'East End. Cela devait être possible de le retrouver mais, perdu dans l'Utah, il ne pouvait pas faire grand-chose.

"Ramenez-moi à la maison, fit Leonie abruptement.

— En Angleterre ? demanda Heather.

— Non. À Liberty. C'est mon foyer. Vous pouvez me déposer aux abords de la ville.

— Si tu retournes là-bas, nous ne pourrons pas te faire savoir ce qui est arrivé à Gary."

Elle haussa les épaules. "Je demanderai au Seigneur. Il me le dira. Je dois rentrer."

Heather avait du mal à comprendre. "Mais pourquoi ? Rentre chez toi, Leonie. Il n'y a rien pour toi à Liberty. Ces gens autorisent le meurtre. Pourquoi rester avec eux ?

— Parce que mon fils se trouve là-bas et que je ne l'abandonnerais pour rien au monde."

28

Foster avait fait le lien avant que Heather ne l'appelle. Tandis qu'il conduisait, ce qu'il avait lu sur le site Web de la VEL tournait inlassablement dans son esprit :

Vous devrez chercher et ne jamais cesser de chercher à venger le sang de nos prophètes en cette nation, notamment celui de mon serviteur Orson P. Walker, et vous enseignerez cela à vos enfants et aux enfants de vos enfants et ce jusqu'à la quatrième génération.

La quatrième génération. Il passa en revue tout ce qu'il savait des descendants de Sarah et Horton Rowley. Le type qui manquait – le gamin adopté parce que sa mère vivait dans la hantise qu'on vienne venger les péchés de leurs ancêtres – n'était-il pas la quatrième génération ? Il appela Heather.

Elle lui apprit la nouvelle au sujet de Leonie.

"Elle se trouve avec vous ?"

Elle répondit par la négative et lui expliqua pourquoi. Foster asséna un coup de poing sur le tableau de bord. Ce n'était pas vraiment de la colère – il savait qu'il n'y avait aucune raison légale de la retenir – plutôt de la frustration et de l'épuisement. Se posait aussi la question de ce qu'il dirait à Gary lorsque le garçon lui poserait des questions sur sa sœur. S'il était encore vivant.

Heather lui parla de Dominic, et de la théorie de Nigel selon laquelle il s'agissait d'Anthony Chapman. Quand elle eut terminé, Foster lui cita le texte de la révélation trouvé sur le site Web de l'Église.

"On fait quoi maintenant ? demanda-t-elle.

— Vous ne bougez pas. Je ne pense pas que vous puissiez en faire plus. Je vais parler à Harris. Mais pour commencer, passez-moi Nigel."

Elle tendit le téléphone à Barnes. Les deux hommes échangèrent leurs salutations.

"Écoutez, mon vieux, vous ne pouvez pas faire grand-chose là où vous êtes. Mais je peux effectuer les recherches pour vous. Il faut que nous retrouvions ce Dominic à partir de ce que nous savons. Vous tirez les fils, je serai votre marionnette."

Nigel réfléchit. "Eh bien, nous avons la moitié d'un nom, pas d'adresse, pas de profession et l'élément le plus important, son acte de naissance, est à exclure puisqu'il a été adopté sans trace officielle."

Pour la première fois depuis ce qui lui parut une éternité, Foster sourit. "Et la bonne nouvelle ?

— Nous savons que son père adoptif était brasseur. Il ne doit pas y en avoir eu tant que cela dans cette paroisse.

— Pas durant ces cinquante dernières années en tout cas. Les petits brasseurs indépendants ont été laminés. J'ai quelqu'un qui est parti récupérer la liste des fidèles de St Matthew des mains du pasteur actuel – certains d'entre eux viennent là depuis longtemps et cela peut valoir la peine de leur parler. Nous savons que les parents adoptifs étaient aisés. Dans ce coin, ils devaient se remarquer comme un négociant en vin au milieu d'un club d'ouvriers. Même s'ils n'étaient pas des fidèles très assidus, il doit y avoir des gens qui les connaissaient. Par où dois-je commencer à chercher ?

— Vous êtes sûr de vouloir vous plonger là-dedans ?

— Pas de problème. J'ai eu un bon professeur."

Foster se rendit tout d'abord aux archives municipales de Londres où se trouvaient les registres paroissiaux de la plupart des églises londoniennes. Sur les conseils de Nigel, il vérifia un par un les mariages qui avaient été célébrés à St Matthew depuis la fin de la Seconde Guerre mondiale – dix-neuf ans avant la naissance d'Anthony Chapman. Deux d'entre eux attirèrent son attention. Henrietta Llewellyn Oakley et Kathryn Llewellyn Oakley, deux sœurs qui se marièrent à trois ans d'intervalle, en 1957 et en 1960. Leur père était Henry Oakley et les gendres se nommaient Samuel Heathcote Smythe et Edward St John Ashbourne.

Lorsqu'il lut les noms, son instinct lui dit qu'il y avait là une forte odeur d'argent. Un examen plus approfondi confirma son intuition. Henry Oakley était un brasseur local. Il était associé au sein de Hardwicke, Oakley et Parsons, universellement connus sous l'acronyme Hops, une petite brasserie londonienne qui ferma ses portes au début des années 1980 après avoir été rachetée par un brasseur d'envergure nationale. Henry Oakley fut le dernier de la famille à diriger l'affaire. En fait, ce fut son départ à la retraite qui provoqua la mise en vente de l'entreprise.

Foster informa Nigel et, sur ses indications, se rendit aux archives nationales pour y pister les enfants

Oakley. Il approchait du but. Il le sentait et savourait cette impression.

Henrietta Oakley mit au monde cinq enfants, cinq filles. Son frère aîné, Henry junior, resta sans enfants. Il ne se maria pas non plus. Foster consulta les registres des décès. Henry junior était mort en 1962 d'une pneumonie. Il revint aux registres des naissances pour y trouver la descendance de Kathryn Ashbourne, née Oakley et mariée en 1960.

Son premier enfant vint au monde en 1969 – elle avait eu trois enfants, mais après neuf ans de mariage. Anthony Chapman avait été adopté en 1964. La famille avait-elle paniqué au bout de quatre ans ? Henry junior, le premier enfant de la famille Oakley, le seul garçon, était mort. La fille aînée n'avait donné naissance qu'à des filles. La cadette n'avait toujours pas d'enfant après quatre ans de mariage. La pression avait dû être accentuée par l'absence d'un héritier mâle pour reprendre l'affaire. Est-ce cela qui avait poussé la famille à prendre une mesure aussi radicale ?

Kathryn Ashbourne n'apparaissait pas dans les registres des décès. Elle était encore vivante.

L'étape suivante passait par la bibliothèque nationale de la presse. Le *Times* avait publié une nécrologie détaillée de Henry Oakley dans laquelle étaient mentionnés neuf petits-enfants. Les registres de l'état civil en confirmaient huit. Foster croisa l'information avec un ancien exemplaire du *Who's Who* qui, lui aussi, donnait le chiffre de neuf petits-enfants.

L'un d'eux était absent des registres.

Foster fonçait sur la M40 en direction de Clifton Hampden et du domicile de Kathryn Ashbourne.

Il s'engagea sur une allée de graviers qui menait à l'ancien presbytère où vivait la famille depuis vingt-cinq ans. Il avait appris, en consultant les listes électorales, que les Ashbourne y vivaient seuls, leurs enfants étant partis depuis longtemps. En sortant de sa voiture, Foster fut surpris par le silence. Un chien aboyait dans le lointain, mais en dehors de cela il n'y avait aucun bruit. Cela le rendit anxieux. Il était un enfant de la ville – il avait besoin de sa rumeur – et son absence le mettait mal à l'aise.

Il se rendit sur le côté de la maison où il trouva l'entrée. Il sonna. Pas de réponse. Il sonna de nouveau. Pourvu qu'ils soient là, pensa-t-il. Il s'apprêtait à laisser tomber quand il entendit des pas puis le bruit du loquet. La porte s'ouvrit, révélant une femme de près de soixante-dix ans, grande, de fière allure et encore belle.

"Madame Ashbourne ?

— Oui, je suis madame Ashbourne, dit-elle d'une voix douce mais assurée.

— Je vous prie de m'excuser de venir vous déranger à votre domicile. J'appartiens à la police de Londres. Puis-je entrer ?" Il lui montra sa plaque.

La peau couleur d'ivoire de la femme parut blanchir un peu plus. "Oh, non, gémit-elle l'air paniqué. Que s'est-il donc passé ?

— Rien de grave, madame, la rassura Foster. M'accorderiez-vous quelques instants, si vous en avez le temps ?

— Oui, oui, bien sûr", répondit-elle en le faisant entrer.

Excepté le tic-tac sonore d'une imposante horloge ancienne, la maison était silencieuse. Ils traversèrent une salle de réception et se rendirent au salon. Les fenêtres donnaient sur un vaste jardin parfaitement entretenu. Elle lui désigna un canapé et partit préparer du thé. Après cinq minutes de silence oppressant, avec pour unique compagnie le son de sa propre respiration et le mouvement solennel de l'horloge, la maîtresse de maison reparut avec un plateau garni d'une théière, d'un pot de lait, de sucre, de tasses et de soucoupes.

"Votre époux est-il là, madame Ashbourne ?" lui demanda Foster tandis qu'elle lui tendait sa tasse de thé.

Elle secoua la tête. "Non. Il est à la retraite, mais il est resté membre de plusieurs conseils d'administration, ce qui le retient à l'extérieur plusieurs jours par semaine. Il est à une réunion. Il devrait rentrer vers seize heures." Elle jeta un coup d'œil à une horloge murale. Il était à peine quatorze heures.

Elle mit deux sucres dans son thé et le mélangea vigoureusement. Assise très près du bord de sa chaise, elle donnait l'impression d'une femme active et en bonne forme. Foster imagina que c'était elle qui s'occupait du jardin. Il était également étonné par sa réserve. Elle ne lui avait pas demandé une seule fois la raison de sa visite depuis qu'il était arrivé.

"Êtes-vous là à propos d'Edward ?" Elle but une gorgée de thé.

"Votre époux ?

— Oui, mon époux, Edward.

— Non." Foster but une gorgée de thé. Il était bouillant. Elle devait avoir des lèvres en amiante pour supporter cela. Il reposa sa tasse sur la table. "En fait, c'est une situation plutôt délicate.

— Oh, vraiment ?

— Je vous prie par avance de bien vouloir m'excuser, mais je suis obligé d'être direct." Il marqua une pause. "Avez-vous adopté un enfant en 1964 ?"

Elle ne répondit pas tout de suite et se contenta de le dévisager sans ciller. Elle but ensuite une gorgée de thé avant de jeter un regard rapide vers le sol. "Il s'agit donc de Dominic", dit-elle avec calme.

"Oui."

Elle soupira. L'assurance avait quitté son visage. Elle semblait triste, presque brisée. Elle secoua la tête. "Je crois qu'au fond de moi-même, j'attends ce jour depuis bien longtemps. Qu'a-t-il fait ?

— Nous souhaitons simplement lui parler, au sujet d'une affaire sur laquelle nous enquêtons.

— A-t-il des ennuis ?

— Nous n'en savons rien. Mais il faut que nous puissions lui parler. Êtes-vous encore en contact avec lui ?"

Elle fit non de la tête. Ses yeux commencèrent à s'embuer. "Pas depuis un moment. Un long moment en vérité.

— Pourquoi ?"

Elle détourna la tête et regarda par la fenêtre. Le soleil venait de percer les nuages. Cela sembla lui redonner courage. "Je voulais un enfant à tout prix, n'importe quel enfant. Mon père attendait désespérément un garçon à qui il pourrait laisser l'affaire familiale. Cela semblait être la solution la plus simple. Mais il en a été autrement." Elle joignit ses mains sur ses cuisses.

"Pourquoi ? lui demanda Foster.

— Il a toujours été un enfant difficile. Il dormait très peu et semblait dévoré par la colère. Je l'aimais pourtant. Mon mari ne voulait pas avoir affaire à lui – dès le départ l'idée ne lui avait pas paru bonne. Alors quand ce petit garçon est arrivé et qu'il nous a empêchés de dormir des nuits durant, le peu d'affection qu'il avait à lui donner s'est évanoui. Cela a presque provoqué notre séparation. Heureusement, je suis tombée enceinte et nous avons eu notre propre fils, puis un autre et ensuite une fille. Et Dominic… eh bien, j'ai honte de le dire, mais il s'est retrouvé privé de notre affection.

— De quelle manière ?

— Nous l'avons mis en pension alors qu'il était encore très jeune. Trop jeune. Il ne nous a rien dit, mais il s'est avéré qu'il y a passé de très mauvais moments. Lorsqu'il venait pendant les vacances, il était renfrogné, replié sur lui-même. J'ai essayé d'améliorer les choses, mais mon époux supportait à peine sa présence et le traitait plutôt durement. Dominic semblait tellement plein de rancœur. Je ne le blâme pas et je prends ma part de responsabilité dans ce qu'il est devenu, mais il était ingérable. La seule personne avec laquelle il s'entendait était notre fille. Elle l'aimait bien. En revanche, il se battait en permanence avec nos deux fils. Il a fini par quitter l'école et n'est jamais revenu à la maison. On a échangé quelques lettres. Je lui ai envoyé de l'argent une fois. La police nous a appelés à une ou deux occasions. Mais rien de sérieux.

— Avez-vous une adresse ou une idée de l'endroit où nous pourrions le trouver ?

— Non. La dernière fois que j'ai eu de ses nouvelles, il y a huit ou neuf ans, il vivait à Londres. Il n'était pas marié. Il a changé de nom plusieurs fois à ce que l'on m'a dit." Son regard recommença à vagabonder dans le jardin. "J'espère qu'il n'a fait de mal à personne."

Cela allégerait votre culpabilité ? songea Foster. Il eut un accès de sympathie pour ce pauvre bougre. Abandonné par ses parents, adopté par une famille puis rejeté à l'arrivée de leur premier fils. Mal aimé, pas désiré. Le vilain petit canard. Il pensa à sa fille qu'il n'avait jamais rencontrée. L'enfant qu'il ne voulait tout simplement pas. Il n'était pas franchement en position pour juger.

"Connaissez-vous quelqu'un qui pourrait savoir où il se trouve, madame Ashbourne ?"

La vieille dame sembla réfléchir. Elle avait les yeux rougis et cernés. "Je pourrais téléphoner à ma fille, Clarissa. Cela ne me surprendrait pas qu'ils soient encore en contact. Il y a quelques années de cela, elle m'a dit qu'il vivait à Barking. Voulez-vous que je l'appelle ?

— Si cela ne vous dérange pas, oui, merci."

Elle quitta la pièce.

Ça ressemble au parfait manuel sur « Comment foutre en l'air la vie de votre enfant », pensa-t-il.

Au bout de quelques minutes, elle revint dans la pièce. "Clarissa n'a pas eu de ses nouvelles depuis qu'elle m'a dit qu'il habitait à Barking."

Là où vivaient Leonie et Gary. "Elle n'a pas un numéro ou une adresse ?

— Non", répondit-elle immédiatement, presque sèchement. Elle se reprit. "Veuillez m'excuser, dit-elle. Cela me trouble de ressasser tout cela."

Sans blague ? songea Foster. Après avoir entendu son histoire, son capital de sympathie était assez bas. "Je ferais mieux de vous laisser, dit-il en se levant. Merci de m'avoir accordé de votre temps."

Il savait maintenant où aller.

Elle ne percevait que l'odeur fétide des draps et le battement de l'horloge posée dans le coin qui égrenait les dernières secondes de son existence. Elle se sentait perdue, si loin de chez elle. Elle revoyait dans ses rêves les champs immenses et le ciel clair, les vifs matins d'hiver et les étés longs et chauds qui semblaient sans fin. Et surtout le regard de sa mère, les rides au coin de ses yeux et la douceur de son sourire. Souvent, ce regard joyeux devenait sévère. Et les cris, ces horribles cris.

La ville l'avait accueillie, mais elle ne s'y était jamais sentie chez elle, contrairement à ses deux filles et à leurs familles. Elles ne connaîtraient jamais, comme elle l'avait connue, la joie de vivre de la terre.

Le médecin était parti. Elle s'était endormie, mais elle savait qu'elle était en train de mourir. Le pasteur était en route pour lui administrer les derniers sacrements. Elle allait connaître le réconfort du Seigneur, la joie de retrouver Horton. Peut-être que là-haut – et elle avait prié pour cela, chaque nuit depuis sa mort, pour que leurs péchés soient pardonnés et qu'ils soient autorisés à Le rejoindre dans son royaume éternel – ils trouveraient d'autres moyens d'être rachetés. Cela ne serait possible qu'entre les bras du Seigneur. Ici bas, tout n'était que damnation. Il fallait qu'elle mette la petite fille en garde.

Les heures filèrent. Peut-être des jours. Elle revoyait vaguement le pasteur, assis à côté de son lit, ses mains posées sur les siennes. C'était un homme de bien. Elle avait trouvé une bonne paroisse. Elle lui léguerait le peu qu'elle possédait. Ses deux filles ingrates et sans Dieu n'auraient rien. Isaac était un bon garçon. Elle savait qu'il la rejoindrait là-haut un jour, et il lui tardait de le retrouver. Les deux autres pouvaient pourrir dans l'autre endroit.

Mais pas la petite fille. Elle devait être sauvée.

Elle se réveilla en sursaut, respirant goulûment avant de se calmer. Elle était presque déçue. La chaude étreinte de la mort lui semblait plus séduisante que cette chambre glaciale chez sa fille. C'était le matin. Ou non ? Cela n'avait pas d'importance. Les mêmes rêves. Le doux visage de sa mère et sa colère. Ces cris à vous tordre les tripes...

Les draps avaient été changés. La fenêtre ouverte. Quelqu'un était venu. Emma, sans doute. C'est alors qu'elle remarqua quelque chose du coin de l'œil. Assise sur la chaise, les yeux grands ouverts, se tenait la petite Maggie. Elle balançait à peine les jambes mais arrêta lorsqu'elle se rendit compte que sa grand-mère la regardait. "Bonjour, grand-mère", dit-elle doucement de sa voix chantante.

Elle fit de son mieux pour lui sourire. Qu'elle soit bénie. Sarah étendit la main. D'un doigt osseux et au prix d'un immense effort, elle fit signe à la petite fille de s'approcher. L'enfant se leva et traversa la chambre. Sarah lui indiqua de venir encore plus près. Sa voix rauque était à peine plus audible qu'un chuchotement et elle voulait être sûre que ses paroles soient entendues.

"Tu es une brave petite", siffla-t-elle. Elle referma ses mains moites sur celles de la fillette. Elle resta ainsi quelques secondes, peut-être plus. Le temps avait cessé d'avoir de l'importance.

Elle ouvrit les yeux. Maggie était encore là, les yeux grands ouverts, sans ciller. Un éclair de douleur transperça la poitrine de Sarah. Les effets de l'injection que le docteur lui avait faite commençaient à passer. Elle gémit. Elle était si faible. La fin était proche. Maggie recula d'un pas.

La douleur finit par se calmer. Elle fit de nouveau signe à Maggie d'approcher.

"Ils viendront, dit-elle. Ils viendront pour toi comme ils sont venus pour ton grand-père." Elle reprit son souffle. Maggie était pétrifiée. "À côté du lit, il y a une boîte. Attrape-la."

La petite fille se mit à farfouiller.

"Dans l'armoire", hoqueta-t-elle.

La petite fille la trouva.

"Pose-la sur le lit."

Elle s'exécuta. Sarah se mit à tripoter le cadenas et la combinaison. Cela l'épuisait mais elle parvint à l'ouvrir.

"Regarde."

Maggie regarda à l'intérieur.

"Prends ce qu'il y a dedans", soupira-t-elle.

Elle saisit la photographie entre ses mains. La photographie que les policiers disaient avoir découverte sur le corps désarticulé de Horton lorsqu'il avait été retrouvé, écrasé sur la route. "Tué par un omnibus", disaient-ils. Elle savait qu'il n'en était rien. Ils l'avaient repéré et l'avaient tué. La police lui avait rendu les effets de son mari et la photographie se trouvait au milieu. Elle avait reconnu l'homme à la bêche. Les bâtiments incendiés. Elle rentra chez elle, ramassa ses affaires et quitta les lieux sur-le-champ. Ils ne l'avaient pas encore retrouvée, mais elle savait qu'ils ne cesseraient jamais de chercher. Qu'elle soit vivante ou morte, ils s'en prendraient aux siens. La petite fille devait être prévenue, elle devait savoir.

Les mains de Maggie tremblaient. Elle fixait l'image, horrifiée. Pauvre petite, elle était terrifiée. Mais c'était le seul moyen. Elle la remercierait plus tard.

"Certains d'entre eux n'étaient pas plus âgés que toi", raconta Sarah.

Elle ferma les yeux. Un autre accès de douleur. Elle gémit. Lorsqu'elle reprit conscience, Maggie tenait encore la photographie dans ses mains, le visage livide. Combien de temps avait-elle passé à regarder cette image d'un massacre ignoble ? Suffisamment, espérait-elle.

"Ton grand-père et moi sommes responsables de cela", souffla-t-elle, un raclement dans la gorge. "Puisse le Seigneur nous pardonner ! C'était un accident, je le jure. Mais les parents de ces pauvres âmes brûlées vives viendront pour obtenir réparation et rien ne les arrêtera. Rien ! Pas même ma mort. Protège-toi, ma douce. Protège-toi." Elle respirait difficilement. "Il ne faut pas que tu aies d'enfant, jamais. Car, aussi sûrement que le soleil se lève et se couche, ils continueront à chercher et ils se vengeront. Tous mes descendants seront tués et baptisés dans la foi. Protège-toi comme si tu devais fuir le diable lui-même ! Pendant

que tu dormiras, ils parcourront la terre entière à ta recherche. Tout cela au nom du Seigneur. Cache-toi ! Ils n'abandonneront jamais !"

Lorsqu'elle reprit ses esprits, Maggie était partie. La photographie était posée sur sa poitrine, la boîte à ses côtés. Elle y replaça la photographie, la referma et la serra fermement entre ses bras, contre sa poitrine. Elle l'emporterait avec elle. Il n'y avait rien à faire de plus. Elle avait rempli son devoir envers sa petite-fille.

Tout était maintenant entre les mains blessées du Seigneur.

29

Le ciel s'assombrissait. Une pluie légère tombait et les nuages menaçants en promettaient plus encore. Foster se trouvait dans une petite rue crasseuse mais paisible de Bethnal Green, face à l'entrée du numéro 17. Il avait passé un coup de fil à un de ses contacts aux télécommunications et obtenu le numéro que madame Ashbourne avait appelé – celui de sa fille, en tout cas c'est ce qu'elle avait dit. Il était inscrit sur liste rouge, mais appartenait à cette maison mitoyenne, aux briques encore tachées par la suie datant de l'époque du chauffage au charbon, de la saleté industrielle et du brouillard impénétrable.

Il remonta tranquillement l'allée plongée dans l'obscurité et le silence. Il ne vit personne. Dans le lointain, il entendait le bruit des trains en direction de Liverpool Street et l'écho de la circulation sur Bethnal Green Road. Mais dans cette ruelle anonyme, tout était calme.

Il s'éloigna du 17 et alla jusqu'à la porte voisine. Personne. Idem au numéro 13. Au numéro 11, la lumière filtrait entre les rideaux et il entendit le son étouffé d'une télévision. Il frappa. La porte s'ouvrit presque immédiatement. Une adolescente, encore vêtue de l'uniforme de son école, lui faisait face, affichant une expression mêlant à la fois mépris et ennui.

“C’est pour quoi ?”, lança-t-elle.

Charmant, se dit-il. Ce doit être la fameuse hospitalité de l’East End dont j’ai entendu parler. “Ta mère est-elle à la maison ?

— M’man !”, hurla-t-elle. Elle planta Foster sur le seuil, porte ouverte et grimpa les escaliers.

“Quoi ?”, cria une voix agacée. Une femme en pantoufles émergea d’une pièce à l’arrière de la maison – la cuisine, certainement, puisqu’elle portait des gants en caoutchouc d’un jaune criard. Elle semblait en colère. “Ouais ?

— Je vais bien, je vous remercie.

— Vous quoi ?

— Laissez tomber. Au numéro 17, la dame qui vit là.

— La dame ? Au numéro 17 ? Elle n’est plus là.

— Vraiment ?

— Ouais, cette vieille Edith est morte il y a plusieurs années.

— Edith ?

— Vous êtes sourd ou quoi ?

— Et qui vit là à présent ?

— Un snobinard. Il est pas là, hein ? T’façon, il est jamais là. Y doit avoir une autre piaule ailleurs. Il vient, il repart, mais il n’est pas très causant. Ça a changé par ici récemment, des gens du centre qui emménagent, ça fait monter les prix. J’peux pas me plaindre parce qu’on s’est installés ici il y a dix-sept ans, alors quand les enfants seront partis et que je vendrai, je ferai une belle affaire. Et qu’est-ce que vous lui voulez ?

— Oh, une simple visite de courtoisie”, dit-il.

Foster la remercia et elle ferma la porte. Une seconde plus tard, il l’entendait crier à sa fille de se bouger le cul, bordel.

Il remonta la rue, ruminant ce que lui avait dit la femme. Une fois devant le numéro 17, il s'arrêta pour examiner la maison, toujours plongée dans le noir. Pas de signe de vie.

Un téléphone se mit à sonner à l'intérieur. Il continua à sonner. Puis s'arrêta. Trop court pour un répondeur. Il lui semblait avoir entendu une voix, mais il n'en était pas sûr à cause des bruits de fond. Il y avait un heurtoir. Il le souleva et le laissa retomber lourdement contre la porte.

Il entendit un coup sourd dans la maison. Une porte que l'on fermait ? C'était plus étouffé que cela. Il recula et regarda les maisons de part et d'autre. Non, cela venait bien du numéro 17.

Il s'avança jusqu'à la fenêtre de la façade. Elle était légèrement entrouverte, d'une vingtaine de centimètres. Des rideaux bloquaient la vue. Foster eut la nette impression d'entendre un autre bruit. Était-ce une voix ? En tout cas, il y avait bel et bien quelqu'un.

Il ouvrit lentement la fenêtre, centimètre par centimètre, jusqu'à ce qu'il ait assez d'espaces pour se glisser à l'intérieur. Il entra en escaladant le rebord puis écarta les rideaux. Il resta immobile pendant quelques secondes. La maison était complètement silencieuse. Une fois les rideaux remis en place, la pièce était si sombre qu'il lui fallut un moment pour que sa vue s'accommode. Il flottait dans l'air une odeur familière sans qu'il puisse déterminer laquelle. Il finit par la reconnaître. L'odeur du vieux papier. La chambre sentait le vieux, le renfermé. Un peu comme son propre salon où il ne mettait quasiment plus les pieds depuis la mort de ses parents. Il distingua un vieux fauteuil usé installé devant un chauffage au gaz, un énorme poste de télévision, un piano contre le mur opposé, une table couverte de piles de papiers. Il avança sur la pointe des pieds et prit l'un d'eux au hasard. C'était une enveloppe encore cachetée adressée à Edith Chapman. Il s'approcha ensuite de la cheminée ; il pouvait presque sentir l'odeur de la poussière tellement la couche qui en recouvrait le manteau était épaisse. Il y avait dessus la photographie en noir et blanc d'un vieillard assis dans un fauteuil et une autre, prise devant une église, d'une vieille dame un peu guindée qui ne souriait pas. Sans doute Edith Chapman. Sur le sol à côté du foyer, se trouvait un vieux programme télé aux coins racornis et cassants. Il le ramassa et regarda la date. Il remontait à trois ans.

Toute la pièce ressemblait à un mausolée, le temps s'y était arrêté. Il connaissait cela. Depuis la mort de son père, il n'avait pas touché au décor de sa maison. Avec précaution, il sortit sa radio de sa poche et demanda du renfort. Quelque chose clochait dans cette maison.

L'inspecteur trouva une autre photographie. En couleur, vierge de poussière. Elle représentait un homme de grande taille, brun, l'air bien mis. Inquiet, il ne regardait pas l'objectif. À côté se tenait une femme d'un an ou deux plus jeune, le teint frais, en bonne santé, arborant un large sourire qui contrastait avec l'attitude de l'homme. S'agissait-il d'Anthony Chapman ? Si c'était le cas, cette photographie était le seul ajout qu'il avait fait à la pièce. Près de la photographie se trouvait une croix, elle aussi sans poussière. Peut-être lui appartenait-elle également.

Il alla jusqu'à la porte et l'ouvrit doucement. Il se retrouva dans un petit couloir. Des escaliers montaient face à lui. La maison était entièrement plongée dans l'obscurité, mais ses yeux étaient maintenant accoutumés à la pénombre. Le couloir étroit conduisait à une cuisine où régnait une odeur étrange. À gauche de la cuisine, il trouva une autre porte.

Il entendit à nouveau du bruit. Des pas. Une souris sans doute. La maison devait en être infestée – ou des rats. Il s'immobilisa, ne sachant vers où aller, partagé entre l'envie d'allumer la lumière et la crainte de se faire repérer. Le bruit se répéta. Un léger battement. Cela vient de la porte à côté de la cuisine, pensa-t-il. L'obscurité brouillait ses sens et il avait du mal à déterminer d'où provenaient les sons.

Il atteignit la porte et essaya de l'ouvrir le plus discrètement possible.

Il y eut un bruit à l'étage, un coup sourd. Puis un cri étouffé, comme sortant d'une radio. Il grimpa les escaliers aussi vite que le lui permettait la douleur qui irradiait dans sa jambe blessée, ignorant le feu qui ravageait son tibia. Il entendit des sirènes dans le lointain mais n'y prêta pas attention. L'étage était lui aussi complètement plongé dans le noir. Il ouvrit une porte. Une salle de bains avec, enfin, un peu de lumière du jour. L'odeur d'humidité était presque irrespirable. Il guetta un autre bruit. Devant lui se trouvait une autre porte. Il l'ouvrit et alluma la lumière.

Un homme brun, celui de la photographie, grand, puissamment bâti, se tenait au milieu de la pièce. Ils s'immobilisèrent tous les deux, ni l'un ni l'autre ne prononcèrent un mot.

"Mais qui diable êtes-vous?" demanda l'homme d'un ton affecté.

Foster se demanda si les renforts étaient arrivés. Il leur avait dit d'approcher discrètement, sans sirènes, qu'il les attendrait en bas et leur donnerait des instructions. C'était un peu tard.

"Police. La comédie est terminée, Dominic." Il marqua une pause. "Ou dois-je vous appeler Anthony ?"

Le visage de l'homme, rouge de colère, devint livide à l'énoncé du prénom. Foster réfléchit à toute vitesse. Il était seul, suant, en mauvaise condition physique, les membres douloureux. Il était incapable de maîtriser ce type et il n'était pas armé. Il devait gagner du temps.

Chapman commença à avancer dans sa direction. Foster battit en retraite, les mains levées pour montrer qu'il n'avait pas d'arme. Il pria pour que cela soit aussi le cas de Chapman. "Les renforts sont en route, Anthony. Vous pouvez vous en prendre à moi, mais vous ne viendrez pas à bout de tout le monde.

— Menteur !" éructa-t-il. Foster vit qu'il tenait un couteau, fermement serré dans sa main droite. Il recula jusqu'au sommet des escaliers. Chapman ferma la porte de la pièce derrière lui, les replongeant dans une obscurité totale. Foster, ébloui par la lumière de la chambre, ne voyait plus rien à nouveau. Il sentait la présence de Chapman, comme un spectre.

"C'est fini Anthony ! s'exclama-t-il.

— Connaissez-vous le Seigneur ?" demanda une voix désincarnée, plus proche qu'il ne l'aurait imaginée.

— Pas personnellement, non", répondit Foster.

Il entendit un cri étouffé en provenance de la pièce qu'ils venaient de quitter.

"Eh bien, dans ce cas, c'est dommage."

Il vit une forme se déplacer et sentit son souffle sur lui. Foster savait qu'il n'avait pas d'autre choix. Il pivota sur lui-même et se jeta dans les escaliers. Il les dégringola en roulant, le souffle coupé par la douleur et finit en vrac au rez-de-chaussée. Il parvint à se remettre sur pied tout en essayant de reprendre son souffle et se rua sur la porte d'entrée. Chapman dévalait les escaliers.

La porte était verrouillée et il n'y avait pas de clef dans la serrure.

Instinctivement, Foster se retourna et se jeta contre le ventre de son assaillant. Cela surprit Chapman qui partit à la renverse. Foster sentit quelque chose bouger dans son épaule, mais il y mit tout son poids et envoya Chapman s'écraser contre la rampe de l'escalier. Il bascula dans le couloir et ils tombèrent tous deux au sol, projetant dans les airs peluches et poussière. Chapman avait agrippé la chemise de Foster et essayait de se dégager tandis que l'inspecteur tentait de se saisir de son autre bras pour l'empêcher de le frapper avec son couteau.

Il parvint à attraper son bras droit et le tint à distance mais la manœuvre le déséquilibra. Chapman se dégagea et le fit basculer sur le côté. Foster se retrouva sur le dos, les deux mains accrochées au bras droit de Chapman, essayant en vain de lui faire lâcher le couteau. La douleur dans son épaule s'amplifia. Il serra les dents et tenta de soulever une jambe pour se dégager. La main gauche de Chapman se referma sur sa gorge et il appuya dessus de tout son poids. Foster n'avait pas assez de force. Il commençait à étouffer, la trachée écrasée. Il ne pouvait toutefois pas lâcher le bras de Chapman, sans que celui-ci ait toute liberté de le poignarder. Étranglé ou poignardé, choisis ta fin, Grant. Il laissa une main sur le bras droit de Chapman et essaya de dégager sa gorge. Sa tête était sur le point d'éclater. Il ne parvenait à émettre que des gargouillis. Le couteau se rapprochait de sa poitrine.

Soudain, Chapman se raidit, son dos s'arqua, il hurla et tomba de tout son poids sur Foster qui crut que sa dernière heure était arrivée. Il s'attendait à sentir la pointe du couteau percer sa peau, mais il n'en fut rien. Il ne sentait que le poids de Chapman qui le bloquait à terre et son souffle contre sa joue. Sa respiration était courte et difficile.

La lumière s'alluma. Foster cligna des yeux comme une chouette en plein jour.

Chapman n'était plus qu'un poids mort. Il ne bougeait plus. Foster le poussa de toutes ses forces, ignorant la douleur dans son épaule. Il réussit à le soulever suffisamment pour se dégager. Ce faisant, il vit un couteau de cuisine planté dans le dos de Chapman. Il entendit des sirènes dans le lointain.

Une silhouette se tenait au pied des marches, fixant Chapman avec une haine farouche.

"Gary ?"

Le garçon ne réagit pas tout de suite. Finalement, il leva la tête, le visage tendu à l'extrême.

"Merci", ajouta Foster, épuisé. Il remarqua que ses vêtements étaient tachés du sang de Chapman. Sous le corps, une tache écarlate commençait à s'étendre, teintant de rouge le tapis élimé du couloir.

"Je l'ai pas fait pour vous, répondit Gary.

— Attends !"

Gary l'ignora et courut dans la pièce à l'avant de la maison pour s'enfuir par la fenêtre ouverte.

Foster se remit debout, manquant de hurler de douleur. Gary pouvait attendre. Il se rappela les cris étouffés qu'il avait entendus. Il se traîna jusqu'en haut des escaliers et retourna dans la pièce où il avait trouvé Chapman.

“Hé ho ! dit-il. Il y a quelqu’un ?”

Pas de réponse. Il appela de nouveau. Cette fois, quelqu’un lui répondit.

“Au secours”, dit faiblement une voix plaintive.

Il inspecta la pièce. Il y avait un placard contre le mur. Foster l’ouvrit. Vide.

“Au secours.”

Il poussa le fond du placard. Ça bougeait. Il poussa plus fort puis finit de le dégager à coups de pied. Il y avait une cache derrière.

Prostrée dans un coin, les bras serrés autour des genoux, il découvrit une jeune fille. Ses cheveux blonds étaient ternes et emmêlés, mais son visage et ses yeux bleus ne laissaient pas de place au doute. Ils figuraient chaque jour en une des journaux depuis une semaine.

“Naomi ?”

Elle se leva et se précipita contre lui, les bras serrés autour de son cou, secouée de sanglots.

“C’est fini”, lui dit-il pendant qu’elle pleurait à chaudes larmes sur son épaule. “Tu es en sécurité maintenant. Tu es en sécurité.”

Elle tremblait de tous ses membres.

Et moi aussi, pensa-t-il.

Il entendit les renforts défoncer la porte et des pas dans l’escalier. “Je suis là”, cria-t-il. “Elle est avec moi. Elle n’a rien.”

Des policiers surgirent de partout. Il leva la main pour leur faire signe d’aller doucement. “Toute cette pièce est une scène de crime”, expliqua-t-il.

Foster garda Naomi serrée contre lui encore quelques instants puis la conduisit au rez-de-chaussée pour la confier à une femme agent de police et demanda à ce que l'on fasse venir immédiatement le père de la jeune fille.

Il prit une profonde inspiration et commença à reprendre ses esprits. D'où Gary était-il sorti ? Il devait déjà se trouver dans la maison. C'était certainement lui qu'il avait entendu se déplacer au rez-de-chaussée. Il retourna dans la chambre où Naomi avait été prisonnière. Il inspecta l'intérieur du placard et le panneau amovible. Sur le sol gisaient un duvet et un oreiller, mais il ne mesurait qu'une trentaine de centimètres de profondeur sur un mètre vingt de long. Naomi n'avait même pas la place de s'allonger complètement et devait respirer un air vicié. Seule dans le noir, avec pour unique compagne la peur de ce qui allait arriver.

C'était terminé. Il se massa le crâne, sourire aux lèvres.

“Qu'y a-t-il de si drôle ? lui demanda un policier en uniforme.

— Rien, répondit-il. J'apprécie juste l'ironie de l'histoire.”

L'enfant confié par sa mère à l'adoption afin qu'il ne soit pas chassé et assassiné pour expier par le sang la faute de ses ancêtres était celui qui avait fini par poursuivre la vengeance.

30

Foster somnolait sur son canapé. Il était rentré chez lui pour se reposer quelques heures pendant que les autres inspecteurs essayaient de démêler l'affaire Chapman. Il restait beaucoup de questions sans réponses. Trop fatigué pour monter les escaliers, il avait attrapé une paire de coussins et s'était allongé, tout habillé, prenant seulement la peine d'ôter ses chaussures. Il s'était endormi immédiatement.

Il se réveilla en sursaut. Y avait-il eu un bruit ? Du coin de l'œil, il aperçut une forme humaine. Petite et râblée.

"Gary ?", chuchota-t-il d'une voix rauque. "Gary", ajouta-t-il ensuite, d'un ton plus clair et ferme.

Le garçon sortit du coin sombre de la pièce et s'avança, là où la clarté de la lune éclairait le sol après s'être faufilée entre les rideaux.

"C'est gentil de venir me voir", dit-il en s'asseyant et en se frottant les yeux.

Le gamin ne répondit pas. Foster se leva et alluma la lumière. "Tu as faim ?"

Gary hocha la tête. Foster l'invita à le suivre jusque dans la cuisine. Le cadran digital de sa cuisinière qu'il n'utilisait pour ainsi dire jamais affichait "03:35". Il avait dormi moins de deux heures. Chaque partie de son corps le faisait souffrir, même celles que Karl Hogg avait épargnées.

"Les livreurs à domicile sont fermés. Je n'ai que des toasts à te proposer", dit-il. Il glissa quelques tranches dans le grille-pain puis remplit la bouilloire et la mit à chauffer. Il se retourna.

Gary regardait par terre. Son regard était à la fois inquiet et plein de colère, une fenêtre ouverte sur cette jeune âme tourmentée.

"Merci, tu m'as sauvé la vie."

Le visage de Gary s'adoucit. "Y a pas de quoi." Il marqua une pause, l'air dubitatif. "Je vais avoir des ennuis parce que j'ai poignardé ce type ?"

Foster essaya de se mettre en colère, ou tout au moins d'en avoir l'air, mais n'y parvint pas. Gary était sauvé et c'était un vrai soulagement.

"Des gens vont vouloir te poser quelques questions, expliqua-t-il. Mais je ne pense pas que tu auras des problèmes. En revanche, pour ce qui est d'être entré chez moi par effraction pour la deuxième fois..." Il ouvrit grand les bras. De nouveau, Gary lui adressa un demi-sourire.

Le grille-pain éjecta les toasts. Foster les beurra et les tartina de confiture. Gary les avala en quelques secondes et Foster en prépara d'autres. Pendant qu'ils grillaient, il se versa une tasse de thé. Une fois l'appétit du garçon satisfait, Foster s'assit face à lui à la table de la cuisine.

"C'était quand même risqué et pas très malin ce que tu as fait là."

Gary haussa les épaules. "Il est mort ?

— Non, il vivra. Enfin, on espère. Il a perdu beaucoup de sang."

Gary hocha la tête, l'air soulagé.

"Comment l'as-tu trouvé ?"

Gary s'expliqua. "Je suis allé me coucher quand j'étais à la planque. Sauf qu'elle n'était pas vraiment planquée, hein ?"

Foster sentit une pointe de culpabilité. "Je suppose que non.

— Il y avait une DS. Alors, j'étais sur le lit, en train de jouer, avec la télé allumée, mais y avait rien de bien, juste des infos et des conneries. La femme vient et me dit, « il est dix heures. Éteins ça et dors. » Je dis OK, mais je continue à jouer, parce que si je commence à aller au lit quand un flic me le dit, c'est que je suis foutu. Et puis l'alarme de la voiture se met en route. Elle sonne un petit moment et j'entends le type râler. Et puis, je sais pas, ensuite j'ai entendu un truc. Un bruit sourd."

Chapman avait employé un silencieux ce qui expliquait l'absence de coups de feu.

Gary continua, les yeux écarquillés. "La femme se met à hurler et elle descend les escaliers en courant. Là j'me dis, « faut que je me casse ». J'ouvre la fenêtre, je sors, je glisse le long de la gouttière et je me retrouve dans le jardin. J'ai couru et je me suis retrouvé dans ces champs. Nulle part où se planquer, que des champs.

— Alors, où es-tu allé ?

— J'ai couru jusqu'à l'arbre. Y avait une voiture et j'ai su tout de suite. C'était la même voiture que celle du type qui venait voir ma sœur. Une Mondeo bleue, plus vieille, mais c'était la même. Le moteur était encore un peu chaud. J'suis monté dedans en me disant que c'était l'endroit le plus sûr. J'savais qu'il allait me chercher, mais qu'il regarderait pas dans sa voiture, parce que c'est un crétin. J'ouvre la portière et je me glisse dans l'endroit où on met les pieds, à l'arrière.

— Pourquoi ?

— Pour trouver où il habitait. Alors, il a passé une dizaine de minutes à souffler et à râler dans la campagne avant de remonter dans sa voiture, en jurant comme pas possible, et moi je suis là, planqué derrière. Et il démarre. J'ai cru qu'il allait jamais s'arrêter. Il l'a fait une fois. Je sais pas où. Au milieu de rien, alors je suis resté dedans. Je savais qu'il revenait à Londres, à cause de la circulation et des lumières. Ensuite, il s'est arrêté dans un garage pour prendre du jus. Et puis on a roulé encore et il s'est garé. J'ai attendu. Je suis sorti. Heureusement que la bagnole était une poubelle et que l'alarme s'est pas déclenchée. Pas sûr qu'il ait une alarme. Elle puait aussi, vachement. Le type avait un vrai problème de transpiration. En tout cas, je savais où il habitait. Je voulais en finir. Ce branleur voulait me tuer.

— Pourquoi tu ne nous as pas appelés, Gary ? Pourquoi tu ne m'as pas appelé ?

— J'avais pas confiance en vos gars.

— Merci, dit Foster. Où as-tu trouvé le couteau ?

— Dans sa cuisine. J'y ai pensé toute la journée. J'ai rôdé autour de la maison. Et puis j'ai vu que sa fenêtre avait une vieille fermeture, facile à forcer. Je l'ai un peu chatouillée et elle s'est ouverte comme une fleur. Je suis rentré et j'ai fait le tour. Je pensais qu'il était plus là, c'était super calme. Alors j'ai attendu. C'est là que je vous ai entendu arriver.

— Pourquoi tu ne m'as pas prévenu ? Ça nous aurait évité des problèmes.

— Ouais, sûrement. Mais il faisait noir là-dedans, alors je me suis planqué."

Il hocha la tête. “La prochaine fois, évite de jouer les héros. Les flics sont là pour ça. Enfin, en tout cas on a retrouvé la jeune fille. Elle va bien.

— Tant mieux. Et maintenant vous allez rechercher Leonie ?”

Foster réfléchit. Il avait parlé à Heather et lui avait dit de rentrer avec Nigel. Le boulot était terminé. Une liaison avait été établie entre les forces de police au Royaume-Uni et aux États-Unis, mais ils hésitaient à intervenir à moins d’avoir des noms et de bonnes raisons d’y aller.

Il soupira. “Nous avons retrouvé Leonie.”

Le visage de Gary s’illumina, transformé. “C’est vrai ?

— Elle se trouve aux États-Unis, dit-il en hochant la tête.

— Et elle va rentrer ?”

Il pensa qu’il lui dirait la vérité à un autre moment. “On en reparlera demain. J’espère que oui, mais on doit d’abord régler certaines choses. Je te promets qu’on va faire tout notre possible.”

Gary eut l’air découragé.

Je ferais mieux d’en finir avec les mauvaises nouvelles, songea-t-il. “Tu vas subir un interrogatoire officiel, ajouta-t-il. Tout se passera bien. Contente-toi d’être poli. Aussi difficile que ça puisse te paraître.”

Le garçon avait l’air épuisé.

“Allez, viens, poursuivit Foster. Tu vas dormir dans la chambre d’amis. Tu as eu une sacrée journée.”

Le jour suivant, Foster interrogea Naomi. C’était une jeune fille solide, terrifiée par l’épreuve, mais pas traumatisée. Il était admiratif face à sa détermination.

Il sentait son cœur se serrer. Il pensait à sa propre fille, pour laquelle il n'avait jamais manifesté d'intérêt. Il faudrait qu'il s'en occupe un jour.

Des larmes dans les yeux, elle leur raconta comment Chapman s'était emparé d'elle lorsqu'elle était rentrée de l'école. Il l'avait attrapée par-derrière, lui avait couvert la bouche et elle s'était évanouie. Elle s'était réveillée dans le placard, la tête lourde, incapable de comprendre comment elle avait atterri là.

"Quand t'a-t-il dit que ta mère était morte ?", demanda Foster avec douceur.

Ce fut la seule fois où elle craqua.

"J'avais perdu la notion du temps. Un jour après, peut-être deux. Je lui ai demandé où elle était et il m'a répondu qu'elle était avec le Seigneur et les siens dans la gloire céleste."

Foster lui avait proposé d'en rester là et de reprendre plus tard, mais elle avait insisté pour continuer. Elle lui raconta que Chapman faisait constamment du prosélytisme à propos du fondamentalisme mormon, lui donnant des livres à lire, l'interrogeant le soir et la récompensant avec de la nourriture lorsqu'elle montrait qu'elle avait bien appris. Il lui avait parlé de la Véritable Église de la Liberté, de comment ils allaient se rendre là-bas. Qu'ils se marieraient et échapperaient ainsi à leurs vies d'infidèles et de pécheurs. Lorsqu'il était avec elle, il ne cessait de prêcher et de psalmodier. Foster avait vu les livres dans la maison – des documents édités par l'Église, et d'autres textes fondamentalistes.

La police avait trouvé des lettres envoyées par des membres de l'Église à Chapman, ou adressées à son nom d'enfant adopté, Dominic Ashbourne. Ils lui avaient fourni des indications généalogiques, en même temps qu'ils le rassuraient sur la récompense à venir ; la possibilité de vivre parmi eux avec plusieurs femmes. Un échange d'informations et d'idées sur la façon de réunir la famille sous la bannière du fondamentalisme mormon, en tuant ceux qui ne pouvaient être sauvés, en les baptisant dans la foi par procuration, en expiant les péchés de 1890 et en ramenant ceux dont on pouvait faire quelque chose jusqu'aux États-Unis, au sein de l'Église. Son ordinateur livra aussi des échanges avec la secte, une série d'e-mails étranges qui semblaient être codés. Les techniciens travaillaient dessus pour les décrypter, mais il apparaissait de plus en plus qu'il n'était qu'une marionnette dont l'Église tirait les ficelles.

"T'a-t-il fait du mal ?" demanda Foster.

Elle secoua la tête. "Non, il m'a bien traitée, répondit-elle. En dehors du fait qu'il m'a enfermée dans un placard." Elle sourit bravement. Il ne l'avait pas touchée, ne lui avait fait aucun mal, n'avait même jamais perdu son calme. Lorsque sa mère adoptive l'avait appelé, il était remonté à l'étage et lui avait parlé à travers la fausse paroi du placard. Il lui avait expliqué que la volonté de Dieu n'était pas qu'elle les rejoigne dans la gloire céleste. Qu'il réfléchirait à un autre moyen. Elle avait pleuré en pensant que cela voulait dire qu'elle ne reverrait jamais sa mère.

Foster l'observa attentivement, se demandant si le lavage de cerveau avait eu un effet. "Tu crois en une religion quelconque ?"

Il vit la colère dans son regard. "Il n'y a ni Dieu ni bonté", assena-t-elle avec une conviction inébranlable.

Foster songea à la contredire, mais comment aurait-il pu ? Il n'était pas hypocrite. La jeune fille avait fait son expérience de la pire manière.

Il était certain que Chapman avait pris l'initiative de contacter l'Église. Mal aimé, non désiré, dérangé, il s'était mis en quête de sa véritable famille. Sa mère adoptive, à force de questions, lui avait donné le nom de sa vraie mère avec qui il avait noué une relation secrète et tardive. Peut-être lui avait-elle expliqué pourquoi elle l'avait abandonné et le danger qu'il courait. Elle lui avait légué sa maison et il l'avait utilisé comme base. Il avait découvert le lien avec la Véritable Église de la Liberté. Il les avait contactés, avait été séduit par ce qu'elle représentait. Elle pouvait remplacer cette famille qui lui faisait tant défaut. De leur côté, les membres de la VEL avaient dû sauter sur l'occasion. Quelqu'un qui souhaitait expier les méfaits de 1890 et capable de leur fournir du sang neuf sous la forme de jeunes filles comme Leonie et Naomi. Lorsqu'il avait rencontré Gillian Stamey, il n'était pas encore prêt à répandre le sang pour la rédemption – cela lui avait été reproché dans ses échanges avec l'Église – mais quelques années plus tard, lorsque Naomi eut quatorze ans, il était prêt. Ils lui avaient demandé d'attendre que Rachel ait elle aussi quatorze ans mais il refusa et dit qu'il devait accomplir son devoir maintenant. Ne souhaitant pas le détourner de son but, ils avaient accepté.

Scotland Yard avait fait passer toutes les informations disponibles aux forces de l'ordre américaines. Elles n'étaient pas particulièrement enchantées – la dernière chose qu'elles souhaitaient, c'était de devoir mener un assaut contre une commune pleine de fanatiques religieux et que cela se transforme en catastrophe. Le dossier était entre les mains du Home Office qui faisait pression pour que les Américains passent à l'action. À présent, la décision était politique et hors des mains de la police. À moins qu'elle soit ramenée par la force, il y avait de fortes chances pour que Leonie reste là-bas.

Il allait devoir trouver les mots justes pour expliquer cela à Gary.

ÉPILOGUE

La pluie tombait par vagues, comme si l'on avait ouvert des écluses. Foster avait abandonné l'idée de rester sec et laissait la pluie tremper son crâne et lui couler dans les yeux. S'il n'y avait pas eu seulement quelques minutes à jouer, l'arbitre aurait certainement arrêté le match car le terrain commençait à ressembler à un champ de bataille de la Première Guerre mondiale. Hackney Marshes était fidèle à son nom *.

Cela n'avait pas empêché Gary et son équipe de remporter le match. Le score était de 5 à 1 à deux minutes de la fin. Il avait marqué trois fois et était à l'origine des deux autres buts. Son centre de gravité près du sol, sa maîtrise de la balle, la précision de ses passes – même si les capacités de ses coéquipiers à les récupérer étaient plus que douteuses – et sa vitesse sur de courtes distances en faisaient un joueur hors du commun. Il possédait un trait de caractère supplémentaire que Foster connaissait bien : l'appétit. Le gamin adorait avoir la balle au pied, aimait battre son adversaire et saisissait la moindre occasion de shooter pour peu que les buts soient dans son champ de vision.

* *Marshes* : les marécages.

Lorsqu'il marqua son troisième but et que la poignée de parents et de supporters se mit à applaudir, Foster se retrouva debout à appeler Gary, les pouces levés. Un type vêtu d'un pull marron et d'un grand manteau le vit et vint s'asseoir à côté de lui.

"C'est votre gamin ?

— Non, dit Foster.

— Son père est là ?

— Non, pourquoi ?

— J'aimerais lui parler, c'est tout. À propos de l'avenir de son fils.

— Il n'y a pas de père. Ni de tuteur pour l'instant. Vous êtes un recruteur ?

— On peut dire ça.

— Pour qui ?

— Les Queen's Park Rangers.

— Vraiment ? C'est mon équipe ça, les QPR.

— Alors, vous connaissez le gamin ?

— Ouais.

— Nous voudrions juste qu'il vienne s'entraîner dans notre centre de formation, un jour.

— Quand ça ?

— Un samedi matin ?

— Samedi prochain, alors ?"

L'homme sourit. "Ouais, parfait. À dix heures.

— Très bien. À bientôt."

L'homme s'en alla.

Le match se termina sur le score de 5 à 1. Au coup de sifflet final, les joueurs se saluèrent. Les coéquipiers de Gary vinrent tous lui serrer la main et le congratuler. Les joueurs de l'équipe adverse firent de même. Foster lui laissa le temps d'aller au vestiaire se sécher et se changer. Il l'attendit dans la voiture. Il sentait les dernières gouttes de pluie glisser le long de sa nuque et le froid qui lui glaçait les os.

Malgré cela, il ne pouvait s'empêcher de sourire. Le gamin savait jouer. Peut-être qu'il reviendrait le voir, même quand il aurait trouvé une nouvelle famille d'accueil.

Gary émergea des vestiaires quelques minutes plus tard, une canette de Coca à la main, son sac jeté sur l'épaule. Il grimpa sur le siège passager et adressa un grand sourire à Foster.

"Alors, qu'est-ce que vous en dites ?

— Pas mal, admit-il. Je pense qu'il y a certaines occasions où tu aurais pu utiliser le ballon avec plus de sagesse."

La mine du garçon s'assombrit.

"Notamment quand tu l'envoies à un de tes coéquipiers au lieu de le garder." Il lui ébouriffa les cheveux.

Gary retrouva le sourire.

"Non, tu étais largement au-dessus du lot aujourd'hui." Il démarra la voiture. "J'ai des nouvelles pour toi.

— Au sujet du type avec qui je vous ai vu parler pendant la deuxième mi-temps ?

— Lui ? Non, rien à voir. C'est quelque chose de bien plus important. J'ai eu un appel pendant la première mi-temps. Devine de qui ?

— Chelsea ?

— Tu rêves. Non, de la police aux États-Unis. Ils ont procédé à quelques arrestations dans la petite ville dont je t'ai parlé, là où vit Leonie.

— Ouais ? dit Gary, l'air méfiant.

— Eh bien, ils ont aussi parlé à Leonie."

Gary regardait le plancher de la voiture.

“Et elle va rentrer.”

Il leva les yeux, le visage illuminé de joie. “Vraiment ? Je vais pouvoir m’installer avec elle ?

— On verra. Si elle est d’accord, je ne vois pas pourquoi ça ne se ferait pas. Mais il y a une complication.

— Oh !

— Elle a un bébé de deux ans. Un garçon.”

Il eut l’air stupéfait.

“Elle l’a appelé Gary.”

Ses yeux s’allumèrent. “J’suis pas contre les bébés, mec. Ça pourrait être sympa. Peut-être. Mais on pourra vivre ensemble ?

— Il y a de la paperasse à régler et quelques autres bricoles, mais elle devrait être là dans une semaine.”

Gary lança ses poings en l’air.

“Ça, c’était la bonne nouvelle”, dit Foster.

À nouveau, le visage de Gary s’assombrit. Il regarda Foster avec angoisse.

Foster n’arrivait pas à cacher son sourire. “La mauvaise nouvelle, c’est qu’elle ne sera pas rentrée à temps pour venir te voir faire un essai au centre de formation des QPR.”

Nigel prenait son petit-déjeuner en écoutant la radio. Il n’était question que du sauvetage de Naomi Buckingham. Il éteignit le poste, il n’avait pas envie d’entendre.

“Hé, j’écoutais moi.” Heather sortit de la cuisine, vêtue d’une de ses chemises rayées de chez Pink – et de rien d’autre – une tasse de thé à la main.

“Désolé, dit-il.

— Non, tu as raison. Il faut passer à autre chose.”

Elle se pencha et l'embrassa sur la joue. Cela faisait trois jours qu'ils étaient revenus des États-Unis et elle n'était pas encore rentrée chez elle.

Il la prit par le bras et la fit s'asseoir sur ses cuisses.

"Attention à mon thé", gronda-t-elle en riant avant de poser sa tasse sur la table.

Ils s'embrassèrent. Le téléphone sonna. Ils se mirent à rire.

"C'est une malédiction", soupira-t-il.

Elle le laissa répondre.

C'était la productrice de l'émission de télévision. Elle semblait à deux doigts de s'évanouir d'excitation. Ils avaient entendu parler d'un ancien cimetière non consacré qui avait été autrefois rattaché à une chapelle d'Islington. Le cimetière avait été fermé en 1863 alors qu'il contenait environ quinze mille corps. Il était resté inutilisé depuis lors. Un beau terrain pour l'immobilier londonien. Le conseil municipal venait de donner son autorisation pour que l'on puisse y construire, à condition que les corps soient déterrés, déplacés et remis en terre consacrée. Une société, la bien nommée Necropolis Ltd, avait été désignée pour réaliser l'opération avant que les promoteurs ne prennent la suite et avait accepté de laisser l'équipe de tournage travailler sur le site pendant une journée afin de tourner un pilote qui serait présenté aux chaînes de télévision.

Il jura. Cela voulait dire qu'il fallait quitter Heather. En rentrant de l'aéroport, ils avaient convenu de passer d'abord chez lui avant que le taxi ne ramène Heather chez elle. Nigel avait payé le chauffeur et avait proposé à Heather de monter boire un café. Elle avait accepté – et elle était restée.

“Tu m’as dit que tu m’expliquerais.” Il avait fini par se décider à lui demander, alors qu’ils étaient encore au lit, le matin ou l’après-midi, il ne savait plus – la notion du temps leur avait échappé. “Que tu me dirais pourquoi tu m’avais jeté l’été dernier.”

Elle avait grimacé en entendant ce verbe. “Je ne t’ai pas « jeté », insista-t-elle. C’était une période difficile.” Elle lui avait parlé du décès de sa mère, de l’effet que cela avait produit sur elle et comment cet ex lui avait fourni une épaule accueillante et familière sur laquelle s’épancher. Elle avait pensé que ce n’était pas le bon moment pour démarrer une nouvelle relation – elle était faible, vulnérable. “Je ne voulais pas te faire porter ça. Dans des moments pareils, un vieux pull semble toujours plus confortable qu’une nouvelle paire de chaussures à talons hauts. Non pas que tu sois le genre talons aiguilles. Tu serais plutôt une belle paire de chaussures de sport.”

Elle lui avait caressé la joue.

“Merci, avait-il dit en riant. C’est sympa. Et maintenant ?”

Elle était restée silencieuse pendant un instant, quelques brèves secondes pendant lesquelles il avait senti son cœur vaciller à l’idée qu’elle puisse se lever, s’habiller et partir une fois de plus. “Le deuil est un drôle de truc, avait-elle fini par dire. Tu as l’impression que ta vie t’échappe, que tu ne contrôles plus rien, comme si tu te voyais dans un film. Tu laisses les choses se faire. Tu t’accroches à ce que tu connais, à ce qui est simple et rassurant. Tu n’as pas le choix. Mais maintenant, je sens que j’ai à nouveau les rênes en main. Tu ne m’as pas harcelé, tu n’as pas pété les plombs. Tu m’as laissé du temps, de l’espace – j’ai dû faire quelques erreurs, mais il fallait que je les fasse.” Elle l’avait regardé. “J’ai envie de tenter le coup. Avec toi.

— Mais, et ce type… ?

— Laisse-moi m’en occuper.”

Il aurait voulu que ce moment dure éternellement, mais la réalité avait repris ses droits. Après l’appel de la productrice, il était sorti à l’air libre pour la deuxième fois seulement en soixante-douze heures – la première avait été pour acheter du lait, du vin et du pain – afin de retrouver Guy le caméraman, la productrice, Lysette, un opérateur son et un assistant de production dans une petite rue d’Islington, par un matin glacial de novembre. Tous fumaient furieusement pour lutter contre le froid. Lysette, emmitouflée, portant un chapeau, des gants et une écharpe regardait d’un œil inquisiteur le long manteau d’hiver de Nigel.

“Vous n’avez pas apporté votre veste en tweed ?

— Pour mourir de froid ?

— Vous auriez pu enfiler un pull en dessous. Je n’aime pas ce look.”

Son assistant approuva en hochant vigoureusement la tête.

Ce n’est pas un look, pensa Nigel. C’est ce que je porte quand il fait froid, bon sang.

“Le long manteau vous cache trop. On dirait un flic.

— Désolé, dit-il. Vous ne m’avez pas parlé de look quand vous avez appelé.

— Ça ne fait rien”, reprit-elle de cette manière mi-désinvolte mi-irritée qu’emploient les gens branchés pour montrer qu’en fait cela a une importance capitale pour eux. “Le plus important, c’est que l’on réussisse à mettre quelque chose en boîte.” Elle brandit une liasse de feuilles A4. “Voilà le script. Nous allons trouver un corps et nous allons le filmer. Nigel et un des ouvriers vont avoir une discussion à propos de l’inscription sur une tombe ou sur une plaque de laiton trouvée sur un cercueil qui permet d’identifier la personne enterrée là. Ils vont parler de cela, de préférence à côté du squelette. On ira un autre jour aux archives de la paroisse et on vous filmera en train de trouver l’enregistrement du corps, comment il est mort, son adresse, etc. Si on a vraiment de la chance, on pourra les filmer en train de replacer le corps dans son nouveau cimetière. On pourra même essayer de trouver quelques descendants pour assister à l’enterrement, mais le budget risque d’être trop serré. Guy ira filmer des tombes et d’autres trucs pour que l’on ait des plans de coupe.

— Que je comprenne bien. Nous avons retrouvé un corps, identifié par une inscription quelconque ?”, demanda Nigel.

Lysette secoua la tête. “Non, on va juste filmer un squelette. Et on va aussi vous trouver une inscription pour que vous ayez un point de départ.

— OK. Mais va-t-on dire que le corps et que les moyens d’identification dont nous disposons appartiennent à des personnes différentes ?”

Elle le regarda comme s’il était abruti. “Pourquoi ? Tant qu’on a des images d’un squelette, on peut dire qu’il s’agit de qui on veut. Ils se ressemblent tous. Au montage, on fera en sorte que le téléspectateur pense que le squelette appartient à la personne que vous recherchez dans les archives.

— Mais, n’est-ce pas trompeur ? Je veux dire, le téléspectateur va penser qu’il s’agit du corps de la personne dont je cherche la trace dans les archives, alors qu'en fait ce sont les restes de quelqu'un d'autre."

Du coin de l'œil, il vit Guy lever les yeux au ciel et grimacer.

"Nigel !", coupa Lysette sur le ton de quelqu'un s'adressant à un gamin de cinq ans. "Ils ne le sauront pas."

Il haussa les épaules. "Ça ne me paraît pas correct. Malhonnête, même.

— Bon, on y va ? On discutera éthique plus tard."

Ils passèrent les contrôles et purent accéder au site sur lequel les opérations étaient déjà bien avancées. Lysette lui tendit le script. Nigel se plaça sur sa marque. Il parcourut son texte en marchant, essayant de se le mettre en tête sans l'apprendre par cœur pour ne pas le régurgiter tel quel. Son cœur se serra à sa lecture : c'était les mêmes inepties, creuses et banales, qu'il avait lues lors de l'essai dans le cimetière de Kensal Green. Mais bon, cela n'avait pas d'importance. Il aurait pu tout aussi bien réciter *Le Hibou et la Chatte**. Le problème était que cela allait être enregistré et montré.

"Quand tu veux, *Nige*", lui cria Guy.

Eh merde, se dit Nigel. Je vais le lire et on en discutera plus tard. Il fit quelques pas. "Les morts sont autour de nous en permanence. Parfois plus près que nous ne l'imaginons. Et parfois, notre monde et leur monde se rencontrent. Les vivants ont besoin d'espace et les morts doivent laisser la place. Le passé doit céder la place au présent. Ici, à Islington, un ancien cimetière est en train d'être mis au jour pour que puisse

* *The Owl and the Pussycat.* Poème d'Edward Lear.

être construit un nouveau complexe immobilier. Des milliers de corps doivent être déplacés. Nous sommes ici pour en savoir plus sur ces gens qui reposent sous terre, comment ils sont morts, quelle fut leur vie et pour les accompagner vers leur nouvelle demeure… Je ne peux pas lire ces foutaises.

— Coupez !

— Nigel ! reprit Lysette. Qu'est-ce qui ne va pas ? Ça se passait bien. Vous étiez un peu raide, mais le rythme et la diction étaient bons.

— C'est le script. Il est complètement nul. « Le passé doit céder la place au présent » ? Pourquoi ? Je n'y crois pas une seconde. C'est plutôt le présent qui doit respecter le passé et arrêter de lui marcher sur la gueule. Parce que c'est le passé qui a fait notre foutu présent."

Lysette avait l'air à la fois blessée et en colère. "Je vous ai dit que j'avais eu moins de vingt-quatre heures pour pondre ce truc", se justifia-t-elle.

Nigel se sentit mal à l'aise. Son attitude ne faisait pas avancer les choses. Il réfléchissait à une manière de s'excuser quand il eut une autre idée. "Écoutez, il est bien. Je l'aime bien, mais je ne suis pas d'accord avec ce qu'il dit. Que diriez-vous si j'essayais d'y mettre un peu de moi-même ?

— Allez-y", soupira Lysette.

Il retourna se placer sur sa marque, plongé dans ses pensées, sans remarquer que la pelleteuse venait de s'arrêter. Il se retourna et, sur le signal de Lysette, il commença à marcher.

"Les morts ne parlent pas, nous apprend le dicton. Rien ne saurait être plus éloigné de la vérité. Les morts nous parlent de bien des façons. Et si nous ignorons leurs voix, c'est à nos risques et périls. C'est une erreur grossière de penser que nous n'avons rien à apprendre de ceux qui nous ont précédés. Nous avons juste à apprendre à les écouter. Dans ce cimetière reposent les corps de quinze mille hommes, femmes et enfants qui ont vécu il y a fort longtemps. Quinze mille histoires qui n'ont jamais été racontées. Quinze mille rêves qui ne se sont peut-être jamais accomplis. Bientôt, ils seront emportés vers une nouvelle terre pour y reposer. Avant que les promoteurs n'arrivent, notre travail consiste à comprendre comment ils vivaient. Qui étaient-ils ? Comment sont-ils morts ? Quels secrets peuvent-ils nous livrer depuis leur tombe ? Nous espérons le découvrir au long de ce programme." Il s'immobilisa et plaça ses mains, qu'il avait jusque-là utilisées pour ponctuer son discours, dans son dos. Il fixa la caméra de son air le plus pénétré. "Notre époque moderne nous conditionne à oublier – et pourtant, le passé est quelque chose que nous ne pouvons ignorer. Les morts ne seront pas oubliés."

Il avait fini. Il y eut un silence.

Le visage de Guy surgit de derrière sa caméra. "C'était super bien, mec", dit-il à Nigel qui, pour la première fois, perçut dans sa voix de l'admiration et non du dépit.

Lysette hochait joyeusement la tête. "À partir de maintenant vous écrivez vos propres scripts, admit-elle en souriant. Il faudra qu'on enregistre un peu de commentaire avant et après, mais c'était génial. Bon, c'est quand même dommage pour le pull-over."

Nigel haussa les épaules et sentit ses joues rougir et s'échauffer. Il ne savait jamais comment prendre les compliments. Il s'apprêtait à marmonner quelque chose de modeste lorsque quelqu'un poussa un cri.

Cela venait de la fosse derrière eux. Les archéologues avaient stoppé le travail et l'un d'eux courait vers le préfabriqué vert olive qui faisait office de bureau sur le site.

"Que s'est-il passé ?", demanda Lysette à un des archéologues qui passait devant elle à toute allure, le visage livide.

"Ils ont trouvé un corps.

— Et ? il y a quinze mille personnes enterrées ici.

— La dernière personne enterrée dans ce cimetière l'a été en 1853. Ce corps se trouve là depuis moins de deux ans."

REMERCIEMENTS

Pour avoir accepté de répondre à des questions stupides sur la police, la généalogie, la recherche génétique en généalogie, je tiens à adresser mes plus humbles remerciements à Neville Blackwood, Nick Barratt, Megan Smolenyak Smolenyak et Jim Wilson. Donald R. Snow du Hyde Park Family History Centre m'a aiguillé dans la bonne direction pour trouver des informations sur les origines de l'église Mormone. Carole Reeves en fit de même lorsque je cherchais à en savoir plus sur les traitements et les conditions de vie dans les hôpitaux psychiatriques durant les années 1940 et 1950. S'il y a des erreurs, elles sont entièrement de ma faute.

Pour avoir lu et corrigé le manuscrit dès les premières étapes – et pour tant d'autres choses – je remercie mon agent, Araminta Whitley, et Lucie Cowie. Par la suite, Stefanie Bierwerth, Daniela Rapp et Shân Morley Jones se sont tous assurés que l'ouvrage, une fois achevé, était aussi bon que possible. Merci à vous tous.

Retrouvez les enquêtes du généalogiste
dans la collection Babel noir
et aux éditions du Rouergue

CODE 1879

Sur la piste d'un tueur en série sadique, un inspecteur londonien assisté d'un enquêteur généalogiste plonge dans un crime du XIXe *siècle sur lequel sont calqués les meurtres qu'il cherche à élucider, sans se douter qu'il figure sur la liste des futures victimes…*

BABEL NOIR

Extrait du catalogue

35. LUIS ALFREDO GARCIA-ROZA
Bon anniversaire, Gabriel !

36. JULIA LATYNINA
La Chasse au renne de Sibérie

37. STIEG LARSSON
Millénium I – Les hommes qui n'aimaient pas les femmes

38. CARLOS SALEM
Aller simple

39. JÓN HALLUR STEFÁNSSON
Brouillages

40. KJELL ERIKSSON
La terre peut bien se fissurer

41. HERVÉ CLAUDE
Nickel chrome

42. ANDREW MCGAHAN
Australia Underground

43. FRANÇOIS WEERTS
Les Sirènes d'Alexandrie

44. PETER MAY
L'Éventreur de Pékin

45. LEIF DAVIDSEN
La Chanteuse russe

46. CORNELIA READ
Champs d'ombres

47. SIMON LEWIS
Trafic sordide

48. CARLOS SALEM
Nager sans se mouiller

49. KJELL ERIKSSON
La Princesse du Burundi

50. KEIGO HIGASHINO
La Maison où je suis mort autrefois

51. PETER MAY
L'Île des chasseurs d'oiseaux

52. STIEG LARSSON
Millénium II – La fille qui rêvait d'un bidon d'essence et d'une allumette

53. BEN PASTOR
Lumen

54. LUIZ ALFREDO GARCIA-ROZA
Une fenêtre à Copacabana

55. LALIE WALKER
Les Survivantes

56. LEIF DAVIDSEN
Un Russe candide

57. DAN WADDELL
Code 1879

58. PASCAL VATINEL
Parce que le sang n'oublie pas

59. SÉBASTIEN LAPAQUE
Les Barricades mystérieuses

60. LOTTE ET SØREN HAMMER
Morte la bête

61. CAMILLA LÄCKBERG
La Princesse des glaces

62. MORLEY TORGOV
Meurtre en *la* majeur

63. KYLIE FITZPATRICK
La Neuvième Pierre

64. LOUISE PENNY
Nature morte

65. SEICHÔ MATSUMOTO
Un endroit discret

66. NELE NEUHAUS
Flétrissure

67. JÓN HALLUR STEFÁNSSON
L'Incendiaire

68. JAN COSTIN WAGNER
Lune de glace

69. HERVÉ CLAUDE
Les ours s'embrassent pour mourir

70. KEIGO HIGASHINO
Le Dévouement du suspect X

71. CAMILLA LÄCKBERG
Cyanure

72. STIEG LARSSON
Millénium III – La reine dans le palais des courants d'air

73. VÍCTOR DEL ÁRBOL
La Tristesse du Samouraï

74. PETER MAY
L'Homme de Lewis

75. YISHAÏ SARID
Le Poète de Gaza

COÉDITION ACTES SUD – LEMÉAC

OUVRAGE RÉALISÉ
PAR L'ATELIER GRAPHIQUE ACTES SUD
REPRODUIT ET ACHEVÉ D'IMPRIMER
EN NOVEMBRE 2012
PAR NORMANDIE ROTO IMPRESSION S.A.S
61250 LONRAI
SUR PAPIER FABRIQUÉ À PARTIR DE BOIS PROVENANT
DE FORÊTS GÉRÉES DURABLEMENT (www.fsc.org)
POUR LE COMPTE DES ÉDITIONS
ACTES SUD
LE MÉJAN
PLACE NINA-BERBEROVA
13200 ARLES

DÉPÔT LÉGAL
1re ÉDITION : JANVIER 2013
N° impr. : 124406
(Imprimé en France)